全过程人民民主是社会主义民主政治的本质属性，是最广泛、最真实、最管用的民主。必须坚定不移走中国特色社会主义政治发展道路，坚持党的领导、人民当家作主、依法治国有机统一，坚持人民主体地位，充分体现人民意志、保障人民权益、激发人民创造活力。

——习近平同志在中国共产党第二十次全国代表大会上的报告

—— 中宣部 2022 年主题出版重点出版物 ——

行得通很管用的人民民主

全过程人民民主发展研究

王灵桂 等著

人民出版社

目　　录

前　言

民主是什么？

在回答这个问题之前，或许我们也可以先从另一个角度来回答，民主不是什么。民主从来不应该是伪善的，民主也不应是利益集团独享的，民主更不是暴力的。有了这样一个认识，我们再回到民主是什么这个问题上的时候，也就更容易得出答案。

实际上，民主是什么这个问题，很容易迷失在令人眼花缭乱的选举语言和不需要兑现的选举承诺之中，也很容易迷失在有钱人对舆论和民情的操纵之下。我们不愿意看到不顾人民生命安危而妄谈奢谈的空洞民主，这是不人道的假民主，完全有悖民主伦理。"一切脱离人民的理论都是苍白无力的，一切不为人民造福的理论都是没有生命力的"。①

首先，民主是有标准的。目前，世界上并没有产生放之四海而皆准的民主模式，也不存在作为终极民主的理念。但是，作为全人类的共同价值，民主是有其基本评价标准的。评价一个国家政治制度是不是民主的、有效的，主要看国家领导层能否依法有序更替，全体人民能否依法管理国家事务和社会事务、管理经济和文化事业，人民群众能否畅通表

---

① 习近平：《高举中国特色社会主义伟大旗帜　为全面建设社会主义现代化国家而团结奋斗——在中国共产党第二十次全国代表大会上的报告》，人民出版社 2022 年版，第 19 页。

达利益要求，社会各方面能否有效参与国家政治生活，国家决策能否实现科学化、民主化，各方面人才能否通过公平竞争进入国家领导和管理体系，执政党能否依照宪法法律规定实现对国家事务的领导，权力运用能否得到有效制约和监督。这个标准就是必须坚持人民至上，看是否"站稳人民立场、把握人民愿望、尊重人民创造、集中人民智慧"①，并为人民所喜爱、所认同、所拥有。

其次，民主是实实在在的。民主并不是天国上的虚无缥缈理念，而是和人们的生产生活相伴相生的。设计和发展国家政治制度，必须注重历史和现实、理论和实践、形式和内容有机统一。要坚持从国情出发、从实际出发，既要把握长期形成的历史传承，又要把握走过的发展道路、积累的政治经验、形成的政治原则，还要把握现实要求、着眼解决现实问题，不能割断历史。正如党的二十大报告指出的，"人民性是马克思主义的本质属性，党的理论是来自人民、为了人民、造福人民的理论，人民的创造性实践是理论创新的不竭源泉"②。

最后，民主是解决问题的。民主不是装饰品，不是用来做摆设的，而是要用来解决人民需要解决的问题的。一个国家民主不民主，关键在于是不是真正做到了人民当家作主，要看人民有没有投票权，更要看人民有没有广泛参与权；要看人民在选举过程中得到了什么口头许诺，更要看选举后这些承诺实现了多少；要看制度和法律规定了什么样的政治程序和政治规则，更要看这些制度和法律是不是真正得到了执行；要看权力运行规则和程序是否民主，更要看权力是否真正受到人民监督和制

① 习近平：《高举中国特色社会主义伟大旗帜　为全面建设社会主义现代化国家而团结奋斗——在中国共产党第二十次全国代表大会上的报告》，人民出版社 2022 年版，第 19 页。
② 习近平：《高举中国特色社会主义伟大旗帜　为全面建设社会主义现代化国家而团结奋斗——在中国共产党第二十次全国代表大会上的报告》，人民出版社 2022 年版，第 19 页。

约。如果人民只有在投票时被唤醒、投票后就进入休眠期，只有竞选时聆听天花乱坠的口号、竞选后就毫无发言权，只有拉票时受宠、选举后就被冷落，这样的民主绝不是真正的民主。

党的十八大以来，习近平总书记在总结中国共产党成立100周年践行初心的奋斗经验、70多年的执政经验、40多年的改革开放经验的基础上，不断深化对民主政治发展规律的认识，为更好保证人民当家作主，提出了不断发展全过程人民民主的重大理念。全过程人民民主不仅有完整的制度程序，而且有完整的参与实践，实现了过程民主和成果民主、程序民主和实质民主、直接民主和间接民主、人民民主和国家意志相统一，是全链条、全方位、全覆盖的民主，是最广泛、最真实、最管用的民主。这个重大理念一经提出，就得到了中国人民和国际社会的广泛赞誉，其原因就在于推进全过程人民民主建设，把人民当家作主具体地、现实地体现到治国理政的政策措施上，具体地、现实地体现到国家各个方面各个层级的工作上，具体地、现实地体现到实现人民对美好生活向往的工作上，具体地、现实地体现到以人民为中心的发展思想上，致力于维护社会公平正义，着力解决发展不平衡不充分问题和人民群众急难愁盼问题，推动人的全面发展、全体人民共同富裕取得更为明显的实质性进展。党的二十大报告指出，党的十八大以来，"我们坚持走中国特色社会主义政治发展道路，全面发展全过程人民民主，社会主义民主政治制度化、规范化、程序化全面推进，社会主义协商民主广泛开展，人民当家作主更为扎实，基层民主活力增强，爱国统一战线巩固拓展，民族团结进步呈现新气象，党的宗教工作基本方针得到全面贯彻，人权得到更好保障"[1]。

---

[1]　习近平：《高举中国特色社会主义伟大旗帜　为全面建设社会主义现代化国家而团结奋斗——在中国共产党第二十次全国代表大会上的报告》，人民出版社2022年版，第9—10页。

习近平总书记在党的二十大报告中强调指出，"中国式现代化的本质要求是：坚持中国共产党领导，坚持中国特色社会主义，实现高质量发展，发展全过程人民民主，丰富人民精神世界，实现全体人民共同富裕，促进人与自然和谐共生，推动构建人类命运共同体，创造人类文明新形态"①。明确了未来五年全面建设社会主义现代化国家的主要目标任务之一，就是"全过程人民民主制度化、规范化、程序化水平进一步提高，中国特色社会主义法治体系更加完善"②。擘画了到2035年我国发展的总体目标之一，就是"全过程人民民主制度更加健全，基本建成法治国家、法治政府、法治社会"③。今日之中国，以人民为中心的发展思想成为中国共产党治国理政的基本理念和制定政策的基本遵循。也正是因为如此，今日之中国人民对民主充满政治自信，更加崇尚民主真谛，更加致力于践行民主。全过程人民民主是朝阳般喷薄而出、充满生机活力、蓬勃向上造福人民的民主。

---

① 习近平：《高举中国特色社会主义伟大旗帜 为全面建设社会主义现代化国家而团结奋斗——在中国共产党第二十次全国代表大会上的报告》，人民出版社2022年版，第23—24页。

② 习近平：《高举中国特色社会主义伟大旗帜 为全面建设社会主义现代化国家而团结奋斗——在中国共产党第二十次全国代表大会上的报告》，人民出版社2022年版，第25页。

③ 习近平：《高举中国特色社会主义伟大旗帜 为全面建设社会主义现代化国家而团结奋斗——在中国共产党第二十次全国代表大会上的报告》，人民出版社2022年版，第24页。

第一章　全过程人民民主的理论基础

党的二十大报告指出，"我国是工人阶级领导的、以工农联盟为基础的人民民主专政的社会主义国家，国家一切权力属于人民。人民民主是社会主义的生命，是全面建设社会主义现代化国家的应有之义"①。为了实现人民当家作主，中国共产党团结带领中国人民进行百年探索和奋斗，取得了伟大成就，推动中国民主发展成为全链条、全方位、全覆盖，最广泛、最真实、最管用的全过程人民民主。对于"全过程人民民主"这个新论断新概念新理论，要把它放在习近平新时代中国特色社会主义思想的科学理论体系中，放在坚持和加强党的全面领导，坚持和发展中国特色社会主义民主政治，推进全面依法治国和国家治理现代化，开启全面建设社会主义现代化国家新征程的时代背景和战略全局中，理清全过程人民民主的百年探索和基本经验，廓清全过程人民民主的理论逻辑，理解全过程人民民主的丰富内涵，认识全过程人民民主的本质特征，把握全过程人民民主的推进路径。

① 习近平：《高举中国特色社会主义伟大旗帜　为全面建设社会主义现代化国家而团结奋斗——在中国共产党第二十次全国代表大会上的报告》，人民出版社 2022 年版，第 37 页。

1

一、民主是全人类的共同价值

民主是全人类的共同价值，是各国人民的权利，而不是少数国家的专利，有着深厚的理论渊源。西方资本主义文明对民主的重视有其进步的一面，但也存在着历史和阶级的局限性。中国优秀传统文化中同样蕴含着民主的因素。马克思主义民主是人类社会迄今最先进的民主，是对民主文明的真正坚守。

现代政治学意义上的民主理念最早产生于古希腊的雅典城邦，原意为"人民的统治"或"人民主权"。事实上，在 20 世纪之前，民主的含义就是指"人民的统治"。今天西方所盛行的民主，则是被自由主义改造过的民主，即自由主义民主。约瑟夫·熊彼特提出，人民缺乏对政治问题的判断力，无法形成共同意志，古典的民主追求即"人民的统治"是不现实的。因此，民主就是一种政治方法和制度安排，使得某些人通过争取人民选票赢得做政治决定的权力。熊彼特在 20 世纪 40 年代对民主内涵的这种改造，符合资产阶级取得革命胜利后为保护私有财产权而反对人民进一步争取民主的需求，得到西方主流民主理论几乎完全一致的赞同。亨廷顿简单明了地说道，"选举是民主的本质"。

第二次世界大战后，"选举即民主"的观念成为支配性的民主理念，西式自由主义民主理论伴随着一波又一波的民主化浪潮流行开来，西方民主话语霸权开始形成。美国取得冷战胜利，被福山说成是自由民主的胜利，历史被自由民主制度终结，西方发达资本主义国家对民主话语权的垄断达到顶峰。自 2008 年国际金融危机爆发以来，西方社会陷入了明显的经济衰退和社会动荡之中。在剧烈的经济和社会变动中，所谓自由民主政体不能与时俱进地进行改革，当社会出现需要解决的新问题时，所谓自由民主政体失灵了、失效了，比如金融危机、族群分裂、新冠肺炎疫情的持续蔓延。福山也不得不承认，美国出现了严重的"政治衰退"。新兴的民主转型国家，几乎都陷入民主停滞、倒退甚至崩溃之中。

中国共产党坚持以人民为中心，自诞生之日起，就把为中国人民谋幸福、为中华民族谋复兴、为世界谋大同的重任扛在肩上，不仅使中华民族迎来了从站起来、富起来到强起来的伟大飞跃，迎来了实现中华民族伟大复兴的光明前景，也为人类文明和进步事业作出了卓越贡献。从提出和平共处五项原则，到将坚持和平发展道路写入宪法、党章；从把对外开放作为基本国策，到加入几乎所有政府间国际组织和500多项国际公约；从提出推动建设新型国际关系、构建人类命运共同体，到弘扬和平、发展、公平、正义、民主、自由的全人类共同价值……2019年11月2日，习近平总书记来到上海市长宁区虹桥街道古北市民中心，考察社区治理和服务情况。习近平总书记强调，我们走的是一条中国特色社会主义政治发展道路，人民民主是一种全过程的民主，所有的重大立法决策都是依照程序、经过民主酝酿，通过科学决策、民主决策产生的。2021年7月，习近平总书记在庆祝中国共产党成立100周年大会上的重要讲话中提出，"践行以人民为中心的发展思想，发展全过程人民民主"。10月，习近平总书记在中央人大工作会议上强调："我国全过程人民民主不仅有完整的制度程序，而且有完整的参与实践。我国全过程人民民主实现了过程民主和成果民主、程序民主和实质民主、直接民主和间接民主、人民民主和国家意志相统一，是全链条、全方位、全覆盖的民主，是最广泛、最真实、最管用的社会主义民主。"这是以习近平同志为核心的党中央对"全过程人民民主"最为集中、最为权威的科学阐释。11月，党的十九届六中全会审议通过《中共中央关于党的百年奋斗重大成就和历史经验的决议》，其中三次提到"全过程人民民主"。

全过程人民民主的提出，是人民民主理论的一个新发展。在这样的历史时刻，全过程人民民主作为中国共产党团结带领中国人民历经百年艰辛探索而创造的伟大政治文明成果，是中国对人类政治文明的重大贡献。在继续推进中国民主实践的同时，理清全过程人民民主的理论逻辑与核心内容，总结中国社会主义民主的特征，指导中国未来的民主发展，构建起中国的民主理论和话语体系，形成中国民主叙事，讲好中国民主故事，将能够为丰富和发展人类政治文明贡献中国智慧、中国方案，从而祛魅西方民主、正名中国民主，还原被工具化的民主，纠正被扰乱的全人类民主追求。

（一）马克思主义民主观

1. 马克思、恩格斯的民主观

2018 年 5 月，习近平总书记在纪念马克思诞辰 200 周年大会上的讲话中强调："学习马克思，就要学习和实践马克思主义关于人民民主的思想。马克思、恩格斯指出，'无产阶级的运动是绝大多数人的，为绝大多数人谋利益的独立的运动'，'工人阶级一旦取得统治权，就不能继续运用旧的国家机器来进行管理'，必须'以新的真正民主的国家政权来代替'。国家机关必须由社会主人变为社会公仆，接受人民监督。我们要坚定不移走中国特色社会主义政治发展道路，在坚持党的领导、人民当家作主、依法治国有机统一中推进社会主义民主政治建设，不断加强人民当家作主的制度保障，加快推进国家治理体系和治理能力现代化，充分调动人民的积极性、主动性、创造性，更加切实、更有成效地实施人民民主。"[①] 习近平总书记从历史与现实、理论与实践、国

----

① 习近平：《在纪念马克思诞辰 200 周年大会上的讲话》，人民出版社 2018 年版，第 18 页。

内与国际的结合中，深刻阐明了马克思主义关于人民民主思想的科学内涵和时代意义。

作为西方文明滋养出来的一位思想家，马克思也深受古代希腊和罗马文明的影响，尤其是在民主问题上，他比西方所谓主流民主理论家更好地继承了希腊和罗马的传统。马克思认为，民主就是人民的统治。这里的人民是以无产阶级为主体，包括工人、农民等在内的一切劳动群众，民主的主体是由特定的阶级构成的，而不是所谓"全民"。理解马克思主义民主观，必须承认民主的阶级性。

马克思、恩格斯主张民主的"全过程"。马克思认为："在民主制中，国家制度本身只表现为一种规定，即人民的自我规定。在君主制中是国家制度的人民；在民主制中则是人民的国家制度。民主制是一切形式的国家制度的已经解开的谜。"① 马克思在对当时欧洲主流民主思想的批判中，并没有一般地否定"选举"民主，相反，他还主张选举权要不断扩大到所有的阶层。然而，他认识到选举只是民主的一种形式，而不是实质。如果没有相应的经济社会基础，这种民主形式只能支撑起一个虚幻的共同体，在这个共同体的内部，则是不同人群之间的分裂，核心是统治者与被统治者之间的分裂，前者利用选举这种形式掩盖对后者压迫的实质。马克思理解的民主首先体现在经济社会的关系和过程当中，政治的民主建基于其上才有实质性的意义。

就政治民主的过程来说，马克思看到了欧洲主流所谓代议制民主的缺陷，看到那些政客如何通过花言巧语骗取选票，当选后则把对选民的承诺置诸脑后。即使他们不忘承诺，也改变不了形式政治背后的压迫性事实。马克思认为，对于未来的社会主义社会，经济基础发生了根本性的变化，民主过程的政治性日益减少，事务性日益增多，或者说民主过

---

① 《马克思恩格斯全集》第 3 卷，人民出版社 2002 年版，第 39 页。

程的政治性日益转化为对经济社会事务的管理。而人民则会更加广泛而深入地参与这种管理的全过程。由此，"马克思主义认为，民主的发展过程本质上就是人的解放过程，是使个人摆脱外在的束缚关系，成为自由而全面发展的人，最终实现人的政治解放、经济解放、文化解放和社会解放"①。这正如习近平总书记指出："马克思坚信历史潮流奔腾向前，只要人民成为自己的主人、社会的主人、人类社会发展的主人，共产主义理想就一定能够在不断改变现存状况的现实运动中一步一步实现。"② 马克思主张的这种"全过程"的特征，在巴黎公社的民主实践中就有初步的体现。马克思不希望公社是议会式的，而是让公社代表履职的全过程都处于选民的监督之中，他们随时可以被撤换。

马克思、恩格斯认为，只有共产主义才能实现民主。实现民主必须克服人的异化。实现共产主义是克服人的异化的必由之路。"无产阶级将取得公共权力，并且利用这个权力把脱离资产阶级掌握的社会化生产资料变为公共财产。通过这个行动，无产阶级使生产资料摆脱了它们迄今具有的资本属性，使它们的社会性质有充分的自由得以实现。从此按照预定计划进行的社会生产就成为可能的了。生产的发展使不同社会阶级的继续存在成为时代错乱。随着社会生产的无政府状态的消失，国家的政治权威也将消失。人终于成为自己的社会结合的主人，从而也就成为自然界的主人，成为自身的主人——自由的人。"③

马克思、恩格斯强调，无产阶级夺取政权是实现民主的关键。基于此，马克思、恩格斯认为，"至今的一切社会都是建立在压迫阶级和被压迫阶级的对立之上的。但是，为了有可能压迫一个阶级，就必须保证

① 李铁映：《论民主》，中国人民大学出版社 2007 年版，第 135 页。
② 习近平：《在纪念马克思诞辰 200 周年大会上的讲话》，人民出版社 2018 年版，第 16 页。
③ 《马克思恩格斯选集》第 3 卷，人民出版社 2012 年版，第 817 页。

这个阶级至少有能够勉强维持它的奴隶般的生存的条件。农奴曾经在农奴制度下挣扎到公社成员的地位，小资产者曾经在封建专制制度的束缚下挣扎到资产者的地位。现代的工人却相反，他们并不是随着工业的进步而上升，而是越来越降到本阶级的生存条件以下。工人变成赤贫者，贫困比人口和财富增长得还要快。由此可以明显地看出，资产阶级再不能做社会的统治阶级了，再不能把自己阶级的生存条件当作支配一切的规律强加于社会了。资产阶级不能统治下去了，因为它甚至不能保证自己的奴隶维持奴隶的生活，因为它不得不让自己的奴隶落到不能养活它反而要它来养活的地步。社会再不能在它统治下生存下去了，就是说，它的生存不再同社会相容了"①。无产阶级就要进行革命，夺取政权。其革命的"第一步就是使无产阶级上升为统治阶级，争得民主。无产阶级将利用自己的政治统治，一步一步地夺取资产阶级的全部资本，把一切生产工具集中在国家即组织成为统治阶级的无产阶级手里，并且尽可能快地增加生产力的总量"②。

2. 列宁的民主观

列宁将马克思主义民主与本国具体实际相结合，强调社会主义民主的阶级性。列宁认为："民主是国家形式，是国家形态的一种。因此，它同任何国家一样，也是有组织有系统地对人们使用暴力，这是一方面。但另一方面，民主意味着在形式上承认公民一律平等，承认大家都有决定国家制度和管理国家的平等权利。而这一点又会产生如下的结果：民主在其发展的某个阶段首先把对资本主义进行革命的阶级——无产阶级团结起来，使他们有可能去打碎、彻底摧毁、彻底铲除资产阶级的（哪怕是共和派资产阶级的）国家机器即常备军、警察和官吏，代

---

① 《马克思恩格斯选集》第1卷，人民出版社2012年版，第412页。
② 《马克思恩格斯选集》第1卷，人民出版社2012年版，第421页。

之以武装的工人群众（然后是人民普遍参加民兵）这样一种更民主的机器，但这仍然是国家机器。"① "所谓阶级，就是这样一些大的集团，这些集团在历史上一定的社会生产体系中所处的地位不同，同生产资料的关系（这种关系大部分是在法律上明文规定了的）不同，在社会劳动组织中所起的作用不同，因而取得归自己支配的那份社会财富的方式和多寡也不同。所谓阶级，就是这样一些集团，由于它们在一定社会经济结构中所处的地位不同，其中一个集团能够占有另一个集团的劳动。"② 列宁认为，资产阶级的民主"是一种残缺不全的、贫乏的和虚伪的民主，是只供富人、只供少数人享受的民主"③。而且，资产阶级的民主"无论在何时何地都保证公民不分性别、宗教、种族、民族一律平等，但是它无论在什么地方也没有实行过，而且在资本主义的统治下也不可能实行"④。"在资本主义制度下，民主共和国和其他任何国家形式一样，不过是镇压无产阶级的机器"⑤。无产阶级要想维持自身的政权，就必须对资产阶级进行镇压，但这种镇压"已经是被剥削者多数对剥削者少数的镇压。实行镇压的特殊机构，特殊机器，即'国家'，还是必要的，但这已经是过渡性质的国家，已经不是原来意义上的国家，因为由昨天还是雇佣奴隶的多数人去镇压剥削者少数人，相对来说，还是一件很容易、很简单和很自然的事情，所流的血会比镇压奴隶、农奴和雇佣工人起义流的少得多，人类为此而付出的代价要小得多。而且在实行镇压的同时，还把民主扩展到绝大多数居民身上，以致对实行镇压的特殊机器的需要就开始消失"⑥。因此，要想实现社会主

---

① 《列宁选集》第 3 卷，人民出版社 2012 年版，第 201 页。
② 《列宁选集》第 4 卷，人民出版社 2012 年版，第 11 页。
③ 《列宁选集》第 3 卷，人民出版社 2012 年版，第 191 页。
④ 《列宁选集》第 3 卷，人民出版社 2012 年版，第 700 页。
⑤ 《列宁选集》第 3 卷，人民出版社 2012 年版，第 581 页。
⑥ 《列宁选集》第 3 卷，人民出版社 2012 年版，第 192 页。

义民主，就必须推翻资产阶级的统治，打碎旧的国家机器，由无产阶级获得统治权。

列宁主张社会主义民主是民主与专政的统一。他指出，"必须经过无产阶级专政，不可能走别的道路，因为再没有其他人也没有其他道路能够粉碎剥削者资本家的反抗"①。社会主义民主就是"新型民主的（对无产者和一般穷人是民主的）和新型专政的（对资产阶级是专政的）国家"②。而到了共产主义社会，"才能提供真正完全的民主，而民主愈完全，它也就愈迅速地成为不需要的东西，愈迅速地自行消亡"③。可以说，社会主义民主是民主与专政的统一。

列宁明确提出社会主义民主的工农联盟原则。他立足于俄国的革命实践，认为工农联盟首先"可以成为'真诚的联合'，真诚的联盟，因为雇佣工人和被剥削劳动农民的利益没有根本相悖的地方。社会主义完全能够满足两者的利益。而且只有社会主义才能满足他们的利益。因此，无产者同被剥削劳动农民之间的'真诚的联合'是可能的，也是必要的"④。列宁认为："不和农民群众建立良好的关系，我们就不能生存。因此我们的任务就是要赶快帮助农民。工人阶级的处境非常艰难，他们非常痛苦。然而，有高度政治觉悟的人却懂得，为了工人阶级专政，我们应当作出最大的努力，不惜任何代价来帮助农民。我们帮助农民，是因为不和他们结成联盟就不可能有无产阶级政权，就谈不上保持政权。……专政的最高原则就是维护无产阶级同农民的联盟，使无产阶级能够保持领导作用和国家政权。"⑤

列宁创新性地提出民主集中制。1905 年 7 月，列宁在《〈工人论党

---

① 《列宁选集》第 3 卷，人民出版社 2012 年版，第 190 页。
② 《列宁选集》第 3 卷，人民出版社 2012 年版，第 140 页。
③ 《列宁选集》第 3 卷，人民出版社 2012 年版，第 191—192 页。
④ 《列宁选集》第 3 卷，人民出版社 2012 年版，第 360 页。
⑤ 《列宁全集》第 42 卷，人民出版社 2017 年版，第 54—55 页。

内分裂〉一书序言》中提出，实现党的统一必须承认的六条基本组织原则，具体内容为：（1）少数服从多数（不要同带引号的少数和多数混淆起来！这里说的是党的一般组织原则，而不是"少数派"和"多数派"的合并，关于这一点下面再谈。抽象地说，可以设想合并将采取"少数派"和"多数派"处于均势的形式，但是如果不承认少数服从多数的原则和义务，那么这种合并也是不可能实现的）。（2）党的最高机关应当是代表大会，即一切享有全权的组织的代表的会议，这些代表作出的决定应当是最后的决定（这是民主代表制度的原则，它同协商会议的原则和把会议决定交付各组织表决即举行"全民投票"的原则是相反的）。（3）党的中央机关（或党的各个中央机关）的选举必须是直接选举，必须在代表大会上进行。不在代表大会上进行的选举、二级选举等等都是不许可的。（4）党的一切出版物，不论是地方的或中央的，都必须绝对服从党代表大会，绝对服从相应的中央或地方党组织。不同党保持组织关系的党的出版物不得存在。（5）对党员资格的概念必须作出极其明确的规定。（6）对党内任何少数人的权利同样应在党章中作出明确的规定。① 列宁指出：要进行顽强不懈的努力，使基层组织真正成为而不是在口头上成为党的基本组织细胞，使所有的高级机关都成为真正选举产生的、要汇报工作的、可以撤换的机关。要进行顽强不懈的努力来建立一个包括全体觉悟的工人、社会民主党人独立进行政治活动的组织。应该实现直到现在还多半是在纸上承认的所有党组织的自治权。②

（二）民主的中国传统思想源渊

中国人民民主的道路，与全过程人民民主的中国传统是无法分开

① 参见《列宁全集》第 11 卷，人民出版社 2017 年版，第 154—155 页。
② 参见《列宁全集》第 13 卷，人民出版社 2017 年版，第 59 页。

的。"大道之行，天下为公"①，恰好道出了人民民主的中国传统思想渊源。

"大道之行，天下为公"。这是中国人为"民主"提供的重要理论基石。在这个基石之上，中国古代先贤展开了两层具体含义：一是天下之资源为人民所有；二是天下之公器为人民所有。这个"所有"，指的是根本性的所有，至于具体的占有形式，因时因地而有所差异。如果没有这种根本性的所有，人类所共同走向的民主生活就无所依托。习近平总书记在很多场合，都曾引用《礼记》里的这句话，表达共产党人人民至上的初心追求和天下为公的博大胸怀。他在党的十九大报告中再次强调，中国共产党人的初心和使命，就是为中国人民谋幸福，为中华民族谋复兴。不忘初心，方得始终。因为这个初心，共产党人坚持人民主体地位，坚持立党为公、执政为民，坚持以人民为中心的发展观，坚持依靠人民创造历史伟业。也因为这个初心，共产党人永远把人民对美好生活的向往作为奋斗目标，作为不断前进的根本动力，以永不懈怠的精神状态和一往无前的奋斗姿态，矢志为民族复兴不懈奋斗。随着中国日益走近世界舞台中央，习近平总书记以"大道为公"，向国际社会宣示中国智慧、中国方案，彰显出中国共产党致力于打造共同繁荣的人类命运共同体的胸襟和视野。正如党的十九大报告所指出的，中国发展不对任何国家构成威胁，中国共产党始终把为人类作出新的更大的贡献作为自己的使命。世界命运握在各国人民手中，人类前途系于各国人民的抉择。中国共产党和中国人民愿同各国人民一道，推动人类命运共同体建设，共同创造人类的美好未来。

---

① 《礼记·礼运》："大道之行也，天下为公，选贤与能，讲信修睦。故人不独亲其亲，不独子其子，使老有所终，壮有所用，幼有所长，矜寡孤独废疾者皆有所养；男有分，女有归；货恶其弃于地也，不必藏于己；力恶其不出于身也，不必为己。是故谋闭而不兴，盗窃乱贼而不作，故外户而不闭，是谓大同。"

"民惟邦本，本固邦宁"①。这句话出自《尚书·五子之歌》。这篇歌词是大禹的五位孙子在被放逐途中回忆皇祖训诫、抒发怨愤之情的文章，文章首句就说："皇祖有训，民可近，不可下。民惟邦本，本固邦宁。"意思是，祖父（大禹）曾经训示我们说：人民可以亲近，不可以轻贱失礼。人民是国家的根基，人民安定了，君位就稳固了，天下也就太平了。虽说此训不一定都是夏禹原话，但这的确反映了中国最早的民本思想。在这一基础上，孟子提出"民为贵，社稷次之，君为轻"，成为"天下为公"在地域和人民共同体上的体现，清楚地表达了人民是邦国的根本，社稷和君主都是为人民而存在的。习近平总书记自党的十八大以来，在系列重要讲话中多次引用"民惟邦本，本固邦宁"的政治格言，充分表达了习近平总书记一贯坚持的"以民为本，执政为民"的治国理念。2014 年 5 月 4 日，在北京大学师生座谈会上的讲话中，习近平总书记就把"民惟邦本"列为中华文化的核心理念第一条。2015 年 10 月，习近平主席在英国议会发表讲话时指出："在中国，民本和法制思想自古有之，几千年前就有'民惟邦本，本固邦宁'的说法。"

"天之立君，以为民也"②。这句话写于《史记》之中，比"君为轻"更清楚地表达了立君（政府产生）的目的，那就是要为人民谋幸福。习近平总书记多次指出，中国共产党一经诞生，就把为中国人民谋幸福、为中华民族谋复兴确立为自己的初心使命。一百年来，中国共产党团结带领中国人民进行的一切奋斗、一切牺牲、一切创造，归结起来就是一个主题：实现中华民族伟大复兴。

"天视民视，天听民听"③。"天视自我民视，天听自我民听"，这

---

① 《尚书·夏书·五子之歌》："皇祖有训，民可近，不可下，民惟邦本，本固邦宁。"
② 《荀子·大略》："天之生民，非为君也；天之立君，以为民也。"
③ 《尚书·泰誓中》："天视自我民视，天听自我民听。百姓有过，在予一人，今朕必往。"

是"民有"走向"民治"的重要理论衔接，如果天下邦国的治理只能听从"天意"，那么就会产生装神弄鬼的巫术政治，人民在治理中的作用就无从发挥。用现代的语言来说，"天视民视"思想开启了世俗政治理性的伟大时代，"民心向背"成为这个时代过程民主的一个起点。2016 年 11 月 29 日，习近平总书记在纪念朱德同志诞辰 130 周年座谈会上的讲话中指出："'天视自我民视，天听自我民听。'今天，全党同志无论职位高低，都要把人民拥护不拥护、赞成不赞成、高兴不高兴、答应不答应作为衡量一切工作得失的根本标准。"

"选贤与能，讲信修睦"①。这句话在《礼记》中是跟在"天下为公"后面说的，说明它是实现"天下为公"的根本治理途径之一。治理天下和邦国的过程中，总是有一些人在德与才上更具有优势，这些人更有意愿和能力来维护与实现人民的利益。如果只是像柏拉图那样把国家治理视为极少数具有神秘天赋之人的事业，那么民主过程就无从开启，人民中的绝大多数就会永远排除在治理过程之外。解决这个问题的最好办法就是"选贤与能"，也就是将治理国家的人才不分阶层地选拔出来。以此为基础而产生的官员选拔制度，是中国为人类政治生活贡献的伟大政治发明。党的十八大以来，习近平总书记着眼于新时代党和国家事业发展全局，围绕培养选拔新时代党和人民需要的好干部，创造性地提出一系列选人用人的新理念新思想新要求，丰富和发展了马克思主义执政党选人用人理论，为新时代选人用人工作提供了科学的理论指导。

"先民有言，询于刍荛"②。"刍荛"是打柴之人，意指平民百姓，治理国家之事得要问他们的意见，这是中国"民意政治"的起源，是

---

① 《礼记·礼运》："大道之行也，天下为公，选贤与能，讲信修睦。"
② 《诗经·大雅·板》："先民有言，询于刍荛。"

"选贤与能"的后续民主过程。即使选出了贤能之士，但是他们的智慧也是有限的，他们要在治理过程中做出正确的决策，必须要主动地、广泛地征求人民的意见，并善于从中加以取舍和综合。习近平总书记多次强调："知屋漏者在宇下，知政失者在草野。"群众中有了"意见"和"呼声"，说明他们有了困难抑或诉求，同时也说明了领导干部在工作方面还有做得不够的地方。认真倾听群众的意见和呼声，是领导干部了解社情民意最有效的途径。习近平总书记曾说："我们共产党的干部是来自人民，为了人民的，在信访中倾听人民的呼声，了解人民的愿望，汲取改进工作和作风的营养，'关心、济助'每一个需要关心济助的人，是我们的责任，也是我们的义务。信访工作的首义，在于时刻把自己看成人民中的一员，把心贴近人民。"①

"相防过误"②。这是《贞观政要》记载的唐太宗的话。他对大臣说，设置中书、门下两省，目的是要大家在一心奉公的前提下相互提醒不要犯错误，因为每个人的见识都是有限的，而且都会有一些私心杂念。这种在奉公前提下的相互商量、相互制约的道理，比西方现代政治理论中"用野心对抗野心"要高明得多。习近平总书记指出，早在延安时期，毛泽东就提出跳出"历史周期率"的课题，党的八大规定任何党员和党的组织都必须受到自上而下的和自下而上的监督，现在我们不断完善党内监督体系，目的都是形成科学管用的容错纠错机制，不断增强党自我净化、自我完善、自我革新、自我提高的能力。

"击鼓言事"③。《周礼》记载，"建路鼓于大寝之门外，而掌其政，以待达穷者遽令"。有冤屈或对施政有不满的民众可以击打路鼓，以向

---

① 习近平：《摆脱贫困》，福建人民出版社1992年版，第45页。
② 《贞观政要》："元置中书、门下，本拟相防过误……或有护己之短，忌闻其失，有是有非，衔以为怨。或有苟避私隙，相惜颜面……难违一官之小情，顿为万人之大弊。此实亡国之政，卿辈特须在意防也。"
③ 《周礼》："建路鼓于大寝之门外，而掌其政，以待达穷者遽令。"

官府陈情。官府依此可纠正冤情，查办失职官员。这既是民情上达的一种方式，也是监督官员的重要手段。习近平总书记指出："我们的人民热爱生活，期盼有更好的教育、更稳定的工作、更满意的收入、更可靠的社会保障、更高水平的医疗卫生服务、更舒适的居住条件、更优美的环境，期盼着孩子们能成长得更好、工作得更好、生活得更好。"习近平总书记念兹在兹的就是"民心"二字，在他当选总书记后的首次公开讲话中，就坚定宣告："人民对美好生活的向往，就是我们的奋斗目标。"

以上八点，前三点讲的是"民有"与"民享"的问题，后五点讲的是"民治"的问题，也就是民主过程的问题，此过程的全面性和丰富性是其他古代政治文明所难以比拟的。如果要对此过程的特征作出更精练的概括，那就是"民心政治"的两种过程，一种是"道心"政治过程，一种是"人心"政治过程。前者更多地指实现人民长远利益的过程，后者更多地指满足人民即时欲望的过程，当然二者之间的界限不是那么清晰。中国过程民主的传统则以实现前者为主，实现后者为辅。这个传统一直沿袭至今。2000多年来，时代更替，传统文化却拥有一个不变的民本结构，那就是以天为则、以史为鉴、以民为心，正所谓"圣人无常心，以百姓心为心"。如今，博大精深的中华传统文化强劲复兴，从华夏民本思想中吸收有益元素，建立让人民安居乐业的时代文明，此其时哉，正其宜也。①

（三）西式民主理念

谈论西方民主传统的人，大都会追溯到古代希腊和罗马。有的人强调希腊传统，有的人强调罗马传统，这两种民主传统有什么不同呢？用

---

① 参见时亮：《天视自我民视，天听自我民听》，《光明日报》2017年2月6日。

中国传统的政治语言来表达，那就是希腊民主传统更多强调"人心"，而罗马民主传统更多强调"道心"。希腊的"人心"民主过程注重每个人的平等参与，罗马的"道心"民主过程注重国家公共利益的维护。于是，前者留下了投票的传统，后者留下了立法的传统。

西方走入现代文明，历史上通常称之为希腊罗马文明的复兴，这在一定程度上说是对的，当然，其中有来自中国文明的启迪，有后世文明的创造。后世的西方思想家总是撕扯于希腊和罗马传统之间。不过，就民主过程而言，后世更多地继承了希腊传统，而将罗马传统归入不同于民主的"法治"传统。

在希腊这种"人心"民主过程的基础上，现代西方人又添加了新的内容，其中最主要的是强调"个人自由"。这一方面是现代商业经济所带来的"个人利益"观念越来越强的结果，另一方面则是希腊投票传统中的"个人意志"顺理成章地发展的结果。

西方现代政治的发展将传统的共同体打破，将类似原子的个人释放出去，并企图以这种无依无靠的个人为基础，重建新的共同生活的秩序，一种相对于紧密的传统共同体而言的、松散的现代共同体——一种虚假的共同体。

之所以说是虚假的共同体，一方面是因为这共同体的建构是以"自由个体"为基础的，没有任何独立的共同体目标作为前置条件，共同体成为个体的附属物，就如同一堆流沙暂时保持某种山丘的形态；另一方面则是因为现实中的个人所构成的群体（阶层、族群等）之间处于难以调和的冲突状态，不断撕裂着这个脆弱的共同体。

为了维持这种共同体的运转，以"投票"为核心特征的民主似乎成了不得不采取的办法，在不断夸张的"个人自由"面前获得了越来越强的合道性证明，同时又使民主定位于日益狭窄的含义。

这种狭窄的民主过程在思想上的转折点是在美国政治经济学家约瑟

夫·熊彼特那里。他将民主定义为精英通过投票的方式从民众那里获得做决定的权力这样一种过程。这既是对希腊传统的一次大的修改，也是对罗马传统的一次大的偏离。他自己也承认，他改变的就是继承希腊罗马传统的近代民主。对希腊民主的修改就是将人民中的大众排除在决策过程之外，也就是大众只能选举决策者，而不能自己做决策。对罗马传统的偏离就是不承认有"人民利益"或"人民意志"这种东西，温和地说，就是现实中找不到反映这种东西的机制。于是"民主＝选举"这种简单的公式就在理论上确立起来，并一直主导着西方主流民主理论。后世的民主理论家如达尔等也只是在此基础上做了某种扩充而已。有一些政治哲学家如罗尔斯等强调"公共利益"需要某种独立的实现机制，而不是个人意见的简单汇总。一些社群主义者更是强调共同体的独立属性，但这些观点并没能成为西方民主理论的主流。

在某种程度上说，西方民主理论走向狭窄化，促使其民主过程走向劣质化。在膨胀的个人自由和资本操纵的选举机器作用下，西方政治生活出现了大众和精英双重劣质化的现象。精英虚情假意地迎合着大众即时的意见，失去了实现人民公共利益的意愿和能力；大众在对精英的不满中发泄着愤怒的情绪，也对政治生活失去了理性参与和改造的意愿和能力。不同群体都为了短暂的、特殊的利益相互撕扯和冲突，国家治理出现了日益明显的衰败迹象。

二、人民民主是中国共产党始终高举的旗帜

民主是中国共产党人始终坚持的重要理念。中国共产党自成立以来，把马克思列宁主义基本原理同中国革命、建设、改革实际相结

合，在领导人民为实现当家作主而奋斗的实践基础上，对民主这一重要理念进行了不懈探索。

（一）毛泽东对人民民主的理论探索

毛泽东思想是马克思列宁主义在中国的创造性运用和发展，是被实践证明了的关于中国革命和建设的正确理论原创和经验总结，是马克思主义中国化的第一次历史性飞跃。在毛泽东思想指导下，党团结带领人民建立人民当家作主的新中国，实现了中华从几千年封建专制政治向人民民主的伟大飞跃；完成社会主义革命，实现了中国民族有史以来最为广泛而深刻的社会变革；推进社会主义建设，为在新的历史时期开创中国特色社会主义提供了宝贵经验、理论准备、物质基础。

不同历史时期对"人民"一词指代对象的界定。毛泽东遵循马克思主义的基本观点，主要从人民的阶级构成来界定人民的含义。在不同历史时期，毛泽东使用"人民"一词的界定范围不同。抗日战争时期，毛泽东认为，"最广大的人民，占全人口百分之九十以上的人民，是工人、农民、兵士和城市小资产阶级"[1]。在解放战争时期，毛泽东认为，"美帝国主义和它的走狗即官僚资产阶级、地主阶级以及代表这些阶级的国民党反动派，都是人民的敌人；一切反对这些敌人的阶级、阶层和社会集团，都属于人民的范围"[2]。在社会主义革命和建设时期，毛泽东主张"一切赞成、拥护和参加社会主义建设事业的阶级、阶层和社会集团，都属于人民的范围；一切反抗社会主义革命和敌视、破坏社会主义建设的社会势力和社会集团，都是人民的敌人"[3]。

提出"人民民主"这一概念并明确其内容。1939 年 5 月 4 日，毛

---

[1] 《毛泽东选集》第三卷，人民出版社 1991 年版，第 855 页。
[2] 《毛泽东文集》第七卷，人民出版社 1999 年版，第 205 页。
[3] 《毛泽东文集》第七卷，人民出版社 1999 年版，第 205 页。

泽东提出了人民民主的概念。毛泽东指出，革命"已经不是旧的、被资产阶级领导的、以建立资本主义的社会和资产阶级专政的国家为目的的革命，而是新的、被无产阶级领导的、以在第一阶段上建立新民主主义的社会和建立各个革命阶级联合专政的国家为目的的革命"①。1954年，毛泽东在《关于中华人民共和国宪法草案》中明确提出："我们的民主不是资产阶级的民主，而是人民民主，这就是无产阶级领导的、以工农联盟为基础的人民民主专政。"② 因此，人民民主是以毛泽东同志为主要代表的中国共产党人"将马克思主义民主理论和中国具体实践相结合的产物。在新民主主义革命时期，它指的是新民主主义民主；在社会主义时期，它指的是社会主义民主"③。

明确人民民主的国家性质。毛泽东指出，"人民民主专政的基础是工人阶级、农民阶级和城市小资产阶级的联盟，而主要是工人和农民的联盟，因为这两个阶级占了中国人口的百分之八十到九十。推翻帝国主义和国民党反动派，主要是这两个阶级的力量。由新民主主义到社会主义，主要依靠这两个阶级的联盟"④。人民民主就是"在工人阶级和共产党的领导之下，团结起来，组成自己的国家，选举自己的政府"，人民有言论集会结社等项的自由权和选举权。在人民内部实行民主，必须"让他们参与政治活动，不是强迫他们做这样做那样，而是用民主的方法向他们进行教育和说服的工作。这种教育工作是人民内部的自我教育工作，批评和自我批评的方法就是自我教育的基本方法"⑤。人民民主专政就是对敌人"实行独裁，压迫这些人，只许他们规规矩矩，不许

① 《毛泽东选集》第二卷，人民出版社1991年版，第668页。
② 《毛泽东文集》第六卷，人民出版社1999年版，第326页。
③ 李铁映：《论民主》，中国人民大学出版社2007年版，第105页。
④ 《毛泽东选集》第四卷，人民出版社1991年版，第1478—1479页。
⑤ 《毛泽东文集》第六卷，人民出版社1999年版，第81—82页。

他们乱说乱动。如要乱说乱动，立即取缔，予以制裁"①。"在必要的时期内，不让他们参与政治活动，强迫他们服从人民政府的法律，强迫他们从事劳动并在劳动中改造他们成为新人"②。

进一步发展了民主集中制思想。民主集中制的核心在于民主基础上的集中与集中指导下的民主。之所以要集中指导下的民主，是因为极端民主化损害、破坏党的组织，削弱党的战斗力。而要实现集中指导下的民主，一是"党的领导机关要有正确的指导路线，遇事要拿出办法，以建立领导的中枢"，二是"上级机关要明了下级机关的情况和群众生活的情况，成为正确指导的客观基础"，三是"党的各级机关解决问题，不要太随便。一成决议，就须坚决执行"，四是"上级机关的决议，凡属重要一点的，必须迅速地传达到下级机关和党员群众中去。其办法是开活动分子会，或开支部以至纵队的党员大会（须看环境的可能），派人出席作报告"，五是"党的下级机关和党员群众对于上级机关的指示，要经过详尽的讨论，以求彻底地了解指示的意义，并决定对它的执行方法"。③ 之所以要民主基础上的集中，这是因为没有民主，就不可能有正确的集中，因为大家意见分歧，没有统一的认识，集中制就建立不起来。没有民主，就不可能正确地总结经验。没有民主，意见不是从群众中来，就不可能制定出好的路线、方针、政策和办法。如果没有民主，不了解下情，情况不明，不充分搜集各方面的意见，不使上下通气，只由上级领导机关凭着片面的或者不真实的材料决定问题，那就难免不是主观主义的，也就不可能达到统一认识，统一行动，不可能实现真正的集中。④

---

① 《毛泽东选集》第四卷，人民出版社 1991 年版，第 1475 页。
② 《毛泽东文集》第六卷，人民出版社 1999 年版，第 81—82 页。
③ 《毛泽东选集》第一卷，人民出版社 1991 年版，第 89 页。
④ 参见《毛泽东文集》第八卷，人民出版社 1999 年版，第 293—294 页。

（二）邓小平理论对人民民主的发展

邓小平理论深刻揭示了社会主义本质，确立社会主义初级阶段基本路线，明确提出走自己的路，建设中国特色社会主义，科学回答了建设中国特色社会主义的一系列基本问题，成功开创了中国特色社会主义。

发展中国特色社会主义民主。邓小平指出："把马克思主义的普遍真理同我国的具体实际结合起来，走自己的道路，建设有中国特色的社会主义，这就是我们总结长期历史经验得出的基本结论。"[①] 中国特色社会主义民主是人民民主，人民范围涵盖社会主义劳动者和拥护社会主义的爱国者。发展社会主义民主，要"切实改革并完善党和国家的制度，从制度上保证党和国家政治生活的民主化、经济管理的民主化、整个社会生活的民主化，促进现代化建设事业的顺利发展"[②]。"在经济计划和财政、外贸等方面给予更多的自主权"[③]。同时，还要"切实保障工人农民个人的民主权利，包括民主选举、民主管理和民主监督。不但应该使每个车间主任、生产队长对生产负责任、想办法，而且一定要使每个工人农民都对生产负责任、想办法"[④]。

进一步完善民主集中制思想。邓小平强调，民主集中制"就是民主基础上的集中和集中指导下的民主相结合"[⑤]。基于此，1992年党的十四大通过的党章将民主集中制表述为"民主基础上的集中和集中指导下的民主相结合"。"相结合"三个字更加突出了民主与集中的有机统一。在改革开放新时期，特别需要强调民主，这是"因为在过去一

[①] 《邓小平文选》第三卷，人民出版社1993年版，第3页。
[②] 《邓小平文选》第二卷，人民出版社1994年版，第336页。
[③] 《邓小平文选》第二卷，人民出版社1994年版，第145—146页。
[④] 《邓小平文选》第二卷，人民出版社1994年版，第146页。
[⑤] 《邓小平文选》第二卷，人民出版社1994年版，第175页。

个相当长的时间内，民主集中制没有真正实行，离开民主讲集中，民主太少"①。因此，我们要吸取教训，更加注重民主。

强调民主制度化、法制化。邓小平认为，"为了保障人民民主，必须加强法制。必须使民主制度化、法律化，使这种制度和法律不因领导人的改变而改变，不因领导人的看法和注意力的改变而改变"②。"要加强民主就要加强法制。没有广泛的民主是不行的，没有健全的法制也是不行的"③。

（三）"三个代表"重要思想对人民民主的发展

"三个代表"重要思想加深了对什么是社会主义，怎样建设社会主义和建设什么样的党，怎样建设党的认识，开创全面改革开放新局面，成功把中国特色社会主义事业全面推向 21 世纪。

坚持完善基本政治制度，与时俱进。江泽民认为，我国社会主义民主的核心在于"在中国共产党领导下，包括工人、农民、知识分子在内的全体人民作为主人管理自己的国家，享受广泛的民主权利"，"关键在加强社会主义政治制度建设"④。具体来说，就是要健全民主制度，丰富民主形式，扩大公民有序的政治参与，保证人民依法实行民主选举、民主决策、民主管理和民主监督，享有广泛的权利和自由，尊重和保障人权。⑤ 保证人民代表大会及其常委会依法履行职能，保证立法和决策更好地体现人民的意志。优化人大常委会组成人员的结构。⑥ 坚持和完善共产党领导的多党合作和政治协商制度。坚持"长期共存、互

---

① 《邓小平文选》第二卷，人民出版社 1994 年版，第 144 页。
② 《邓小平文选》第二卷，人民出版社 1994 年版，第 146 页。
③ 《邓小平文选》第二卷，人民出版社 1994 年版，第 189 页。
④ 《江泽民文选》第三卷，人民出版社 2006 年版，第 140 页。
⑤ 参见《江泽民文选》第三卷，人民出版社 2006 年版，第 554 页。
⑥ 参见《江泽民文选》第三卷，人民出版社 2006 年版，第 554 页。

相监督、肝胆相照、荣辱与共"的方针，加强同民主党派合作共事，更好地发挥我国社会主义政党制度的特点和优势。保证人民政协发挥政治协商、民主监督和参政议政的作用。巩固和发展最广泛的爱国统一战线。① 全面贯彻党的民族政策，坚持和完善民族区域自治制度，巩固和发展平等团结互助的社会主义民族关系，促进各民族共同繁荣进步。②

坚持依法治国。党的十五大把依法治国确定为党领导人民治理国家的基本方略。依法治国，"就是广大人民群众在党的领导下，依照宪法和法律规定，通过各种途径和形式管理国家事务，管理经济文化事业，管理社会事务，保证国家各项工作都依法进行，逐步实现社会主义民主的制度化、法律化，使这种制度和法律不因领导人的改变而改变，不因领导人看法和注意力的改变而改变"③。一是要坚持有法可依、有法必依、执法必严、违法必究，建设中国特色社会主义法律体系。二是要加强对执法活动的监督，推进依法行政，维护司法公正，提高执法水平，确保法律的严格实施。三是要坚持法律面前人人平等。维护法制的统一和尊严，防止和克服地方和部门的保护主义。四是要拓展和规范法律服务，积极开展法律援助。五是要加强法制宣传教育，提高全民法律素质，尤其要增强公职人员的法制观念和依法办事能力。党员和干部特别是领导干部要成为遵守宪法和法律的模范。④

明确社会主义民主政治的重要优势。中国共产党的领导和社会主义制度，这是我国最根本的制度。各项方针政策、法律法规、纪律规定都应该在遵循这个根本制度的基础上发挥作用。⑤ 人民是我国社会的主人，也是社会主义事业的主人。依法治国把坚持党的领导、发扬人民民

---

① 参见《江泽民文选》第三卷，人民出版社 2006 年版，第 554 页。
② 参见《江泽民文选》第三卷，人民出版社 2006 年版，第 554 页。
③ 《江泽民文选》第二卷，人民出版社 2006 年版，第 28—29 页。
④ 参见《江泽民文选》第三卷，人民出版社 2006 年版，第 555 页。
⑤ 参见《江泽民文选》第二卷，人民出版社 2006 年版，第 576 页。

主和严格依法办事统一起来，从制度和法律上保证党的基本路线和基本方针的贯彻实施，保证党始终发挥总揽全局、协调各方的领导核心作用。① 因此，最根本的是要坚持党的领导、人民当家作主和依法治国的有机结合和辩证统一，② 这是社会主义民主政治的重要优势。

不断发展党内民主。发展党内民主，充分发挥广大党员和各级党组织的积极性、主动性、创造性，是党的事业兴旺发达的重要保证。凡属党组织工作中的重大问题都应力求组织广大党员讨论，充分听取各种意见。通过建立有效机制，保证基层党员和下级党组织的意见能及时反映到上级党组织中来。上级党组织应充分听取党员和下级党组织的意见，集思广益，不断推进决策的科学化、民主化。③ 集体领导、民主集中、个别酝酿、会议决定，既是党内的决策程序，又是贯彻民主集中制原则的具体体现。④

扩大基层民主，才能"更充分有效地调动和发挥人民群众的积极性和创造性，增强人民群众的主人翁精神，推动社会主义民主不断向前发展"⑤。因此，首先要保证人民群众"在基层的经济、政治、文化和其他社会事务中当好家作好主，这是实现工人阶级和广大劳动群众在整个国家的经济、政治、文化和社会生活中当家作主的基础"⑥。因此，必须健全基层自治组织和民主管理制度，完善公开办事制度，保证人民群众依法直接行使民主权利，管理基层公共事务和公益事业，对干部实行民主监督。⑦

---

① 参见《江泽民文选》第二卷，人民出版社 2006 年版，第 29 页。
② 参见《江泽民文选》第三卷，人民出版社 2006 年版，第 553 页。
③ 参见《江泽民文选》第三卷，人民出版社 2006 年版，第 287 页。
④ 参见《江泽民文选》第二卷，人民出版社 2006 年版，第 575 页。
⑤ 《江泽民文选》第一卷，人民出版社 2006 年版，第 643 页。
⑥ 中共中央文献研究室编：《江泽民论有中国特色社会主义（专题摘编）》，中央文献出版社 2002 年版，第 315 页。
⑦ 参见《江泽民文选》第三卷，人民出版社 2006 年版，第 554 页。

推进国际关系民主化。和平与发展是当今时代的主题，必须在国际事务中提倡和贯彻民主原则，推动国际关系的民主化。各国人民有权自主选择符合本国国情的社会制度和发展道路，创造自己的生活。① 江泽民强调："世界上所有的国家，无论大小、强弱、贫富，都是国际社会中平等的一员，都有参与和处理国际事务的权利。"② 而且，国与国之间"应超越社会制度和意识形态的差异，努力寻求共同利益的汇合点，扩大互利合作，谋求共同发展。不能用一种政治制度和发展模式去规范世界"③。全球性问题需要各国共同解决，全球性挑战需要各国合作应对。任何一个国家和一种力量，都不可能也没有能力来独自完成这个任务。尤其是在事关世界和地区和平的重大问题上，应该按照联合国宪章的宗旨和原则以及公认的国际关系基本准则，坚持通过协商谈判和平解决争端。④

（四）科学发展观对人民民主的发展

科学发展观深刻认识而回答了新形势下实现什么样的发展，怎样发展等重大问题，强调坚持以人为本、全面协调可持续发展，成功在新形势下坚持和发展了中国特色社会主义。

进一步发展社会主义民主政治。推进我国社会主义民主政治建设，需要有战略思想的指导。这一战略思想主要包括三个方面的内容：一是旗帜问题，发展社会主义民主政治必须高举人民民主旗帜；二是道路问题，发展社会主义民主政治必须坚定不移地走中国特色社会主义政治发展道路；三是制度问题，政治体制改革是社会主义政治制度自我完善和

---

① 参见《江泽民文选》第三卷，人民出版社 2006 年版，第 114 页。
② 《江泽民文选》第三卷，人民出版社 2006 年版，第 110 页。
③ 江泽民：《在英国剑桥大学的演讲》，《人民日报》1999 年 10 月 23 日。
④ 参见《江泽民文选》第三卷，人民出版社 2006 年版，第 474 页。

发展，发展社会主义民主政治，必须深化政治体制改革。中国特色社会主义政治发展道路"有利于发挥社会主义制度特点和优势，发展人民民主，促进经济社会发展，维护国家统一、民族团结、人民安康、社会和谐，实现中华民族伟大复兴"①。

深化政治体制改革，建设社会主义政治文明。胡锦涛强调，深化政治体制改革，坚持发挥党总揽全局、协调各方的领导核心作用。从提高党的执政能力、巩固党的执政地位、履行党的执政使命的高度，改进和完善党的领导方式和执政方式，提高党科学执政、民主执政、依法执政水平，保证党领导人民有效治理国家，使党始终成为中国特色社会主义事业的坚强领导核心，保证国家一切权力属于人民，加快建设社会主义法治国家，树立社会主义法治理念，弘扬法治精神，坚持科学立法、民主立法，完善中国特色社会主义法律体系，加强宪法和法律实施，推进依法行政，坚持执法为民，深化司法体制改革，实现国家各项工作法治化，维护社会公平正义，完善制约和监督机制，建立健全决策权、执行权、监督权既相互制约又相互协调的权力结构和运行机制，完善各类公开办事制度，切实保障人民的经济、政治、文化、社会权益。以坚持和完善人民代表大会制度、中国共产党领导的多党合作和政治协商制度、民族区域自治制度以及基层群众自治制度为重点，推进社会主义民主政治制度化、规范化、程序化，进一步把我国社会主义政治制度优越性发挥出来，为党和国家兴旺发达、长治久安提供政治和法律制度保障。②

注重党的执政能力建设，以党内民主带动人民民主。执政能力建设是党执政后的一项根本建设，是巩固党的执政地位、完成党的执政使命的必然要求，也是保证党和国家兴旺发达、长治久安的必然要求。③ 党

---

① 《胡锦涛文选》第三卷，人民出版社 2016 年版，第 73 页。
② 参见《胡锦涛文选》第三卷，人民出版社 2016 年版，第 75—76 页。
③ 参见《胡锦涛文选》第二卷，人民出版社 2016 年版，第 460 页。

内民主是凝聚全党智慧、进行正确决策的必然要求，是维护党的团结统一、增强党的创造力和战斗力的必然要求，是调动各方面积极性、齐心协力完成党的历史任务的必然要求，也是推动人民民主、建设社会主义政治文明的必然要求。① 要提高工人、农民代表比例。完善党内选举制度，规范差额提名、差额选举，形成充分体现选举人意志的程序和环境。强化全委会决策和监督作用，完善常委会议事规则和决策程序，完善地方党委讨论决定重大问题和任用重要干部票决制。② 推进党内基层民主决策，完善基层党组织重大事项民主讨论制度，要健全党内情况通报、情况反映、重大决策征求意见、党务信息发布等制度，切实选好用好基层党组织领导班子成员。③ 完善党员定期评议基层党组织领导班子等制度，推行党员旁听基层党委会议、党代会代表列席同级党委有关会议。④

进一步发展民主集中制。坚决维护中央权威，认真贯彻党的路线方针政策，确保政令畅通。⑤ 集体领导是党委领导在组织上的最高原则。重大问题由集体讨论决定，是民主集中制原则在党委领导活动中的重要体现。⑥ 地方各级党委要支持人大、政府、政协和群团组织按照各自职责和章程主动开展工作，人大、政府、政协和群团组织中的党组和党员干部要保证贯彻中央和党委重大决策。⑦ 班子成员还应相互尊重、相互帮助、取长补短、共同进步。

构建社会主义和谐社会。建设民主法治、公平正义、诚信友爱、充满活力、安定有序、人与自然和谐相处的社会主义和谐社会，是实现全

① 参见《胡锦涛文选》第二卷，人民出版社2016年版，第555页。
② 参见《胡锦涛文选》第三卷，人民出版社2016年版，第655页。
③ 参见《胡锦涛文选》第三卷，人民出版社2016年版，第224页。
④ 参见《胡锦涛文选》第三卷，人民出版社2016年版，第655页。
⑤ 参见《胡锦涛文选》第一卷，人民出版社2016年版，第342页。
⑥ 参见《胡锦涛文选》第一卷，人民出版社2016年版，第343页。
⑦ 参见《胡锦涛文选》第一卷，人民出版社2016年版，第344页。

面建设小康社会宏伟目标、应对各种挑战和风险、实现党执政的历史任务的必然要求。民主法治是构建和谐社会的应有之义。民主法治，就是社会主义民主得到充分发挥，依法治国基本方略得到切实落实，各方面积极因素得到广泛调动。① 保证人民依法行使民主权利，使人民群众和各方面积极性、主动性、创造性更好发挥出来，促进党和人民群众以及执政党和参政党、中央和地方、各阶层之间、各民族之间等方面关系的和谐。健全社会主义法制，建设社会主义法治国家，充分发挥法治在促进、实现、保障社会和谐方面的重要作用。②

三、全过程人民民主的科学内涵

党的十八大以来，中国特色社会主义进入新时代。习近平新时代中国特色社会主义思想是当代中国马克思主义、二十一世纪马克思主义，是中华文化和中国精神的时代精华，实现了马克思主义中国化新的飞跃。新时代我国社会主要矛盾是人民日益增长的美好生活需要和不平衡不充分的发展之间的矛盾，必须坚持以人民为中心的发展思想，发展全过程人民民主，推动人的全面发展、全体人民共同富裕取得更为明显的实质性进展。"我们要健全人民当家作主制度体系，扩大人民有序政治参与，保证人民依法实行民主选举、民主协商、民主决策、民主管理、民主监督，发挥人民群众积极性、主动性、创造性，巩固和发展生动活泼、安定团结的政治局面"③。

---

① 参见《胡锦涛文选》第二卷，人民出版社 2016 年版，第 285 页。
② 参见《胡锦涛文选》第二卷，人民出版社 2016 年版，第 288—289 页。
③ 习近平：《高举中国特色社会主义伟大旗帜　为全面建设社会主义现代化国家而团结奋斗——在中国共产党第二十次全国代表大会上的报告》，人民出版社 2022 年版，第 37 页。

（一）全过程人民民主之"全"

人民参与全。社会主义民主政治的本质是人民当家作主，这也是社会主义民主与资本主义民主的本质区别。最广大人民群众能够参与到社会主义民主过程中来，行使当家作主的权利。

一切权力来自人民。我国宪法明确规定："中华人民共和国的一切权力属于人民。"国家的一切事项由人民决定，人民是国家的真正主人。

一切制度为了人民。通过人民代表大会制度、政治协商制度、基层群众自治制度等保障最广大人民充分享有知情权、参与权、表达权、监督权，保障人民依法实行民主选举、民主协商、民主决策、民主管理、民主监督。

一切工作依靠人民。"众人的事情由众人商量"，人民的事情由人民协商，人民意愿和要求的最大公约数就是社会主义民主前进的方向和建设的重点。

一切进步归于人民。人民是历史的创造者，是真正的英雄。发展社会主义民主政治就是要体现人民意志、保障人民权益、激发人民创造活力。

中国特色社会主义进入新时代，党和国家事业发生历史性变革、取得历史性成就，正是由于全过程人民民主广泛凝聚起广大人民推进改革发展的强大力量，中国人民的伟大创造精神、奋斗精神、团结精神得到了空前迸发。

利益代表全。人民民主是中国共产党始终高扬的光辉旗帜。在前进道路上，我们党始终全方位、全过程地确保全体人民依法管理国家和社会事务、管理经济和文化事业，人民群众畅通表达利益要求，社会各方面有效参与国家政治生活。全过程人民民主的实现必须依靠党的领导，党代表最广大人民群众的根本利益。党的领导是发展全过程人民民主的根本保障。中国共产党是最广大人民根本利益的忠实代表，其一切理论和路线方针政策、一切工作部署和安排都是为了实现人民利益而制定和实施；人民群众在党的领导下，依照宪法和法律规定，通过各种途径和形式，参与国家政治决策和社会公共决策，有效保障自身权益。党是全过程人民民主的领航者。当今世界正经历百年未有之大变局，中国特色社会主义建设面临着国内、国际的多重挑战。只有坚持党的领导，坚持党的路线方针政策，才能坚定不移地走中国特色社会主义民主道路，全过程人民民主才能真正维护好、实现好人民群众的切身利益。

民主制度全。全过程人民民主需要宪法和法律的保障，宪法和法律为全过程人民民主提供了包括民主制度、民主程序、民主选举等全方位的制度保障。我国的根本政治制度、基本政治制度和重要政治制度都贯穿着人民民主，法治则将政治制度之中的民主精神用规范化、法治化的方式固定下来。人民代表大会制度是我国根本政治制度，是实现我国全过程人民民主的重要制度载体。各级人大都由民主选举产生，对人民负责、受人民监督；各级国家机关都由人大产生，对人大负责、受人大监督；各级人大代表密切联系群众，在制定修改法律法规、作出决定决议过程中贯彻人民的利益和意志，支持和保证人民当家作主。中国共产党领导的多党合作和政治协商制度，发挥着政治协商、民主监督、参政议政的重要作用，把民主协商精神贯穿于决策之中，确保决策的科学化、民主化、法治化。民族区域自治制度坚持在国家统一领导下，各少数民族聚居的地方实行区域自治，设立自治机关，行使自治权，既保证国家团结统一，又实现各民族共同当家作主。通过基层自治制度，人民实现了自我管理、自我服务、自我教育、自我监督，如在全国建立立法联系点，有力地推进了基层直接民主的制度化、规范化、程序化。

公共理性全。在社会主义民主实践中，坚持尊重民意才能了解人民的所想所求，才能汇集民智，为正确决策奠定全面的理性基础，人民群众是全过程人民民主的建设者、参与者、维护者和最大受益者。要最全面地吸纳公共理性，就要求在发展全过程人民民主中践行群众路线，这意味着，人民群众不分民族、种族、性别、职业、家庭出身、宗教信仰、教育程度、财产状况都是人民民主实践的主体；要深入群众、了解民情、倾听民意、顺应民心，把人民面临的问题发现出来；要问需于民、问计于民、问政于民，把人民的意见反映上来；要充分调动人民的积极性、主动性、创造性，把人民的智慧和力量运用起来；要横向到边、纵向到底、矢志不渝地将人民民主在每个过程中都落实下来。

民主程序全。程序扎实了，民主才能过硬。全过程人民民主不仅有完整的制度程序，而且有完整的参与实践，做到了程序民主和实质民主相统一。全过程人民民主包含认知、制度与实践三个层面，要坚持实事求是，保证人民民主在全部程序上得以实现。尊重程序是坚持实事求是的必然要求。在民主实践中，"事"指的是践行民主所面临的党情国情等客观情况，"是"指的是在践行民主过程中所发现的人民意志和公共合意，"求"指的是践行民主的动机与目标。正是坚持实事求是，我国才建立起了一整套保障全过程人民民主的程序体系，才能统合民主的程序与实质。履行程序的过程，也是汇民智、集众思、谋良策的过程，这又带来了民主质量的提升，确保了社会主义民主不走样、不变形。

（二）全过程人民民主之"过程"

完整性和全过程性是全过程人民民主的重要特征和突出特点。完整性，是全过程人民民主全面性的必然要求，在民主过程中，体现为既有完整的制度程序，也有完整的参与实践。没有参与实践，或者参与实践不完整，民主的链条就有可能断裂。因此，我们强调民主的完整性，旨在强调不应过分关注民主流程中某一个环节，而应该发挥各个环节的相互衔接、相互补充的作用，形成整体合力。

人民民主的全过程性，包括人民意志的形成，即将单个的、分散的、个性化的利益诉求，通过整合机制集合成为一种公益利益或者公共意志。人民意志形成之后，通过转化机制将人民的利益要求转化为国家根本性的、全局性的、长期性的集体意志。国家意志转化为经济社会效果、群众的自觉行动。人民群众有各种各样的利益诉求，这些分散的个性化的利益如何整合集合成公共利益、集体意志呢？一方面，我国的民主集中制和党的群众路线，就可以实现这种转变。即党的群众路线，实现"从群众中来"，通过民主集中制的工作机制转变为公共利益和国家决策，再"到群众中去"，这一来一往，就实现了民主的利益表达、利益调处。另一方面，人大系统、政府系统、政协系统、多党合作系统以及工青妇等群团系统将分散在社会不同阶层、不同领域、不同行业、不同区域的人们诉求进行搜集整理，以制度化的渠道转变为公共意志、国家意志。

全链条。全过程人民民主通过一系列法律和制度安排，将民主选举、民主协商、民主决策、民主管理、民主监督各环节贯通起来，形成了民主链条的完整闭环。在选举环节，人民通过选举、投票行使权利，选出代表自己意愿的人来掌握并行使权力。在协商环节，人民就改革发展稳定的重大问题以及事关自身利益的问题，在决策之前和决策实施之中开展广泛协商，最大限度地凝聚共识。在决策环节，人民通过听证、评估、咨询、网络、民意调查等多种途径和方式，广泛参与到决策过程中，越来越多来自基层的声音直达各级决策层。在管理环节，人民通过各种途径和形式，管理国家事务，管理经济和文化事业，管理社会事务。在监督环节，形成了一套有机贯通、相互协调的监督体系和配置科学、权责协同、运行高效的监督网，① 人民可以对各级国家机关及其组成人员履职情况进行监督，有效解决权力滥用、以权谋私的问题。

全方位。全过程人民民主把人民当家作主具体地、现实地体现在党治国理政的政策措施上，具体地、现实地体现在党和国家机关各个方面各个层级工作上，具体地、现实地体现在实现人民对美好生活向往的工作上，是全方位的民主。② 在我国，从全国人大到乡级人大，五级人民代表大会代表均由民主选举产生。各级人大选举产生同级国家机关领导人员。在基层，村（居）民依法定期选举产生村（居）民委员会成员，依法直接行使民主权利，依法管理基层公共事务和公益事业。企事业单位建立以职工代表大会为基本形式的民主管理制度，职工在企事业单位重大决策和涉及职工切身利益等重大事项上发挥积极作用。③ 社会主义协商民主作为中国社会主义民主政治的特有形式和独特优势，深深嵌入民主实践的全过程。从中央到地方，形成了政党协商、人大协商、政府协商、政协协商、人民团体协商、基层协商、社会组织协商等渠道，协商民主广泛多层制度化发展。全过程人民民主探索创造了一个又一个充满烟火气的民主形式，使人民利益要求既能畅通表达，也能有效实现。

全覆盖。全过程人民民主涵盖经济、政治、文化、社会、生态文明等各个方面，以多样、畅通、有序的民主渠道，充分调动各地区、各民族、各方面、各阶层的积极性主动性创造性，充分发挥各级国家机关和武装力量、各政党和各社会团体、各企业事业组织的作用。全过程人民民主，既关注国家发展大事，也关心社会治理难事、百姓日常琐事，经

---

① 参见中华人民共和国国务院新闻办公室：《中国的民主》，《人民日报》2021 年 12 月 5 日。

② 参见中华人民共和国国务院新闻办公室：《中国的民主》，《人民日报》2021 年 12 月 5 日。

③ 参见中华人民共和国国务院新闻办公室：《中国的民主》，《人民日报》2021 年 12 月 5 日。

济发展、社会治理、老百姓急难愁盼问题等都可以纳入民主议事日程，实现人民广泛持续的民主参与，民主实践深深融入人们的日常工作和生产生活，有效防止了选举时漫天许诺、选举后无人过问的现象，推动人民当家作主落地生根。

（三）全过程人民民主之"民主"

从民主的理论发展来看，全过程人民民主是中国共产党始终坚持为中国人民谋幸福、为中华民族谋复兴，不断推动马克思主义民主理论中国化的最新成果。人民民主是中国共产党始终高举的旗帜。中国共产党一经诞生，就把为中国人民谋幸福、为中华民族谋复兴确立为自己的初心使命，以实现和发展人民民主为己任。习近平总书记指出："我们党自成立之日起就致力于建设人民当家作主的新社会，提出了关于未来国家制度的主张，并领导人民为之进行斗争。"我们党坚持把马克思主义民主理论同中国革命、建设、改革的具体实践相结合，用中国化的马克思主义民主理论指导创立和发展中国特色人民民主，建设中国特色社会主义民主政治，支持和实现人民当家作主。毛泽东指出，没有广大人民的民主，就没有人民当家作主。邓小平深刻指出，建设社会主义的现代化，必须发展社会主义民主，充分调动亿万人民的积极性和主动性，切实保障人民当家作主。江泽民强调指出，发展社会主义民主政治，建设社会主义政治文明，是社会主义现代化建设的重要目标。胡锦涛提出，发展社会主义民主政治，最根本的是要把坚持党的领导、人民当家作主和依法治国有机统一起来。党的十八大以来，以习近平同志为核心的党中央高度重视中国特色社会主义民主政治建设，在坚持和发展中国特色社会主义、推进国家治理体系和治理能力现代化的伟大实践中，不断拓展中国特色社会主义民主道路，努力完善中国特色社会主义民主制度体系，创造性地提出全过程人民民主理论，实现了马克思主义民主理论的新飞跃，推动了中国特色社会主义民主理论的新发展。

从民主的本质特征来看，全过程人民民主坚持党的领导、人民当家作主、依法治国有机统一，坚定不移走中国特色社会主义政治发展道路，是一切为了人民、依靠人民、造福人民、保障人民当家作主的民主。我国民主是中国特色社会主义的人民当家作主的人民民主。习近平总书记指出，中国共产党根基在人民、血脉在人民、力量在人民，始终与人民休戚与共、生死相依。人民当家作主是社会主义民主政治的本质和核心。坚持党的领导，就是支持和保证人民实现当家作主。人民民主是社会主义的生命。没有民主就没有社会主义，就没有社会主义的现代化，就没有中华民族伟大复兴。依法治国是党领导人民治理国家的基本方式，是实现人民民主的根本法治保障。坚持和发展全过程人民民主，推进社会主义民主制度化、法律化，保证国家政治生活既充满活力又安定有序，保证党和国家长治久安，关键是要坚持党的领导、人民当家作主、依法治国有机统一。坚持和发展全过程人民民主，必须坚定不移走中国特色社会主义政治发展道路。道路决定命运，方向决定前途。事实充分证明，中国特色社会主义民主政治具有强大生命力，中国特色社会主义政治发展道路是符合中国国情、保证人民当家作主的正确道路。在前进道路上，我们要坚定不移走中国特色社会主义政治发展道路，继续推进社会主义民主政治建设，以保证人民当家作主为根本，以增强党和国家活力、调动人民积极性为目标，扩大社会主义民主，发展社会主义政治文明。① 我们要不断加强人民当家作主的制度保障，加快推进国家治理体系和治理能力现代化，充分调动人民的积极性、主动性、创造性，更加切实、更有成效地实施人民民主。

从民主的主体来看，全过程人民民主追求人民至上的崇高价值，秉

① 参见《十八大以来重要文献选编》上，中央文献出版社2014年版，第89页。

持人民主权的根本原则，始终坚持以人民为中心、以人民为主体，保证人民当家作主，是全体人民平等普遍真实享有的民主。中国特色社会主义民主，是工人阶级和其他劳动人民当家作主的民主，是社会成员中绝大多数人共同享有的民主，是中国共产党领导、组织人民群众共同参加管理和实施监督的民主，是为了实现劳动解放、社会解放、人类解放的民主。在我国，只有社会主义民主才能从根本上保证人民至上、人民主权、人民意志的真正实现，才能真正做到国家制度、法律制度和人民权利的统一，真正实现人民在国家政治生活和社会生活全过程、各方面的当家作主。我国社会主义民主是维护人民根本利益的最广泛、最真实、最管用、全覆盖的民主。坚持和发展全过程人民民主，就是要维护社会公平正义，着力解决发展不平衡不充分问题和人民群众急难愁盼问题，推动人的全面发展、全体人民共同富裕，用制度体系保证人民当家作主，不断满足人民对美好生活的向往。

从民主的内容来看，全过程人民民主是保证人民依法通过各种途径和形式管理国家事务，管理经济文化事业，管理社会事务，巩固和发展生动活泼、安定团结政治局面的民主。在当今中国，人民依法不仅享有广泛真实的政治民主权利，而且享有广泛真实的经济民主、文化民主和社会民主权利，并承担相应的法定义务。国家不仅扩大人民有序政治参与，保证人民依法实行民主选举、民主协商、民主决策、民主管理、民主监督，而且加强人权法治保障，保证人民依法享有广泛权利和基本自由，保障人民知情权、参与权、表达权、监督权。坚持和发展全过程人民民主，要进一步创新民主理论，增扩民主权利，健全民主制度，丰富民主形式，拓宽民主渠道，激发民主活力，从各层次各领域各方面扩大公民有序政治参与，发展更加广泛、更加充分、更加健全、更有效率的人民民主。我们要随时随地倾听人民呼声、回应人民期待，保证人民平等参与、平等发展权利，维护社会公平正义，在学有所教、劳有所得、病有所医、老有所养、住有所居上持续取得新进展，不断实现好、维护好、发展好最广大人民根本利益，使发展成果更多更公平惠及全体人民，在经济社会不断发展的基础上，朝着共同富裕方向稳步前进。①

从民主的制度形态来看，全过程人民民主是对中国特色社会主义民主制度体系的高度凝练总结，集中体现了我国社会主义民主的制度优势。我国宪法规定，社会主义制度是中华人民共和国的根本制度。依照宪法和法律构建的中国特色社会主义制度体系，既是人民民主存在的制度形态和制度载体，也是人民民主运行的制度轨道和制度保障。尤其是，我国实行工人阶级领导的、以工农联盟为基础的人民民主专政的国体，实行人民代表大会制度的政体，实行中国共产党领导的多党合作和政治协商制度，实行民族区域自治制度，实行基层群众自治制度。这些根本和基本政治制度，是人民民主制度化、宪法化的集中体现，具有鲜明的中国特色。这一制度安排，能够有效保证人民享有更加广泛、更加充实的权利和自由，保证人民广泛参加国家治理和社会治理；能够有效调节国家政治关系，发展充满活力的政党关系、民族关系、宗教关系、阶层关系、海内外同胞关系，增强民族凝聚力，形成安定团结的政治局面；能够集中力量办大事，有效促进社会生产力解放和发展，促进现代化建设各项事业，促进人民生活质量和水平不断提高；能够有效维护国家独立自主，有力维护国家主权、安全、发展利益，维护中国人民和中华民族的福祉。②

坚持和发展全过程人民民主，必须紧紧围绕推进国家治理体系和治理能力现代化和法治体系建设总目标，毫不动摇地走中国特色社会主义政治发展道路，坚持和完善人民当家作主制度体系，使各方面制度和国

① 参见《十八大以来重要文献选编》上，中央文献出版社 2014 年版，第 236 页。
② 《十八大以来重要文献选编》中，中央文献出版社 2016 年版，第 61—62 页。

家治理更好体现人民意志、保障人民权益、激发人民创造，把我国民主制度优势更好转化为人民当家作主实践效能，确保人民把国家和民族的前途命运牢牢掌握在自己手中。

从民主的范畴和运行来看，全过程人民民主是全链条、全方位、全覆盖的民主，是最广泛、最真实、最管用的民主。全过程民主涵盖了党内民主与人民民主、直接民主与间接民主、选举民主与协商民主、基层自治民主与国家政治民主、政治民主与经济民主、军事民主与文化民主、传统民主与网络民主、国内民主与国际关系民主等各个领域，是学习借鉴人类政治文明有益经验，符合中国国情和实际，具有普遍平等、真实高效、务实管用、一以贯之、不断发展等显著优势和实践特征的人民民主。全过程人民民主不仅存在于民主参与、民主选举、民主协商、民主决策、民主管理、民主监督的全过程，而且运行于民主执政、民主立法、民主行政、民主监察、民主司法、民主守法、民主治理、民主自治的全链条。

全过程人民民主理论一个原创性的重要贡献，就是在坚持把选举民主与协商民主紧密结合起来的基础上，更加强调新时代协商民主的中国特色和制度优势。习近平总书记指出，我们要全面认识社会主义协商民主是中国社会主义民主政治的特有形式和独特优势这一重大判断。中国共产党领导人民实行人民民主，就是保证和支持人民当家作主。保证和支持人民当家作主不是一句口号、不是一句空话，必须落实到国家政治生活和社会生活之中，保证人民依法有效行使管理国家事务、管理经济和文化事业、管理社会事务的权力。① 在中国社会主义制度下，有事好商量，众人的事情由众人商量，找到全社会意愿和要求的最大公约数，

----

① 参见《十八大以来重要文献选编》中，中央文献出版社 2016 年版，第 72 页。

是人民民主的真谛。① 协商民主深深嵌入了中国社会主义民主政治全过程。中国社会主义协商民主，既坚持了中国共产党的领导，又发挥了各方面的积极作用；既坚持了人民主体地位，又贯彻了民主集中制的领导制度和组织原则；既坚持了人民民主的原则，又贯彻了团结和谐的要求。中国社会主义协商民主丰富了民主的形式、拓展了民主的渠道、加深了民主的内涵。② 在我国，人民通过选举、投票行使权利和人民内部各方面在重大决策之前进行充分协商，尽可能就共同性问题取得一致意见，是中国社会主义民主的两种重要形式。这两种民主形式不是相互替代、相互否定的，而是相互补充、相得益彰的，它们共同构成了中国社会主义民主政治的制度特点和优势。③

从民主的评价标准来看，全过程人民民主坚持从本国的国情和实际出发，由本国人民对其民主的好坏优劣作出评价。民主的评价标准问题，是一个根本问题、原则问题。习近平总书记强调，民主是各国人民的权利，而不是少数国家的专利。一个国家是不是民主，应该由这个国家的人民来评判，而不应该由外部少数人指手画脚来评判。具体来讲，评价一个国家政治制度是不是民主的、有效的，主要看国家领导层能否依法有序更替，全体人民能否依法管理国家事务和社会事务、管理经济和文化事业，人民群众能否畅通表达利益要求，社会各方面能否有效参与国家政治生活，国家决策能否实现科学化、民主化，各方面人才能否通过公平竞争进入国家领导和管理体系，执政党能否依照宪法法律规定实现对国家事务的领导，权力运用能否得到有效监督和制约，④ 归根结底，评价民主的标准就是要看本国人民支持不支持、满意不满意、答应

①　参见《十八大以来重要文献选编》中，中央文献出版社 2016 年版，第 73 页。
②　参见《十八大以来重要文献选编》中，中央文献出版社 2016 年版，第 75 页。
③　参见《十八大以来重要文献选编》中，中央文献出版社 2016 年版，第 74 页。
④　参见《十八大以来重要文献选编》中，中央文献出版社 2016 年版，第 60—61 页。

不答应。党的十八大以来，"我们坚持走中国特色社会主义政治发展道路，全面发展全过程人民民主，社会主义民主政治制度化、规范化、程序化全面推进，社会主义协商民主广泛开展，人民当家作主更为扎实，基层民主活力增强，爱国统一战线巩固拓展，民族团结进步呈现新气象，党的宗教工作基本方针得到全面贯彻，人权得到更好保障"①。经过长期努力，我们党领导人民在解决这些重点问题上都取得了决定性进展，证明了全过程人民民主不仅是个新事物也是个好事物，不仅广泛真实而且高效管用，是中国人民充分认可、真正享有、大力支持的民主政治制度，具有显著的制度优势、强大的生命力和光明的发展前景。

四、全过程人民民主的本质特征

"我们要以科学的态度对待科学、以真理的精神追求真理，坚持马克思主义基本原理不动摇，坚持党的全面领导不动摇，坚持中国特色社会主义不动摇，紧跟时代步伐，顺应实践发展，以满腔热忱对待一切新生事物，不断拓展认识的广度和深度，敢于说前人没有说过的新话，敢于干前人没有干过的事情，以新的理论指导新的实践"②。全过程人民民主是对中国社会主义民主理论与实践的全新概括，既有马克思主义民主的底色，又有中国民主实践发展的特色。新时代发展全过程人民民

---

① 习近平：《高举中国特色社会主义伟大旗帜　为全面建设社会主义现代化国家而团结奋斗——在中国共产党第二十次全国代表大会上的报告》，人民出版社 2022 年版，第 9—10 页。

② 习近平：《高举中国特色社会主义伟大旗帜　为全面建设社会主义现代化国家而团结奋斗——在中国共产党第二十次全国代表大会上的报告》，人民出版社 2022 年版，第 20 页。

主，必须深刻把握这一民主的本质特征。

（一）本质特征

1. 全过程人民民主实现了民主的平等性和共享性

马克思、恩格斯把人看作一切社会关系的总和，人是具体的、现实生活中的人，超越了资产阶级学者提出的"天赋人权""人生而平等"等抽象人假设。立足于这个逻辑起点，马克思主义强调人的经济权利和政治权利的统一，强调民主是特定的上层建筑，以特定的社会经济为基础。由于人的政治权利的实现取决于经济权利的实现，人同时具有个体属性和社会属性，个人利益的实现最终取决于人民整体利益的实现。因此，马克思主义人民民主理论把"人"变成"人民"，立足于人民本位，把个人福利的改善与人民整体利益的实现统一起来，让广大人民拥有平等参与经济生活、共享发展成果的权利，使人民民主具有平等、共享、整体性特征。

习近平总书记指出，实现民主的形式是丰富多样的，不能拘泥于刻板的模式，更不能说只有一种放之四海而皆准的评判标准。建立在私有制基础上的自由民主理论则过分强调人的个体属性，无法克服个体理性经常导致集体无理性的公共治理难题。比如，基于个体利益考量的竞争性程序和技术规则并不一定代表大多数人的利益，沉默的大多数忽视整体利益，面对重大风险考验时缺乏共同方向和统一调度，资本与权力勾结形成既得利益集团，政党极化、对立和过度制衡导致公共政策难产，等等。对整体利益的忽视，必然导致公共产品和公共服务稀缺，最终让人民难以平等参与经济生活、共享发展成果。人民当家作主必须具体地、现实地体现到中国共产党执政和国家治理上来，具体地、现实地体现到中国共产党和国家机关各个方面、各个层级的工作上来，具体地、现实地体现到人民对自身利益的实现和发展上来。①

2. 全过程人民民主确保了公民参与的全过程性

公民有序的政治参与以及参与的程度始终是民主政治的基本要素，甚至是民主程度和民主绩效的重要衡量标准。人们之所以把选举民主视为所谓"一次性消费"般的民主，正是由于在选举外的政治活动中，公民很少有通过政治参与来影响政治运行的机会。全过程人民民主不是间歇性、阶段性的政治民主。全过程人民民主不仅包括选举环节，而且应当保持始终如一的持续性状态。在"非全过程民主"状态下，民主仅仅存在于选举活动的一个时间段，具有间歇性、阶段性的明显特征。

中国共产党的一切执政活动，中华人民共和国的一切治理活动，都要尊重人民主体地位，尊重人民首创精神，拜人民为师，把政治智慧的增长、治国理政本领的增强深深扎根于人民的创造性实践之中，使各方面提出的真知灼见都能运用于治国理政。② 全过程民主强调的正是时间上的持续性，即在任何时间段，尽管不同的时间段政治活动的侧重点可以有所不同，但始终存在公民对公共事务、公共决策有着多种渠道的参与机制。

3. 全过程人民民主实现了多环节的连续性

全过程人民民主体现为民主选举、民主协商、民主决策、民主管理、民主监督等环节的互动和并举，形成了全过程人民民主的完整实践体系。习近平总书记指出："人民是否享有民主权利，要看人民是否在选举时有投票的权利，也要看人民在日常政治生活中是否有持续参与的权利；要看人民有没有进行民主选举的权利，也要看人民有没有进行民主决策、民主管理、民主监督的权利。社会主义民主不仅需要完整的制度程序，而且需要完整的参与实践。"③ 完整的制度程序和完

---

① 参见习近平：《论坚持全面深化改革》，中央文献出版社 2018 年版，第 133 页。

② 参见习近平：《论坚持全面深化改革》，中央文献出版社 2018 年版，第 137—138 页。

③ 《十八大以来重要文献选编》中，中央文献出版社 2016 年版，第 73 页。

整的参与实践，就是要求从制度上和实际运行上保证民主要体现到从选举到决策、管理、监督的全过程，实现全链条化，防止出现只重视选举过程而不重视民主决策、民主管理、民主监督过程的问题。在全过程人民民主中，民主的每一个环节都是非常重要的，既独立存在，又相互勾连，缺少其中哪一个环节都有可能使全过程民主的完整性受到影响。

4. 全过程人民民主确保了民主内容的整体性

全过程人民民主不是零散性、碎片化的民主，是建立在以公有制为主体、多种所有制经济共同发展基础上的中国式人民民主，确保实现个体利益和整体利益方向一致，民主与民生相通，民主贯通于政治、经济、社会、文化等诸多领域，成为人民的生存方式和生活方式，最终实现人的全面发展和社会全面进步。

在全过程民主状态下，民主不仅仅体现在每隔几年选举一次国家或地方的领导人这样的政治事件上，而且把事关国计民生的重大公共决策等都放到民主范畴中进行考虑。社会是一个复杂的系统，尤其是现代社会，政治化程度日益提高，公共性事务的范围也日益扩大。在这样的情况下，选举固然在政治生活中占据重要的地位和作用，但是选举已经不能涵括现代政治生活的全部。从整体上来说，无论是国家的还是地方的，也无论是本地的还是外地的，越来越多的公共事务已经把整个的政治生活连接在一起。关于公共事务的讨论和决策等，构成了人民政治生活的重要方面。现代政治运作需要所有公共权力主体的分工协同。通过这样的分工协同，既能够有效地处理现代社会所带来的错综复杂的公共事务，又能够保持整个公共权力结构的整体性效能，这就是把民主的精神、民主的原则、民主的方法等，运用到公共权力机关的所有部门及其所有的工作环节。

（二）推进路径

1. 强化党的全面领导，坚持中国特色社会主义政治发展道路，保证全过程人民民主发展的正确方向

马克思创造性地提出"社会共和国"理想，以国家回归社会、变成社会内在力量来破解这个悖论。马克思主义政党是代表劳动人民利益的政党，在《共产党宣言》中，马克思、恩格斯就明确地指出："过去的一切运动都是少数人的或者为少数人谋利益的运动。无产阶级的运动是绝大多数人的、为绝大多数人谋利益的独立的运动。"中国共产党以为人民服务为自身宗旨，以实现民族复兴为自觉使命，以实现每个人的自由全面发展为最高的价值追求。一切党和国家公职人员都是人民的公仆，而非利益团体；一切党和国家机关都是政治机关，都要坚持人民属性，增强为人民服务的意识；建立健全党政问责制度，形成责任链条；等等。

中国特色社会主义政治发展道路坚持中国共产党的领导，坚持民主集中制，坚持群众路线，坚持选举民主和协商民主相结合，相信人民，有事与人民商量，因而能够最大限度形成人民的共同意志。正如习近平总书记所指出的那样，在总结新中国人民民主实践的基础上，我们明确提出，在我们这个人口众多、幅员辽阔的社会主义国家里，关系国计民生的重大问题，在中国共产党领导下进行广泛协商，体现了民主和集中的统一；人民通过选举、投票行使权利和人民内部各方面在重大决策之前进行充分协商，尽可能就共同性问题取得一致意见，是中国社会主义民主的两种重要形式。在中国，这两种民主形式不是相互替代、相互否定的，而是相互补充、相得益彰的，共同构成了中国社会主义民主政治的制度特点和优势。①

---

① 参见习近平：《论坚持全面深化改革》，中央文献出版社 2018 年版，第 135 页。

中国共产党建立了人民民主的价值体系、组织体系和制度体系。在党的全面领导下，全过程人民民主以实现人民意志作为正确方向，既实现社会的"众意"，也确保实现国家的"公益"，既调动各方面积极性，也形成统一意志。党的十八大以来，习近平总书记明确多次提及以人民为中心的发展思想，强调必须坚持人民主体地位，坚持立党为公、执政为民，践行全心全意为人民服务的根本宗旨，把党的群众路线贯彻到治国理政全部活动之中，把人民对美好生活的向往作为奋斗目标，依靠人民创造历史伟业。

中国共产党把加强自身建设与推进人民民主相结合，以党内民主带动人民民主。发展党内民主必须坚持民主集中制这个大前提，推进党内民主不能弱化党的领导、破坏党的团结，否则党内民主不但带动不了人民民主，还会让人民民主失去方向。党的十八大以来，中国共产党更加注重在坚持民主集中制前提下发扬党内民主，规定各级党组织负责人要发扬民主、善于集中、敢于担责；领导干部必须把民主素养作为一种领导能力来培养，作为一门领导艺术来掌握；领导干部在各项决策出台前必须经过深入调研，广泛听取各方面意见，进行反复讨论。在人民民主领域，中国共产党更加注重健全民主制度，丰富民主形式，拓宽民主渠道，从各层次各领域扩大公民有序政治参与，把党的群众路线贯彻到治国理政全部活动之中，确保党和国家在决策、执行、监督等各个环节都能听到人民声音，及时回应人民期待，不断实现人民对美好生活的向往，凝聚起最广大人民智慧和力量。

2. 强化完善制度程序，提供全过程人民民主制度程序和参与实践的完整体系框架

民主既是一种理念，也是一种制度。一种民主制度程序能否保障人民大众全过程、全方位参与政治活动，是衡量民主理念是否真正得到落

实的重要标准。这既体现于整个制度体系是否完整，也体现于每项具体制度是否完整。

习近平总书记指出，要不断推进社会主义民主政治制度化、规范化、程序化，更好发挥中国特色社会主义政治制度的优越性，为党和国家兴旺发达、长治久安提供更加完善的制度保障。① 全过程人民民主，既有完整的制度程序，也有完整的参与实践。全过程人民民主的完整制度程序和参与实践构成了一个完整的体系框架。

（1）不断完善人民当家作主的制度体系

人民代表大会制度是实现全过程人民民主的重要制度载体。人民代表大会制度是坚持党的领导、人民当家作主、依法治国有机统一的根本政治制度安排，必须长期坚持、不断完善；是发展全过程人民民主的重要途径和最高实现形式，它为人民当家作主提供了可靠的制度保障。中国特色社会主义进入新时代，积极发展全过程人民民主，要更好发挥人大制度作为实现全过程人民民主重要载体的作用，有利于充分发挥各级人代会的民意表达、采集、整合以及吸纳等功能，有利于实现全过程民主、多样态与立法和执法监督的高质量、治理高效能的有机统一。党的十九大以来，支持和保证人民通过人民代表大会行使国家权力。发挥人大及其常委会在立法工作中的主导作用，健全人大组织制度和工作制度，支持和保证人大依法行使立法权、监督权、决定权、任免权，更好发挥人大代表作用，使各级人大及其常委会成为全面担负起宪法法律赋予的各项职责的工作机关，成为同人民群众保持密切联系的代表机关。完善人大专门委员会设置，优化人大常委会和专门委员会组成人员结构。②

---

① 参见习近平：《论坚持全面深化改革》，中央文献出版社 2018 年版，第 131 页。
② 参见《十九大以来重要文献选编》上，中央文献出版社 2019 年版，第 26 页。

基层民主是实现全过程人民民主的重要制度和民主形式。党的十八大报告指出，在城乡社区治理、基层公共事务和公益事业中实行群众自我管理、自我服务、自我教育、自我监督，是人民依法直接行使民主权利的重要方式。要健全基层党组织领导的充满活力的基层群众自治机制，以扩大有序参与、推进信息公开、加强议事协商、强化权力监督为重点，拓宽范围和途径，丰富内容和形式，保障人民享有更多更切实的民主权利。党的十八大之后，习近平总书记在主持十八届中央政治局第一次集体学习时强调，要把国家层面民主制度同基层民主制度有机结合起来。农村的村民自治、城市的居民自治、国有企事业单位的民主管理有序推进，基层民主的活力不断增强。党的十九大以来，不断丰富基层民主协商的实现形式，发挥村民监督的作用，让农民自己"说事、议事、主事"，做到村里的事村民商量着办。要培育富有地方特色和时代精神的新乡贤文化，发挥其在乡村治理中的积极作用。法治是乡村治理的前提和保障，要把政府各项涉农工作纳入法治化轨道，加强农村法治宣传教育，完善农村法治服务，引导干部群众尊法学法守法用法，依法表达诉求、解决纠纷、维护权益。① 进一步完善基层民主协商制度，实现政府治理同社会调节、居民自治良性互动，建设人人有责、人人尽责、人人享有的社会治理共同体。

社会主义协商民主制度是实现全过程人民民主的重要制度安排。习近平总书记指出，社会主义协商民主，应该是实实在在的而不是做样子的，应该是全方位的而不是局限在某个方面的，应该是全国上上下下都要做的而不是局限在某一级的。因此，必须构建程序合理、环节完整的社会主义协商民主体系，确保协商民主有制可依、有规可守、有章可

---

① 参见《十九大以来重要文献选编》上，中央文献出版社 2019 年版，第 153 页。

循、有序可遵。①

习近平总书记指出，协商民主是党领导人民有效治理国家、保证人民当家作主的重要制度设计，同选举民主相互补充，相得益彰。② 协商民主是在中国共产党领导下，人民内部各方面围绕改革发展稳定重大问题和涉及群众切身利益的实际问题，在决策之前和决策实施之中开展广泛协商，努力形成共识的重要民主形式。习近平总书记多次强调，在中国社会主义制度下，有事好商量，众人的事情由众人商量，找到全社会意愿和要求的最大公约数，是人民民主的真谛。党的十八届三中全会指出，"协商民主是我国社会主义民主政治的特有形式和独特优势，是党的群众路线在政治领域的重要体现"，强调要"推进协商民主广泛多层制度化发展"。习近平总书记强调，人民群众是社会主义协商民主的重点。涉及人民群众利益的大量决策和工作，主要发生在基层。要按照协商于民、协商为民的要求，大力发展基层协商民主，重点在基层群众中开展协商，③ 加强思想政治引领、广泛凝聚共识。④ 发挥社会主义协商民主重要作用。有事好商量，众人的事情由众人商量，是人民民主的真谛。协商民主是实现党的领导的重要方式，是我国社会主义民主政治的特有形式和独特优势。要推动协商民主广泛、多层、制度化发展，统筹推进政党协商、人大协商、政府协商、政协协商、人民团体协商、基层协商以及社会组织协商。加强协商民主制度建设，形成完整的制度程序和参与实践，保证人民在日常政治生活中有广泛持续深入参与的权利。⑤ 我国已经形成了政党协商、人大协商、政府协商、政协协商、人

① 参见习近平：《论坚持全面深化改革》，中央文献出版社 2018 年版，第 138 页。
② 参见习近平：《论坚持全面深化改革》，中央文献出版社 2018 年版，第 268 页。
③ 参见习近平：《论坚持全面深化改革》，中央文献出版社 2018 年版，第 139 页。
④ 参见习近平：《论坚持全面深化改革》，中央文献出版社 2018 年版，第 269 页。
⑤ 参见《十九大以来重要文献选编》上，中央文献出版社 2019 年版，第 27 页。

民团体协商、基层协商以及社会组织协商等协商民主的渠道，并深入开展政治协商、立法协商、行政协商、民主协商、社会协商、基层协商等多种协商，接地气、察民情、聚民智，建立健全提案、会议、座谈、论证、听证、公示、评估、咨询、网络等多种协商方式。

坚持和完善民族区域自治制度。民族区域自治制度是体现平等性、民主性的制度。以铸牢中华民族共同体意识为主线，坚定不移走中国特色解决民族问题的正确道路，构筑中华民族共有精神家园，促进各民族交往交流交融，推动民族地区加快现代化建设步伐，提升民族事务治理法治化水平，防范化解民族领域风险隐患，推动新时代党的民族工作高质量发展，动员全党全国各族人民为实现全面建成社会主义现代化强国的第二个百年奋斗目标而团结奋斗。

民族区域自治制度的民主要求体现在三个结合上：一是坚持统一和自治的结合。在团结统一的前提下，在确保国家法律和政令实施的基础上，依法保障自治地方行使自治权，给予自治地方特殊支持，解决好自治地方特殊问题。根据不同地区、不同民族实际，以公平公正为原则，突出区域化和精准性，更多针对特定地区、特殊问题、特别事项制定实施差别化区域支持政策。依法保障各族群众合法权益，依法拓展处理涉民族因素的案事件，依法打击各类违法犯罪行为，做到法律面前人人平等。[①]

二是坚持民族因素和区域因素相结合。民族区域自治不是某个民族独享的自治，是该区域所有民族共同的自治，是建立在民族平等基础上的民主团结的自治。坚持正确的，调整过时的，更好保障各民族群众合法权益。正确把握共同性和差异性的关系，增进共同性、尊重和包容差异性是民族工作的重要原则。大汉族主义和地方民族主义都不利于中华

---

① 参见习近平：《论坚持人民当家作主》，中央文献出版社 2021 年版，第 330 页。

民族共同体建设。① 正确把握中华民族共同体意识和各民族意识的关系，引导各民族始终把中华民族利益放在首位，本民族意识要服从和服务于中华民族共同体意识，同时要在实现好中华民族共同体整体利益进程中实现好各民族具体利益。充分考虑不同民族、不同地区的实际，统筹城乡建设布局规划和公共服务资源配置，完善政策举措，营造环境氛围，逐步实现各民族在空间、文化、经济、社会、心理等方面的全方位嵌入。深入开展民族团结进步创建，着力深化内涵、丰富形式、创新方法。构建铸牢人类命运共同体意识宣传教育常态化机制，纳入干部教育、党员教育、国民教育体系，搞好社会宣传教育。② 坚决防范民族领域重大风险隐患，守住意识形态阵地，积极稳妥处理涉民族因素的意识形态问题，持续肃清民族分裂、宗教极端思想流毒，加强国际反恐合作。

三是共同富裕和特色发展的结合。进一步完善差别化区域支持政策，支持民族地区全面深化改革开放，提升自我发展能力。民族地区要立足资源禀赋、发展条件、比较优势等实际，找准把握新发展阶段、贯彻新发展理念、构建新发展格局、实现高质量发展、促进共同富裕的切入点和发力点。加大对民族地区基础设施建设、产业结构调整支持力度，优化经济社会发展和生态文明建设整体布局，不断增强各族群众获得感、幸福感、安全感，要支持民族地区实现巩固脱贫攻坚成果同乡村振兴有效衔接，促进农业高质高效、乡村宜居宜业、农民富裕富足。要完善沿边开发开放政策体系，深入推进固边兴边富民行动。③

（2）不断强化完善完整的参与实践和民主过程

我国是工人阶级领导的、以工农联盟为基础的人民民主专政的社会主义国家，国家的一切权力属于人民。必须坚持人民主体地位，坚定不

---

① 参见习近平：《论坚持人民当家作主》，中央文献出版社 2021 年版，第 328 页。

② 参见习近平：《论坚持人民当家作主》，中央文献出版社 2021 年版，第 329—330 页。

③ 参见习近平：《论坚持人民当家作主》，中央文献出版社 2021 年版，第 329 页。

移走中国特色社会主义政治发展道路，健全民主制度，丰富民主形式，拓宽民主渠道，依法实行民主选举、民主协商、民主决策、民主管理、民主监督，使各方面制度和国家治理更好体现人民意志、保障人民权益、激发人民创造，确保人民依法通过各种途径和形式管理国家事务，管理经济文化事业，管理社会事务。① 全过程人民民主，既重视选举，也重视选举后的治理以及人民的有效有序参与。作为一种多环节的民主，全过程人民民主包括选举、协商、决策、管理、监督，这些环节相互衔接，形成整体，保证人民群众依法行使各项民主权利。

民主选举。选举解决的是授权，讲求的是民主，人民通过直接或间接的方式选举产生各级人大代表，组成人大，统一行使国家权力；或者通过直接或间接的方式选举产生基层群众性自治组织的组成人员、村民代表、居民代表，参与管理城乡基层公共事务和公益事业。

民主协商。协商解决的是共识，讲求的是理性和宽容，既包括决策前的协商，也包括决策中和决策后的协商。只有经过充分协商的决策在执行过程中受到的阻力最小、最有可能得到人民群众特别是利益相关者的理解和支持。

民主决策。决策解决的是选择，讲求的是科学，对特定问题提出若干种解决方案，对方案进行选择。不管是按照多数决的委员会决策，还是按照首长负责制的一长制决策，本质是尊重事物发展的规律。

民主管理。管理解决的是秩序，讲求的是效率，管理有效就是要将国家和社会事务、经济文化事业处理妥当。

民主监督。监督解决的是规范，讲求的是有力。把权力关到制度的笼子，强化人民对干部的监督，对公权力行使的监督，推进公权力运行法治化，消除权力监督的真空地带，压缩权力行使的任性空间，建立完

① 参见《十九大以来重要文献选编》中，中央文献出版社 2021 年版，第 275 页。

善的监督管理机制、有效的权力制约机制、严肃的责任追究机制,[①] 从而体现人民是权力的所有者的主体地位、主权者的地位。这五个环节,授权的民主性、议事的协商性、决策的科学性、管理的有效性、监督的有力性,充分保证了全过程人民民主所体现出的平等参与、平等发展的政治旨向。

（3）不断强化完善人民民主权利

全过程人民民主的权利,主要是选举权、知情权、参与权、表达权、监督权。

选举权。选举在整个民主体系的各环节中最为重要,因为这是民主的初始环节。人民作为国家权力的所有者,由于国家规模太大无法直接行使国家权力,因此通过直接或间接的方式选举产生各级人大代表,由各级人大代表代表人民的利益行使国家权力。前些年出现的湖南衡阳破坏选举案和辽宁省拉票贿选案的性质极其恶劣,其本质就是对社会主义民主政治制度的挑战,对人民代表大会制度的挑战,实际上也严重侵犯和伤害了人民的选举权。

知情权,解决的是信息不对称问题。事务公开是前提,在我国,各地普遍推行各种形式的党务公开、政务公开、村务公开、厂务公开、司法公开等。只有公开才能知情,只有知情,参与才能理性。在不知情的情况下,参与只能是盲目参与、非理性参与。

参与权,解决的是人民群众管理国家和社会事务、管理经济文化事业的真实性,参与权真实与否的一个判断标准,就是在现场真切的感受如何。正如有的同志讲,"有权利,而没有真切的参与",就可能造成民主的形式主义。

表达权,解决的是人民群众的话语,有利益诉求要表达,这种表达一定是理性的、冷静的,而不能是狂暴的、非理性的。

―――――――

① 参见习近平：《论坚持人民当家作主》,中央文献出版社 2021 年版,第 250 页。

监督权，解决的是公权力运行中的依法依规。这五项民主权利的正确行使，能够确保党和国家在决策、执行、监督落实各个环节都能听到来自人民的声音，也才能够保证全过程人民民主的全面真实有效管用。

3. 始终着眼于"解决人民要解决的问题"，不断提升全过程人民民主的效能

评价一个国家的治理状况，不仅要看民主形式，还要看民主效能。2021 年 10 月 13 日，在中央人大工作会议上，习近平总书记提出，一个国家民主不民主，关键在于是不是真正做到了人民当家作主，并提出"要看人民在选举过程中得到了什么口头许诺，更要看选举后这些承诺实现了多少"[①] 等标准。这样的标准体现着过程民主和成果民主、程序民主和实质民主的统一，内含着民主的平等和正义要求。

中国式民主是真实保障人民权益的民主，能够充分尊重人民主体地位，及时回应人民需求和呼声。党把人民对美好生活的向往作为奋斗目标，通过具体的民主制度、民主形式、民主手段，把人民当家作主具体体现到国家政治生活和社会生活的方方面面。在前进道路上，必须始终把人民对美好生活的向往作为我们的奋斗目标，践行党的根本宗旨，贯彻党的群众路线，尊重人民主体地位，尊重人民群众在实践活动中所表达的意愿、所创造的经验、所拥有的权利、所发挥的作用，充分激发蕴藏在人民群众中的创造伟力，健全民主制度、拓宽民主渠道、丰富民主形式、完善法治保障，确保人民依法享有广泛充分、真实具体、有效管用的民主权利。着力解决人民群众所需所急所盼，让人民共享经济、政治、文化、社会、生态等各方面发展成果，有更多、更直接、更实在的获得感、幸福感、安全感，不断促进人的全面发展、全体人民共同富裕。[②]

---

① 习近平：《在中央人大工作会议上的讲话》，《求是》2022 年第 5 期。
② 参见习近平：《论坚持全面深化改革》，中央文献出版社 2018 年版，第 515 页。

第二章　全过程人民民主的实践探索

近代以后，中国在西方列强的侵略下逐步沦为半殖民地半封建社会，国家将倾，民族将亡，人民毫无民主可言。为救亡图存，中国人民奋起抗争，各种革命变革接连而起，各种救国方案轮番出台，但都未能取得成功。中国共产党就是在这场抗争和斗争中诞生并发展壮大起来的。中国共产党的成立，点亮了中国民主之光。党自成立之日起，就将实现人民民主作为历史责任，并为探索符合中国实际的民主建设道路不懈奋斗。1949年，党团结带领人民取得了新民主主义革命的伟大胜利，建立了新中国，"实现了中国从几千年封建专制政治向人民民主的伟大飞跃"。新中国成立后，党领导人民走上社会主义民主政治建设之路，人民当家作主的根本和基本政治制度得以确立并不断发展。改革开放和社会主义现代化建设历史新时期，党进一步完善了相关制度和法律法规，丰富和拓展多种联系群众的民意表达渠道，人民主体地位进一步巩固和凸显，社会主义民主政治建设取得重大进展，成功开辟和坚持中国特色社会主义政治发展道路，为实现最广泛的人民民主确立了正确方向、奠定了坚实基础。党的二十大报告强调指出，我们"必须坚定不移走中国特色社会主义政治发展道路，坚持党的领导、人民当家作主、依法治国有机统一，坚持人民主体地位，充分体现人民意志、保障人民权益、激发人民创造活力"①。

一、人民当家作主从梦想变为现实

20世纪初，半殖民地半封建的中国内无民主、外无独立，中国人民承受着帝国主义、封建主义和官僚资本主义的三重压迫，一部分先进的中国人开始努力寻找改变这种状况的道路，以倡导民主与科学，掀起了一场反对封建专制制度和反对封建伦理道德的五四新文化运动。

马克思主义是关于无产阶级和全人类解放的学说，矢志于实现整个人类的自由解放和人的全面发展。1917年，俄国十月革命取得胜利并建立苏维埃政权，这是建立和发展社会主义民主的伟大实践。十月革命一声炮响，给中国送来了马克思列宁主义。在各种社会思潮反复实践、争锋激荡中，中国一些先进分子最终认识到只有马克思主义才能救中国，为中国革命找到了正确的指导思想。这些先进分子积极开展建党思想的探索，推动各地建党工作的开展，从而为中国共产党的创建提供了必要的主客观条件。中国共产党是在高举民主大旗的五四运动基础上产生的，是由追求民主的先进分子组成的，是顺应民主的历史潮流而生的。

（一）中国共产党的成立点亮中国民主之光

为了探索人民民主、实现人民民主，中国共产党领导中国人民进行

---

① 习近平：《高举中国特色社会主义伟大旗帜　为全面建设社会主义现代化国家而团结奋斗——在中国共产党第二十次全国代表大会上的报告》，人民出版社2022年版，第37页。

了艰苦卓绝的新民主主义革命斗争和对政治民主的艰辛探索，点亮了中国民主之光。

中国共产党成立后，不仅在理论上对政治民主的认识不断深化，而且在实际的政治斗争中初步实践了自己的民主理想。党的一大通过的纲领明确提出，党的奋斗目标是以无产阶级革命军队"推翻资本家阶级的政权"，由劳动阶级重建国家，直至消灭阶级差别；采用无产阶级专政，以达到消灭阶级的阶级斗争目的；废除资本私有制，没收一切生产资料归社会所有。在组织原则方面，规定"本党承认苏维埃管理制度"，也就是实行代表会议或代表大会制度，明确规定了党的各级领导机构采取委员会制度。[①] 党成立初期就确定了实现政治民主与社会民主的目标，并在组织原则方面体现出党内民主的精神。

1922 年 6 月，党在《中国共产党对于时局的主张》中指出："民主政治当然由民主派掌握政权，但所谓民主派掌握政权，决不是在封建的军阀势力之下选一个民主派人物做总统或是选几个民主派的人物组织内阁的意思，乃是由一个能建设新的政治组织应付世界的新环境之民主党或宗旨相近的数个党派之联合，用革命的手段完全打倒非民主的反动派官僚军阀，来掌握政权的意思。"[②] 这是党的文件中第一次使用"民主"一词，也是党对"民主政治"的最早诠释。1922 年 7 月，党的二大制定了党的最高纲领和最低纲领。《向导》发刊词指出："近代民主政治，若不建设在最大多数人的真正民意之上，是没有不崩坏的。""所谓近代政治，即民主政治立宪政治，是怎样发生的呢？他的精髓是什么呢？老老实实地简单说来，只是市民对于国家所要的言论，集会，

---

① 参见《中国共产党第一次代表大会档案资料（增订本）》，人民出版社 1984 年版，第 6 页。

② 《建党以来重要文献选编（1921—1949）》第一册，中央文献出版社 2011 年版，第 90 页。

结社，出版，宗教信仰，这几项自由权利，所以有人说，宪法就是国家给予人民权利的证书，所谓权利，最重要的就是这几项自由。"[1] 党对民主政治的重要意义以及民主政治与政治自由之间的关系有了新的认识。

1923 年 6 月，党的三大召开，大会的中心议题是讨论与国民党合作、建立革命统一战线等问题。会议决定采取党内合作的形式同国民党建立联合战线，通过国共两党的共同努力，广泛发动群众，加速推进民主革命的进程。此后，在中国共产党的推动下，孙中山对国民党进行了改组，确定了"联俄、联共、扶助农工"的三大政策，并于 1924 年初召开了中国国民党第一次全国代表大会。自此，在全国范围内掀起了声势浩大、轰轰烈烈的反对帝国主义、反对军阀的大革命运动，举行了北伐战争，革命形势不断高涨。1925 年，省港大罢工爆发，在党的领导下，按照民主集中制原则建立了罢工组织。各地工农群众运动以空前规模迅速高涨。1927 年，上海工人举行第三次武装起义，一度建立了上海市人民政府，提出保护人民的政治自由，人民有集会、结社、言论、出版、罢工等广泛的自由权利。这些都是党在革命过程中对政治民主的初步探索。

（二）土地革命战争时期对民主的探索

面对大革命失败的惨痛教训，党领导了一系列武装起义，开始建立自己领导的军队，尝试建立工农民主政权，逐步走上了农村包围城市、武装夺取政权的道路。由毛泽东率领的工农革命军在井冈山等地区发动群众，成立了以县、区、乡为层级的民主政权。1927 年 11 月成立了茶

---

[1] 《建党以来重要文献选编（1921—1949）》第一册，中央文献出版社 2011 年版，第179 页。

陵县工农兵政府，这是湘赣边界第一个红色政权。后来又在宁冈县茅坪成立了湘赣边界工农兵苏维埃政府。到1931年，党领导下的红军发展迅速，先后建立了十几块革命根据地，并在这些根据地内部建立了乡、区、县、省等工农民主专政的政权。井冈山根据地的民主实践为后来的各根据地建设提供了经验。

对政治民主的探索。在白色恐怖的影响下，党的未来发展面临严峻的挑战，井冈山根据地能否稳固关系到革命形势的转变，要赢得群众的信任与支持，就要使民众参与根据地的管理与建设，认识到党是维护人民利益的带头人。1928年1月，江西遂川县工农兵政府成立大会通过由毛泽东主持、陈正人起草的《遂川工农兵政府临时政纲》。《政纲》共三十条，包括政治、经济、军事、文化等方面。其中规定："工人、农民、士兵和其他贫民，都有参与政治的权利"；"凡工农兵平民有集会、结社、言论、出版、居住、罢工的绝对自由"；"全县工会、农民协会、工农革命军的组织到了全县以上的时候，应立即召集全县工农兵代表大会，并选举正式人民委员会，为全县执掌政权的机关"；"凡地主、祠庙、公共机关的田地、山林和一切附属"，分给"贫苦人民和退伍兵士耕种使用"；"工农平民从前的欠债、欠租、欠税、欠捐，一律停止偿还和缴纳"。这是茶陵、遂川建设工农兵政权经验的初步总结。①

继茶陵之后，遂川、永新、宁冈、莲花等县接连成立工农兵苏维埃政府。根据地各县工农兵苏维埃政府是由农民、士兵、工人组成的。工农兵代表大会是由群众选举产生的权力机构，由代表大会选举产生同级政府，政府设立各部，处理军事、土地革命、教育资源建设与利用、财政收支，等等。边界政府设计了代表大会的组织程序与内容，对于苏维埃代表的身份制定了一定的标准，保证劳动人民的比例，吸引更多的群

---

① 《毛泽东年谱（1893—1949）》上卷，中央文献出版社2013年版，第230—231页。

众参与政权的管理与建设。1928 年 5 月，中共湘赣边界工农兵第一次代表大会胜利召开，党领导的湘赣边界工农兵政府正式成立。随后，湘赣边界下辖的各县也都召开了工农兵代表大会，人民群众的政治参与热情被激发出来。

党中央对于如何在思想上领导苏维埃政权，进行了理论和实践上的探索。重视对基层苏维埃工作人员的业务培训和思想教育，经常性地举办短期培训班，并创办党校以及苏维埃大学，以满足基层干部提升自己的需要，编写工作手册，如《区苏维埃怎样工作》等。毛泽东就曾在《井冈山的斗争》中提出，党要领导政府，但不是向政府下命令，而是除了宣传党的主张以外，都要通过政府的组织执行。同时，关注民生，关心群众的疾苦，主持编写关系群众利益的法律法规的提案，通过苏维埃大会审议修改，以切实解决人民生产生活面临的实际问题。

对经济民主的探索。1927 年 8 月召开的党的八七会议，确定了土地革命和武装反抗国民党反动派的总方针。土地革命是当时中国资产阶级民主革命的核心问题，但由于中国资产阶级与封建地主阶级的紧密联系，能否解决、如何解决只能依靠中国共产党。作为一个农业大国，旧中国的农民人口占总人口的九成以上，农民问题是中国革命最根本也是最核心的问题。解决农民赖以生存的生产土地问题，是中国革命取得胜利的关键问题。我国农村革命根据地的第一部土地法——井冈山《土地法》，禁止土地的流转，没收一切土地归工农兵政府所有，再以乡为单位，按照人口数量平均分配土地。1928 年 5 月，在中共湘赣边界工农兵第一次代表大会上，毛泽东在肯定了宁冈土地革命的经验基础上提出，要开展"深入割据地区的土地革命"[①]。由农民协会委员、工农兵政府工作人员和红军战士三方组成各乡土地委员会，发动民众，了解各

---

① 《毛泽东选集》第一卷，人民出版社 1991 年版，第 51 页。

乡土地情况和人口数量，并公布土地分配的过程以及结果，接受群众的意见和监督。广大无地少地农民积极参与革命。为了保卫革命的胜利果实，群众在中国共产党的指导下，自觉自发建立民兵队伍，或参军入伍，积极投入保卫根据地的斗争中来。

对军队民主的探索。这一时期，毛泽东主持召开前委扩大会议，对秋收起义的部队进行了著名的三湾改编，会议决定在部队中建立民主制度，在连及以上作战单位设各级士兵委员会。士兵委员会参加军队的日常管理，士兵自己管理自己，并且有权干涉违反民主制度的行为，还可以批评军官的错误行为；维持红军的纪律，教育士兵自觉遵守红军的各项纪律，克服错误思想，改造各种不良习气；监督军队的经济，账务公开，"从军长到伙夫，除粮食外一律吃五分钱的伙食。发零用钱，两角即一律两角，四角即一律四角"[1]。发动群众运动，还对士兵进行政治教育，提高他们的思想觉悟。这次改编对部队建设有重大意义的另一个措施，是把党的支部建在连上，保证人民军队听从党的指挥，增强了部队的凝聚力，为军队的发展打下了很好的制度基础。1929 年 12 月，红四军党的第九次代表大会即古田会议，通过了《中国共产党红军第四军第九次代表大会决议案》，也即古田会议决议，再次强调官兵上下平等、优待俘虏等民主制度和政策。毛泽东在写给中共中央的报告中曾明确指出："中国不但人民需要民主主义，军队也需要民主主义。军队内的民主主义制度，将是破坏封建雇佣军队的一个重要的武器。"[2]

1930 年革命形势好转，由毛泽东、朱德领导的赣南、闽西根据地

---

[1] 《建党以来重要文献选编（1921—1949）》第五册，中央文献出版社 2011 年版，第745 页。

[2] 《建党以来重要文献选编（1921—1949）》第五册，中央文献出版社 2011 年版，第746 页。

和湘鄂西、鄂豫皖、湘赣等根据地均建立了一批苏维埃政府。为了便于组织和领导，中央将这些根据地分成七大区，确定湘鄂赣与赣西南的相接区域为中央根据地，"在中央苏区立即设立中央局，目的在指导整个苏维埃区域之党的组织，同时，并在苏区成立中央军事委员会以统一各苏区的军事指挥"①。从此，党开始了以中央苏区为中心的根据地工农民主政权建设的尝试。

中央苏区的民主选举，采用的是区、县以上苏维埃代表大会间接选举和乡一级进行直接选举相结合的制度。毛泽东等领导人特别重视乡、市一级的直接选举，认为这是整个根据地的基层选举，乡苏、市苏发动起来了，选出好的、适任的代表，其余各级代表大会才能继续选出好的、适任的代表。在1931年至1934年期间，中央苏区共举行过三次民主选举。

第一次选举推举产生各级苏维埃政府。1930年9月起，根据全国苏维埃代表大会中央准备委员会通过的《中国工农兵会议（苏维埃）第一次全国代表大会苏维埃区域选举暂行条例》规定，湘鄂赣、赣西南、赣东北、闽粤、湘鄂西、鄂豫皖、湘南、广西、琼崖等9个特区选举产生了610名参加"一苏大会"的代表，其中90%为工农兵代表。1931年11月，中华工农兵苏维埃第一次全国代表大会在江西瑞金召开。大会通过由大会宪法起草委员会起草、经大会讨论的《中华苏维埃共和国宪法大纲》，通过了《中华苏维埃共和国土地法》《中华苏维埃共和国劳动法》《中华苏维埃共和国经济政策》等法令，选出毛泽东、周恩来、朱德等63人组成中央执行委员会，宣告中华苏维埃共和国成立。《宪法大纲》明确规定："中国苏维埃政权所建设的是工人和

---

① 《建党以来重要文献选编（1921—1949）》第七册，中央文献出版社2011年版，第585页。

农民的民主专政的国家；苏维埃全政权是属于工人、农民、红军兵士及一切劳苦民众的。""在苏维埃政权下，所有工人、农民、红军兵士及一切劳苦民众都有权选派代表掌握政权的管理"；"中华苏维埃共和国之最高政权为全国工农兵会议（苏维埃）的大会，在大会闭会的期间，全国苏维埃临时中央执行委员会为最高政权机关"。"中央执行委员会下组织人民委员会处理日常政务，发布一切法令和决议案。"由中共中央提交大会通过的《中华苏维埃共和国土地法》，以法律形式规定了地主不分田、富农分坏田等"左"的政策。① 中华苏维埃政权以保证工农劳苦民众有言论、出版、集会、结社的自由为目的，反对地主资产阶级的民主，主张工人农民的民主，鼓励民众对政府工作进行监督和批评。这些决议和政策体现了很强的民主精神。中华苏维埃共和国是党建立的第一个工农民主专政的国家政权，采取民主集中制的、议行合一的政权组织形式，广泛吸收群众参加根据地的政权建设、政治管理和社会管理。中华苏维埃政权的建立，一定程度上为根据地人民履行民主权利提供了保障，是党对政治民主在实践方面非常重要的探索，为后来根据地政权建设和新中国政权建设都提供了重要的历史经验。

第二次选举是在1931年底。中华苏维埃共和国临时中央政府成立后不久，各级地方苏维埃政权进行了全部或部分改选，吸引广大工农群众参加城乡代表会议和地方苏维埃政府工作。在各种细则的规定下，选民登记顺利进行，群众对于民主选举的热情也高涨了，对于手中选票的意义有了自己的认识。特别是这次选举是对已建立的政府进行改选，因此，在根据地建立初期混入苏维埃政府的异己分子、腐化贪污的公务人员以及官僚作风不适任的干部在此次选举中被大批地淘汰出去；一批被群众认可的出身劳动阶层的先进分子进入苏维埃政权，为根据地的未来

---

① 参见《毛泽东年谱（1893—1949）》上卷，中央文献出版社2013年版，第359—360页。

发展奠定了人才基础。

第三次选举除了达到继续改选政府的目的，也是为了选举出第二次全国苏维埃代表大会的代表，这是一次中央苏区根据地最大规模的选举行动。1933 年 6 月起，按照中华苏维埃共和国中央执行委员会《关于召集第二次全苏大会的决议》，各级苏维埃逐级选举产生了 700 多名参加此次大会的代表。党和苏维埃政府为此次选举做了大量的前期准备工作，如每个乡都组织了小规模的选举宣传队，有些地方甚至排演关于选举的新戏，学校也组织普及选举知识的课程，等等，掀起了根据地民主选举的热潮。党中央重新修订了选举的法律和细则，总结了前两次选举的经验与教训，毛泽东亲自领导选举工作，特别强调要保证工人、农民这些劳动群众的当选数量，要维护劳动妇女的政治权利。这一次民主选举进一步促进了苏维埃政权中民主的发展。

三次民主选举坚持把党的领导作为苏维埃选举的首要政治原则，坚持"苏维埃的组织应站在劳动群众直接选举的基础上并保证产业工人的领导作用"，坚持把严格依法办事作为苏维埃选举的重要法治保障，建立了相对完整的选举法律制度，形成了自上而下的选举组织体系，既为全国苏维埃代表大会做了组织准备，又巩固了新生的苏维埃政权，积累了比较成熟的民主选举实践经验，是中国共产党推动马克思选举思想中国化的最初探索，是中国人民当家作主掌握自身命运的伟大觉醒。

为了防止权力产生腐败，党在苏维埃政府中行使权力的同时特别注意对权力的监管。首先是对苏维埃代表大会的监督。各级苏维埃代表大会选举产生各级苏维埃政府，代表大会作为权力机关不仅具有选举职能，同时具有立法职能。其次是对苏维埃政府机关和企业的监督。再次是开设多种监督的渠道。党在各级检察机关中设立控告局，这是一个专门接待群众举报的机构。1932 年，制定工农苏维埃政权第一部监察法规《工农检察部组织条例》。9 月，又制定了《工农检察部控告局的组织纲要》。随即，又出台了《突击队的组织与工作大纲》和《轻骑队的组织和工作大纲》。《工农检察部控告局的组织纲要》规定："苏维埃的政府机关和经济机关，有违反苏维埃的政纲、政策及目前任务，离开工农利益发生贪污浪费、官僚腐化和消极怠工的现象，苏维埃的公民无论任何人都有权向控告局控告。"① 根据《工农检察部控告局的组织纲要》规定，群众可以采用多种方式控告，如口头控告、向控告局打电话、写控告书将其邮寄或放入控告箱等，最重要的是为了防止恶意诬告，要求实行控告权利的群众一律实名控告，使检察机关有审查的依据。1933 年 4 月，中央工农检察人民委员部以训令形式又颁布了《工农通讯员任务》。根据《中华苏维埃共和国临时中央政府工农检察人民委员部训令》的规定，工农通讯员是工厂、村镇、政府机关、街道以及学校等建立起兼职的有层级的检察力量，由群众中被认可的有优良品质的人员担任，定期作书面以及口头的通讯；突击队是工农监察部指导建立的群众积极参与的监督组织。《突击队的组织和工作》提出，每个突击队包含三名队员，队员必须是守法并拥有选举权的普通群众或政府机关的公务人员，突击队对权力机关与国家所有的经济单位进行监督与查访，过程与结果是对外公开的，对于公共权力运作中出现的问题进行揭露；而轻骑队是从乡到区两层机构的基层监督组织，由各级团组织直接领导，队员都是对革命一腔热血、风华正茂的青年人，可以说是苏区基层干部的后备队伍。其间，革命根据地政权还制定颁发了《政府工作人员惩办条例》，以训令形式发布了《关于惩治贪污浪费行为》和有关反贪污腐化斗争的一系列指示和训令。如 1934 年 1 月，中央工农检察部发布指示《怎样检举贪污浪费》；4 月，中央工农检察委员会第 2

---

① 彭勃主编：《中华监察执纪执法大典》第二卷，中国方正出版社 2002 年版，第 61 页。

号发布训令《继续开展检举运动》；等等。① 中华苏维埃共和国成立后，党致力于制定根据地内各种工作和生活中急需的法律法规，以民主、平等、公开公正的原则进行法制建设。据统计，在中央苏区期间，党领导有关部门共制定了 120 余部法律，先后制定了《中华苏维埃共和国国家根本法（宪法）大纲草案》（1930 年），颁布了《中华苏维埃共和国宪法大纲》（1934 年），明确了苏区公民的民主权利与义务，规范了执政要解决的基本问题，逐步构建了一个初步的法律体系。

为了贯彻实施各项法律法规，中央苏区建立了一套对司法干部培训的有效机制，在干部学校中开设法律科目，在提高基层干部的文化水平的同时，培养司法干部从理论到实践上对法律的深刻理解和熟练运用的能力。党在司法机关的设计上也是比较完整和有效的，而且中央的司法机关与审判机关是分离的。司法人民委员会是苏区的最高司法行政机关，负责对根据地内所有司法与审判机关的领导、一应的行政事务的管理、组织人事的安排以及司法干部的轮训事宜；最高人民法院则是最高审判机关，对执行中有疑问的法律条文进行解释，审核各地裁判部的案件审判结果，以及审理中央苏区内影响较大、性质恶劣的刑事案件；工农监察部是最高的检察机关，负责审核公诉案件的审理与判决。而地方上司法与审判合二为一，叫作裁判部。各级裁判部常常开设巡回审判的法庭，接受群众举报线索和民主监督，贯彻《裁判部暂行组织和裁判条例》要求的公开审理的原则。为了解决工人与工头、资本家等的纠纷，建立了劳动法庭，着重保障工人的合法权益。这些举措都推动了中央苏区民主与法制的建设进程。

与此同时，中央苏区积极采取措施，保证人民群众的各项权利。一是保证群众的经济权利。1930 年 5 月，全国苏维埃区域代表会议颁布

---

① 参见彭勃、龚飞：《中国监察制度史》，人民出版社 2019 年版，第 293—294 页。

《土地暂行法》，要求没收一般富农所出租的土地，没收地主和反革命富农的所有土地。经过几年土地革命的实践，对政策路线进行不断的修改，使之符合广大农村的具体情况，临时中央政府颁布了《中华苏维埃共和国土地法》，以"抽多补少，抽肥补瘦"的原则，在农民自身拥有的土地财产的基础上进行分配。中央苏区及其他根据地都以此为指引，发动了受到群众热烈欢迎的分田运动，"1933年秋，中央苏区分配土地的人口有450余万"①。二是保证群众的受教育权利。中央苏区同其他根据地的情况一样，群众的识字率极低，农村中有能力读私塾的人少之又少，城镇里中小学的数量也十分有限，归根结底是由于教育的成本较高，普通家庭难以负担。在中央苏区之前，闽西苏维埃政府就已经开始进行发展教育的尝试，例如，开展免费的义务教育，为义务教育编写各种适用的教材，为各种年龄层次的劳动群众扫盲。《中华苏维埃共和国宪法大纲》对教育问题作了明确的规定："中华苏维埃政权以保证工农劳苦民众有受教育的权利为目的，在进行革命战争许可的范围内，应开始施行完全免费的普及教育，首先应在青年劳动群众中施行。应该保障青年劳动群众的一切权利，积极的引导他们参加政治的和文化的革命生活，以发展新的社会力量。"② 政权改造旧的教育体系，扩大各级学校的规模，增加学校的数量；对教育机关进行积极的管理，保持对各级学校的资金投入，保证劳动群众能够得到免费和平等的义务教育。采用灵活的教育形式，保证成人的社会教育顺利实现；在不妨碍生产劳动的前提下，以举办各种夜校、识字班等形式完成对普通劳动者的教育。在多种形式的教育扫盲下，根据地群众的文化程度有了很大提高。据统计，根据地有各种报纸共34种，发行量也不断增加。三是保证妇女的

---

① 余伯流、凌步机：《中国共产党苏区执政的历史经验》，中共党史出版社2010年版，第227页。

② 《中华苏维埃共和国文件选编》，江西人民出版社1986年版，第8页。

各项权利。中央苏维埃政权成立后，工农兵会议的准备委员会起草了《中华苏维埃共和国国家根本法（宪法）大纲草案》，其中有关于妇女的内容："承认结婚离婚的自由，而且还要实行各种保护女性和母性的办法。要发展科学和技术，使妇女能够事实上有脱离家务束缚的物质基础，而参加全社会的政治文化工作。"①　妇女获得同样的政治权利，参与民主选举，加入政府机关与国有经济单位的管理。优秀的妇女被选举为各级苏维埃的代表，选拔有参政能力的妇女接受党和政府的培训，以担任各种领导职务；红军中也涌现出一批杰出的妇女干部，成立了女子义勇队，在战场上或是后勤上都起了积极的作用。同时，《中华苏维埃共和国劳动法》规定了妇女与男性在同样的工作岗位上领取同等的工资，禁止妇女从事超出生理极限的过于繁重的岗位，妇女享有生产的假期，工资与岗位都得到保障。②　为破除农村地区不允许妇女在田地里劳动、负责家中所有事务的旧习俗，乡以下的政府设立妇女劳动委员会，负责培训妇女种田的劳动技能，使她们有独立的经济地位与权利。

（三）抗日战争时期民主政权建设

1937 年 7 月抗日战争全面爆发，中华民族到了生死危亡的关头。中国共产党不仅扛起抗日救亡的大旗，在局部执政的条件下对如何实现国家政治生活的民主化，建设人民民主的社会主义制度开始进行战略构想，提出走民主政治的新路，将党领导的抗日民主根据地建设成为"抗日的先进地区、全国民主化的推动机和新中国的雏形"③，为中华民族的持久抗战和政治民主建设作出了宝贵探索，找到了跳出历史周期率

---

① 《建党以来重要文献选编（1921—1949）》第七册，中央文献出版社 2011 年版，第224 页。

② 参见许毅：《中央革命根据地财政经济史长编》上册，人民出版社 1982 年版，第 649—650 页。

③ 《毛泽东文集》第二卷，人民出版社 1993 年版，第 54 页。

的成功之路。

争取民主。1937 年 5 月，毛泽东在党的全国代表会议上，作了《中国共产党在抗日时期的任务》的报告指出："争取民主，是目前发展阶段中革命任务的中心一环。"同时他还强调中国必须立即开始实行下列两方面的民主改革。一是将政治制度上国民党一党派一阶级的反动独裁政体，改变为各党派各阶级合作的民主政体。二是人民的言论、集会、结社自由。没有这种自由，就不能实现政治制度的民主改革，就不能动员人民进入抗战，取得保卫祖国和收复失地的胜利。① 民主改革为根据地的建设提供了良好的民主氛围，为革命的最后胜利起到了重要作用。

创建"三三制"政权体制。为了团结一切可以团结的力量建立最广泛的抗日民族统一战线，中国共产党着手建立一种全新的民主政权模式。1940 年 3 月，毛泽东为中共中央起草了《抗日根据地的政权问题》一文，提出了"三三制"原则，即在抗日根据地的政府组成人员中，共产党、非党的左派进步分子和中间派各占三分之一。1941 年 11 月，在边区第二届参议会上，按照"三三制"原则，用民主的方式选举产生政权组织。最初当选的 18 名边区政府委员中，共产党员占了 7 名，这一结果超过了"三三制"的规定。徐特立立即申请退出，由非党人士白文焕递补。这一举动表明了中共按照"三三制"原则建立抗日民主政权的决心和诚意。

"三三制"政权实行的是议行合一的政权体制，坚持民主集中制的组织原则。各级民意机关是代表会议或参议会，它们由民众或民众代表选举产生。参议会等各级代表机构是最高权力机关，它们制定或决定重

---

① 参见《建党以来重要文献选编（1921—1949）》第十四册，中央文献出版社 2011 年版，第 181—183 页。

要法律，选举产生各级政府。"三三制"原则的实行还为政府内部民主协商与民主监督创造了很好的条件。为保持抗日民主政权的民主和廉洁，1943年5月，边区政府颁布了《陕甘宁边区政务人员公约》，以便加强对政权机关工作人员的监督。由于实行了"三三制"的政权组织形式，陕甘宁边区政府被当地老百姓称为"民主政府""模范政府"，陕甘宁边区成为当时中国政治上最民主、最进步和最有活力的地区。

建立"三三制"政权是共产党在抗日战争时期对政治民主的重要创新。邓小平曾十分明确地说："三三制政权的实质是民主问题。"①"三三制"政权具有民主性、多元性和包容性的特点，体现了党对民主的追求，反映了抗战的时代要求，确保了抗日根据地的政权不断壮大，极大地影响了人们的思想，对整个中国的政治民主化的运动都起到了推动作用，有利于党团结各方面力量进行全面抗战。

实行普遍、直接、平等的民主选举。在抗日民族统一战线建立后，中共中央将陕甘宁革命根据地改为陕甘宁边区政府。1937年5月，组织法起草委员会就完成了《陕甘宁边区议会及行政组织纲要》，选举法起草委员会制定了《陕甘宁边区选举条例》。5月12日，西北办事处行政会议通过了这两个法规文件。《陕甘宁边区议会及行政组织纲要》确立了未来特区政权构成的基本框架。特区实行议会民主制，议会是边区的权力机关，它的职能是"1.选举行政长官；2.批准预算；3.创制和批准各项建设计划；4.决定征收各项地方性的捐税及发行地方公债；5.决议边区内的单行法律；6.下级议会决议案，不得与上级议会决议案冲突"。《陕甘宁边区议会及行政组织纲要》规定，边区各级政府的行政长官，包括乡长、区长、县长以及边区政府主席，边区高等法院院

---

① 《邓小平文选》第一卷，人民出版社1994年版，第9页。

长，都"由各级议会选举"产生。边区政府各厅厅长的任命"须得边区议会的同意"。《陕甘宁边区议会及行政组织纲要》还对边区各级政府职能部门的构成、各级议会及各级行政长官的任期作了规定。《陕甘宁边区选举条例》对于可享有选举权的公民规定标准："凡居住在陕甘宁边区区域的人民，在选举之日，年满十六岁的，无男女、宗教、民族、财产、文化的区别，都有选举权和被选举权"；"采用普遍的、直接的、平等的、无记名的选举制，保证实现彻底的民主"。5 月 23 日，边区成立了选举委员会。7 月 15 日，边区正式开始了普选工作。根据《陕甘宁边区议会及行政组织纲要》和《陕甘宁边区选举条例》，边区各级政府相继完成由苏维埃政权向抗日民主政权的过渡。[①] 边区政府进行民主选举，实现了中国共产党领导下的政权体制由苏维埃工农民主制到抗日民主制的转变。

在陕甘宁边区，为了推动选举工作的进行，党提出了"民主政治，选举第一"[②] 的口号。"在选举运动中，各个抗日党派和团体都有权提出他们的纲领和候选名单来竞选。"[③] 第一次民主选举运动中，整体的选民参选率达到 70%，有些地方甚至超过了 90%，人民接触到了民主选举的理念，有权利选择维护自己权益的当家人。

在抗日根据地，大多数选民文化素质不高，所以在乡村选举中经常采取一些简单易行的措施，以方便选民参与选举。村选比较普遍的方式是红绿票法和豆选法，此外还有画圈法、画杠法、画点法、烧洞法、投纸团法、背箱子和举胳臂等。为了动员选民参加选举，各根据地在宣传和组织方面做了大量工作。有的根据地举办选举训练班，专门针对选举

---

① 参见黄正林：《陕甘宁边区社会经济史（1937—1945）》，人民出版社 2006 年版，第 59—60 页。

② 《谢觉哉日记》上卷，人民出版社 1984 年版，第 359 页。

③ 《建党以来重要文献选编（1921—1949）》第十八册，中央文献出版社 2011 年版，第 66 页。

中出现的技术问题进行培训。有的根据地还专门编排宣传选举的戏剧进行演出，生动形象地宣讲民众如何进行选举以及选举的重要意义。据统计，在1937年陕甘宁边区第一次选举中，参加选举的选民占选民总数的80%，参选率低的地区也在半数以上。通过选举，根据地人民对自己的政治权利有了更高的认识，提高了政治参与意识，对于政权的民主建设起到了推动作用。当时美国远东问题专家托马斯·比森就曾对比国民党和共产党，认为重庆是封建的中心，而延安是民主的中心。

保证中国共产党在政权中的优势与正确处理党派关系。中国共产党是中国革命最坚定的领导力量，必须确保党在民主政权中居于优势地位，这是党的革命实践得出的宝贵经验启示。1940年3月，毛泽东在为中共中央起草的党内指示中明确指出："必须保证共产党员在政权中占领导地位。"1941年1月，中共陕甘宁边区中央局在《关于实行"三三制"的选举运动给各级党委的指示》中也强调："党的'三三制'政权政策，不是在减轻与放弃党的领导责任，相反的是加强党的领导责任，并要保障党的领导作用。"①

在探索如何保障共产党在政权中的优势并正确处理党派关系问题上，毛泽东指出当时可采取的途径主要有：其一，要保证共产党在政权中占领导地位，"必须使占三分之一的共产党员在质量上具有优越的条件。只要有了这个条件，就可以保证党的领导权，不必有更多的人数。所谓领导权，不是要一天到晚当作口号去高喊，也不是盛气凌人地要人家服从我们，而是以党的正确政策和自己的模范工作，说服和教育党外

———————

① 《建党以来重要文献选编（1921—1949）》第十八册，中央文献出版社2011年版，第65页。

人士，使他们愿意接受我们的建议"①。其二，共产党要保持优势，"更基本的是从民主政治斗争中去取得，即是说，主要从依靠于我党主张的正确，能为广大群众所接受、所拥护、所信赖的政治声望中去取得"②。其三，正确处理政权中的党派关系，纠正党内存在的主观主义、关门主义和宗派主义等倾向。毛泽东指出："对于一切忠诚抗日的人员，共产党员只有与他们实行民主合作的义务，绝无排斥他们的权利。"③ 在具体实践中，党特别注意从以下三个方面开展工作：一是在政权建设中贯彻民主精神。党非常注重打开大门和党外人士进行民主合作，认真听取党外人士的意见，和他们共同商议和决定问题。二是保证任职的党外人士"有职有权，敢于说话，敢于负责"。三是明确党对政权的领导是原则性和政策性的领导，而不是包办或干涉具体事务。

对"民主共和国"理论进行了较为深入的探讨。1937 年 9 月，毛泽东在《中日战争爆发后的形势与任务》一文中提出，要在"战争中建立工农资产阶级民主共和国，并准备过渡到社会主义"。10 月，他在《目前抗战形势与党的任务报告提纲》中提出："我们的目的，是要实现议会制的民主共和国。"后来，毛泽东又发表了《中国共产党在抗日时期的任务》《为争取千百万群众进入抗日民族统一战线而斗争》等一系列文章，对建立"民主共和国"进行了探索。毛泽东指出，抗日战争时期，由于中日民族矛盾上升为中国社会的主要矛盾，基本的政治口号应当是"抗日民族统一战线"和"统一的民主共和国"。这一时期所要建立的"民主共和国"虽然仍是资产阶级民主主义性质的国家，但

---

① 《建党以来重要文献选编（1921—1949）》第十七册，中央文献出版社 2011 年版，第170 页。
② 《建党以来重要文献选编（1921—1949）》第十八册，中央文献出版社 2011 年版，第205 页。
③ 《毛泽东文集》第二卷，人民出版社 1993 年版，第 395 页。

不同于一般的资产阶级共和国，"它包括无产阶级、农民、城市小资产阶级、资产阶级及一切国内同意民族和民主革命的分子，它是这些阶级的民族和民主革命的联盟"。关于"民主共和国"的领导力量，毛泽东指出："依现时的情况说来，离开了无产阶级及其政党的政治领导，抗日民族统一战线就不能建立，和平民主抗战的目的就不能实现，祖国就不能保卫，统一的民主共和国就不能成功。"① 毛泽东强调，只有实行民主集中制，才能团结一切愿意抗日的人们，使最广大人民群众广泛地参与到政治生活中来，从而形成最伟大的抗日力量。毛泽东在探索中认识到，要把"民主共和国"这一主张变为现实，必须从以下两个方面入手：第一，必须立即进行两个方面的民主改革，不仅要"将政治制度上国民党一党派一阶级的反动独裁政体，改变为各党派各阶级合作的民主政体"；第二，要保证人民的言论、集会、结社自由。② 争取民主，争取群众，是完成抗战任务的中心一环，看不清民主任务的重要性，看不清群众工作的重要性，降低对于争取民主的努力，降低对于争取千百万群众支持的努力，我们将不能达到真正的民主共和国的建立。

抗日战争时期党对政治民主的探索既吸收了土地革命时期的成果和经验，又进一步创建了适应战争环境和边区实际的新形式，不仅对巩固抗日民主政权、保护边区人民利益起了重要作用，而且创造出了许多民主的新形式、新办法和新政策，成为中国政治民主进程中十分耀眼的一页，为进一步探索政治民主提供了可贵的历史经验。

实行民主监督与法制建设。在陕甘宁边区和敌后抗日根据地时期，毛泽东领导党对民主监督与法治建设进行了探索。为了实现民主执政，

① 《毛泽东选集》第一卷，人民出版社1991年版，第260、262页。
② 参见《毛泽东传》第一册，中央文献出版社2011年版，第435页。

党还建立了多方面的监督机制，首先是来自参议会的监督；其次是建立了党内监督机制，包括对领导干部的监督，包括党的上下级组织之间的互相监督，保证了广大领导干部的清正廉洁；最后是来自人民群众的监督，人民对他们选举的代表，对行政司法人员都有监督、批评、控告和罢免的权利。在法制建设上，毛泽东重视抗日根据地的民主法制建设，要求加快制定法律规范，实行法律面前人人平等。据不完全统计，这一时期边区的参议会和政府共颁布了64个类别的1000多件法律，集中体现了工农大众的意志和根本利益，维护了革命的新秩序，确立了新民主主义的政治和经济关系。此外，边区还重点加强了经济法制和廉政法制的建设。边区政府先后颁布了一批重要法规，如《陕甘宁边区人民生产奖励条例》《陕甘宁边区奖助实业投资暂行条例》《陕甘宁边区商业税暂行条例》等，推动了边区经济发展。边区政府在1943年颁布了《陕甘宁边区政纪总则》《陕甘宁边区政务人员公约》，为公务人员设计了行为规范，为廉政建设法制化作出了实践探索。

保证人民群众的各项权利。这一时期，党在陕甘宁边区及其他抗日根据地制定并实施了保障人权条例。1942年1月，边区参议会通过了《陕甘宁边区保障人权财权条例》共二十二条，第二条"边区一切抗日人民，不分民族、阶级、党派、性别、职业与宗教，都有言论、出版、集会、结社、居住、迁徙及思想信仰之自由，并享有平等之民主权利"[1]。这一条例成为边区政府保障民主的准绳。边区政府还制定如《陕甘宁边区各级参议会组织条例》《陕甘宁边区民众团体组织纲要》等文件，加强了政权民主建设。除了陕甘宁边区外，其余抗日民主根据地都相应制定了保障人权条例，如《山东省人权保障条例》《晋西北保障人权条例》《渤海区人权保障条例执行细则》以及《冀鲁豫边区保障

---

[1] 《陕甘宁边区政府文件选编》第五辑，陕西人民教育出版社2015年版，第248页。

人民权利暂行条例》等。从人民的利益出发，根据陕甘宁边区的历史现状，侧重于保障人民的各项自由权、民主平等的权利，特别是人身自由权。对人民民主权利的维护，为边区的政治和法制建设提供了制度保障。在保障人权措施上，规定要依据法律的程序逮捕犯人，明确司法机关及公安机关履职的责任，杜绝出现越位现象。在调解居民矛盾问题上，突出区镇乡村政府的调解、惩戒权，并明确两种权力的界限，只有对违警案件才有惩戒权。针对旧制度的不良风气，规定以证据判决民刑案件，尊重犯人的人格，严禁刑讯逼供。针对陕甘宁边区的民主状况，还规定了要保护地主、富农、资本家的人权；对于反对边区政府、逃亡出去的地主、资本家，如果以接受边区法令为前提，返回边区，一律不咎既往。只有人民大众的权利得到切实保障，才能有民主，才能谈到民主执政。也正是由于党在陕甘宁边区保障了民众的权利，延安才被称为当时民主的中心，也成为中国民主政治的发源地。

保障少数民族的合法权利。各抗日根据地大多有少数民族聚集的区域，也就不同程度地出现一些民族问题。吸引少数民族参加抗日斗争，不仅可以增加革命的有生力量，也巩固了根据地的团结与和谐。在延安时期，毛泽东先后在《〈共产党人〉发刊词》《中国革命和中国共产党》《新民主主义论》和《论联合政府》等重要著作中，对民族问题进行了探索，根据实际情况制定了正确的民族政策，成为党的局部执政中较为成功的民主实践。1938年，党的六届六中全会通过的《政治决议案》提出："团结中华各民族（汉、满、蒙、回、藏、苗、瑶、夷、番等）为统一的力量，共同抗日图存。"[1] 1940年，针对当时的民族问题，尊重不同的民族与信仰，团结一切可以团结的力量，党又通过了

---

[1]　《建党以来重要文献选编（1921—1949）》第十五册，中央文献出版社2011年版，第760页。

《关于回回民族问题的提纲》《关于抗战中蒙古民族问题提纲》，具体表述了党在民族问题方面的政策方针，帮助一些少数民族在聚居区建立自治区，进行民族自治。在党的民族政策的指导下，1941 年，陕甘宁边区政府成立民族事务委员会，负责民族工作，解决民族问题；建立了回、蒙民族自治区（乡）。在民主的民族政策的指导下，少数民族团结一心，投入到抗击日本侵略者的战斗中，也为新中国成立后制定民族政策积累了宝贵经验。

找到跳出历史周期率的成功路径。在全国抗日战争即将迎来胜利曙光的时刻，1944 年 3 月 19 日至 22 日，郭沫若在重庆《新华日报》上连载了《甲申三百年祭》。这是为纪念李自成农民起义军失败 300 周年而作，以鉴后人不要重蹈历史覆辙。1945 年 7 月 1 日，在抗日战争即将胜利的大好形势下，黄炎培等 5 名国民参政会参政员，应毛泽东之邀，飞抵延安进行访问，受到了毛泽东以及中共中央其他领导人的热情接待。毛泽东请黄炎培到他家促膝长谈。黄炎培坦率地谈了自己对当前形势的看法和对以后无产阶级政权应从历史上吸取的教训，以及对中共跳出历史周期率所寄予的希望。他说："我生六十多年，耳闻的不说，所亲眼看到的，真所谓'其兴也浡焉'，'其亡也忽焉'。一人，一家，一团体，一地方，乃至一国，不少单位都没有能跳出这周期率的支配力。大凡初时聚精会神，没有一事不用心，没有一人不卖力，也许那时艰难困苦，只有从万死中觅取一生。既而环境渐渐好转了，精神也就渐渐放下了。有的因为历时长久，自然地惰性发作，由少数演为多数，到风气养成，虽有大力，无法扭转，并且无法补救。也有为了区域一步步扩大了，它的扩大，有的出于自然发展，有的为功业欲所驱使，强求发展，到干部人才渐见竭蹶、艰于应付的时候，环境倒越加复杂起来了，控制力不免趋于薄弱了。"黄炎培总结道："一部历史，'政怠宦成'的也有，'人亡政息'的也有，'求荣取辱'的也有。""总之没有能跳出这周期率。"最后，他把希望寄予"中共诸君"："中共诸君从过去到现在，我略略了解的了。就是希望找出一条新路，来跳出这周期率的支配。"①

黄炎培所谈的周期率也正是深谙中国历史的毛泽东经常思考的问题，所以毛泽东对黄炎培的谈话深以为然，当即胸有成竹地答道："我们已经找到新路，我们能跳出这周期率。这条新路，就是民主。只有让人民来监督政府，政府才不敢松懈。只有人人起来负责，才不会人亡政息。"黄炎培对毛泽东的回答深为满意。黄炎培的5天访问很快就结束了，返回重庆后，带着延安归来的见闻，他到处作报告，并在很短的时间内，写成《延安归来》一书，影响极佳。他在《延安归来》中写道："这话是对的。只有大政方针决之于公众，个人功业欲才不会发生。只有把每一地方的事，公之于每一地方的人，才能使地地得人，人人得事。把民主来打破这周期率，怕是有效的。"②

《甲申三百年祭》和黄炎培的"历史周期率"理论，都向我们提出了无产阶级取得政权以后，如何避免重蹈"政怠宦成""人亡政息""求荣取辱"覆辙的问题。以民主来发动、组织、领导人民群众闹革命的思想，是建立在"人民，只有人民，才是创造世界历史的动力"③ 的历史唯物主义基础之上的。革命的目的就是领导人民推倒压在人民身上的三座大山，改变"百年魔怪舞翩跹，人民五亿不团圆"的境遇，建立人民民主的红色江山。

（四）解放战争时期对人民民主政权的探索和构想

在抗战胜利前夕，1945 年 4 月至 6 月，党的七大在延安召开。毛

---

① 薄一波：《若干重大决策与事件的回顾》上卷，中共中央党校出版社 1991 年版，第 156—157 页。
② 薄一波：《若干重大决策与事件的回顾》上卷，中共中央党校出版社 1991 年版，第 156—157 页。
③ 《毛泽东选集》第三卷，人民出版社 1991 年版，第 1031 页。

泽东在大会作了《论联合政府》的政治报告。报告深刻分析了当时的国内外形势，总结了20多年来党领导人民民主革命的经验，提出党必须实行"放手发动群众，壮大人民的力量，在我们党领导之下，打败侵略者，建设新中国"①的政治路线。报告进一步明确提出了新民主主义的一般纲领，制定了当时的具体纲领和政策，提出了"废止国民党一党专政，建立民主的联合政府"的口号。党的七大为党领导人民去争取抗日战争的胜利和新民主主义革命在全国的胜利，奠定了政治上、思想上和组织上的良好基础。

抗日战争胜利后，中国共产党在解放区内部仍然保持了与抗日战争时期在性质上和组织形式上都基本相同的人民民主政权，并提出了"和平、民主、团结"的口号，要求建立民主的联合政府。在中共的推动下，1946年1月10日至31日，在重庆召开了由各党各派和无党派人士参加的政治协商会议。这次会议实质上否定了国民党的独裁专制统治和内战政策，确认了和平建国的基本方针，有利于推动和平和民主，也有利于争取广大人民群众，团结中间阶级和国民党中的民主派，从而孤立国民党反动独裁势力。

但是，国民党在完成了全面内战的准备之后，于1946年6月悍然进攻中原解放区，全面内战爆发。中国共产党首先组织、领导解放区人民深入开展农村土地改革运动，废除了封建地主土地所有制，实行耕者有其田的土地制度。同时，改革原抗日民主政权的组织形式，在乡村贫农团和农会的基础上建立、普及人民代表会议制度，以各级人民代表会议作为相应权力机关，并逐渐推广到各新解放区。1947年10月，毛泽东起草了《中国人民解放军宣言》，提出了"打倒蒋介石，解放全中国"的响亮口号，并提出了"联合工农兵学商各被压迫

---

① 《毛泽东选集》第三卷，人民出版社1991年版，第1027页。

阶级、各人民团体、各民主党派、各少数民族、各地华侨和其他爱国分子，组成民族统一战线，打倒蒋介石独裁政府，成立民主联合政府"①的政治纲领。1948年4月30日至5月7日，中共中央在阜平召开了城南庄会议。会议认为，在解放战争即将进入第三个年度，政治形势和军事形势迅速发展的形势下，召开没有反动派参加的新的政治协商会议，商筹新中国建国大计的问题理应提到党的议事日程。

1949年6月30日，毛泽东发表了《论人民民主专政》。这篇文章总结了中国革命的经验教训，阐述了新中国政权的性质、各阶级在国家中的地位及其相互关系，以及人民民主专政的基本职能及其最近与将来的任务。毛泽东指出："中国人民在几十年中积累起来的一切经验，都叫我们实行人民民主专政，或曰人民民主独裁，总之是一样，就是剥夺反动派的发言权，只让人民有发言权。"他对人民民主专政作了解释："向着帝国主义的走狗即地主阶级和官僚资产阶级以及代表这些阶级的国民党反动派及其帮凶们实行专政，实行独裁，压迫这些人，只许他们规规矩矩，不许他们乱说乱动。如要乱说乱动，立即取缔，予以制裁。对于人民内部，则实行民主制度，人民有言论集会结社等项的自由权。选举权，只给人民，不给反动派。这两方面，对人民内部的民主方面和对反动派的专政方面，互相结合起来，就是人民民主专政。"即将成立的新中国的性质是"工人阶级（经过共产党）领导的以工农联盟为基础的人民民主专政"②。

在新民主主义革命时期，中国共产党领导的革命以"新民主主义"命名，其核心就是要民主，不要专制；要多数人的民主，不要少

① 《毛泽东选集》第四卷，人民出版社1991年版，第1256页。
② 《毛泽东选集》第四卷，人民出版社1991年版，第1475、1480页。

数人的民主。把现代民主理解为大多数人的民主，即不同于资产阶级民主和旧式民主的人民民主。中国共产党人立志"站在社会基础上造成新的政治"①，"废除统治与屈服的关系"，"打破擅用他人一如器物的制度"。②

中国共产党把马克思主义基本原理同中国革命具体实际相结合，不断丰富民主制度形式和参与机制，发扬民主作风，激发了全党活力，动员了社会力量，提高了军队战斗力，使人民民主开始在中国大地上落地生根，在与各种反动力量的斗争中取得了最终胜利。新民主主义革命的胜利和新中国的成立，实现了中国从几千年封建专制政治向人民民主的伟大飞跃，为实现全过程人民民主创造了政治和社会条件。

二、开创和发展人民民主

中国共产党领导新民主主义革命取得伟大胜利，建立了人民当家作主的中华人民共和国，实现了民族独立和人民解放，实现了中国历史上最深刻、最伟大的社会变革。新中国成立后，党团结带领人民开创和发展人民民主，确立了社会主义政治制度，为实现人民当家作主奠定了制度基础。

---

① 1920年5月和9月，陈独秀分别发表《我的解决中国政治方针》《谈政治》两篇文章，提出具有马克思主义色彩的新政治观，"我们不是忽略了政治问题，是因为十八世纪以来旧的政治已经破产，我们正要站在社会的基础上造成新的政治"。

② 李大钊在《由平民政治到工人政治》中指出：无论是在经济上、政治上还是社会上，社会主义都体现着民主的精神，民主是作为一个要素存在于社会主义中的，社会主义制度就是要尊重个人，消除一切压迫和统治，"真正的德谟克拉西（民主——编者注），其目的在废除统治与屈服的关系，在打破擅用他人一如器物的制度。而社会主义的目的，亦是这样"。

（一）新中国的成立与人民民主专政国体的确立

随着解放战争的胜利推进，中共中央开始擘画新中国的蓝图。1948年4月30日，中共中央发布纪念"五一"劳动节口号，号召"迅速召开政治协商会议""成立民主联合政府"，得到各民主党派、无党派民主人士和海外华侨的热烈响应。在中共中央的热忱邀请下，从1948年秋，原在国民党统治区的各民主党派、爱国民主人士和海外华侨代表，通过南北两条线路，陆续进入解放区。北线是将北平、上海以及在香港的部分民主人士经过山东走陆路，到平山县李家庄；南线是将远在香港的民主人士经海路转送到东北解放区。从1948年8月到1949年8月，经中共中央安排秘密北上的民主人士共20批约350人，其中119人参加了政协第一届全体会议。

1949年6月，新政治协商会议筹备会第一次全体会议在北平召开，协商筹建新中国的大幕正式拉开，新中国的建立程序正式启动。6月11日，新政协筹备会第一次预备会议在香山召开，中国共产党和各民主党派、人民团体及无党派民主人士等23个单位的134名代表出席大会。各界人士齐聚一堂，民主协商，筹备新政协、筹建新中国。根据筹备会分组安排，"商决并邀请参加新政协会议之单位和代表"工作由第一小组负责。经过几个月的协商、酝酿，终于确定了一份包括中国共产党和各民主党派、地区、军队、人民团体和特别邀请的5个方面46个新政协参会单位和代表名额（特邀单位名额待定）的方案。之后，是确定代表人选名单，9月20日，中国人民政治协商会议第一届全体会议召开前一天，新政协筹备会常委会第八次会议，通过参加中国人民政治协商会议第一届全体会议的单位及代表名额，其中正式代表510人，候补代表77人，特别邀请代表75人，共计662名代表。其中，共产党员约占44%，各民主党派约占30%，工农代表与无党派人士约占26%。46

个单位、662 名代表具有相当广泛的代表性。从阶级成分来说，有工人、农民、民族资本家、小资产阶级的知识分子；从革命历史来说，有参加或领导过戊戌政变、辛亥革命、五四运动以及 1924 年大革命以来的人物；从信仰来说，有唯物主义的哲学家、科学家、文艺家、政治家，也有笃信宗教的。这些各类不同的人物，来自各种不同的地区，处在各种不同的环境，操着各自不同的方言，他们都抱着扬弃旧中国、建立新中国的心情，自由地、民主地、和谐地、空前未有地团聚起来，空前未有地团结起来，团结在中国共产党周围。①

制定一部全国各族人民、各民主党派、各人民团体一致接受和遵守的共同纲领，是创建中华人民共和国重要的基础性工作。新政治协商会议筹备会第三小组负责起草《共同纲领》。6 月 18 日，第三小组召开成立会议。会上，周恩来说："我们小组负责起草共同纲领，任务繁重。这个共同纲领决定联合政府的产生，也是各党派各团体合作的基础"，"是带长期性的，是各民主党派、人民团体、各路野战军和解放区一切人民的共同愿望的具体表现"，"其重要性是不待言的"。② 会议决定由中共负责起草《共同纲领》初稿，并决定分政治法律、财政经济、国防外交、文化教育、其他（包括华侨、少数民族、群众团体、宗教问题等）五个小组，先写出具体条文。根据小组意见，中共拟定初稿，周恩来亲自承担起草《共同纲领》重任。经过至少八易其稿，《新民主主义的共同纲领（草案初稿）》终于完成。初稿全文 12300 多字，前面有一个简短的序言，主体部分由一般纲领和具体纲领两大部分组成。进入 9 月，《共同纲领》起草进入最后阶段，随着政协名称变动，改为

---

① 参见中国人民政治协商会议全国委员会文史资料研究委员会：《五星红旗从这里升起——中国人民政治协商会议诞生记事暨资料选编》，文史资料出版社 1984 年版，第439—440 页。

② 《建国以来周恩来文稿》第一册，中央文献出版社 2008 年版，第9、10 页。

《中国人民政治协商会议共同纲领》，毛泽东直接指导并亲自修改、校对和督促印刷。9月6日，毛泽东对5日的稿件又做了大的修改，此时，纲领列为"总纲""政权机关""军事制度""经济政策""文化教育政策""民族政策""外交政策"7章，共60条，7000多字。纲领草案出来后，先交第三小组和政协委员讨论。9月6日，第三小组在中南海勤政殿召开全体会议。大家各抒己见，畅所欲言，讨论非常热烈。对中共草拟的草案，大家基本满意，但也提出不少具体意见。

　　9月21日，中国人民政治协商会议开幕。22日，周恩来向大会报告纲领起草经过。广泛的民主协商换来了全国人民集体智慧的结晶，表达了全国人民建设祖国的共同意志，真正做到了在中国共产党的领导下，肝胆相照、荣辱与共、精诚协商。亲历者《大公报》记者曾说道："这个纲领的制定，经过慎重的起草，并经过广泛、反复而深入的讨论，出席人民政协的每个代表都曾参加了若干次的讨论，都曾发表了意见，凡是中肯的意见都被综合采纳了。所以共同纲领的制订，真是做到了民主。"①　许德珩说《共同纲领》草案，"是经过了筹备会多次的周详讨论的，在大会开幕以前来到北平的六百多位代表也曾经分组多次的研讨，六百多位同仁之中，可以说是很少很少没有发言的，也更很少发言不被重视的；凡是在目前紧要的，能够办得到的建议，都是被采纳的。这种民主的、实事求是的精神，是值得我们佩慰的"②。9月27日，中国人民政治协商会议第一届全体会议一致通过《中国人民政治协商会议组织法》《中华人民共和国中央人民政府组织法》和四项决议案，即：中华人民共和国的国都定于北平，将北平改名为北京；中华人民共和国采用公元纪年；在中华人民共和国的国歌正式制定前，以《义勇

①　政协全国委员会办公厅：《开国盛典》，中国文史出版社2009年版，第224页。
②　中国人民政治协商会议全国委员会文史资料研究委员会：《五星红旗从这里升起——中国人民政治协商会议诞生记事暨资料选编》，文史资料出版社1984年版，第440页。

军进行曲》为代国歌；中华人民共和国的国旗为五星红旗，象征中国革命人民大团结。9月29日，全体会议一致通过《中国人民政治协商会议共同纲领》。

《共同纲领》名副其实地成为新中国的建国纲领和建设蓝图，是一部真正立足于中国实际、切合人民需要的行动纲领，是具有临时宪法作用的人民大宪章，在1954年中华人民共和国宪法颁布之前发挥了临时宪法的重要作用。

关于新中国的国体，《共同纲领》总纲第一条明确规定："中华人民共和国为新民主主义即人民民主主义的国家，实行工人阶级领导的、以工农联盟为基础的、团结各民主阶级和国内各民族的人民民主专政，反对帝国主义、封建主义和官僚资本主义，为中国的独立、民主、和平、统一和富强而奋斗。"序言中还有这样一段话："中国人民民主专政是中国工人阶级、农民阶级、小资产阶级、民族资产阶级及其他爱国民主分子的人民民主统一战线的政权，而以工农联盟为基础，以工人阶级为领导。"这两段话明确了中华人民共和国的国体是人民民主专政。人民民主专政制度是中国共产党人灵活运用马克思主义理论处理中国事务的范例。这个制度不仅包括中国根本政治制度的具体规定和思想思路，同样包括党在民主实践中对于制度的补充和发展，以及延伸出来的各种具体制度。随着执政历史的积累，人民民主的制度不断完善、调整，内涵越来越丰富。

关于新中国的政体，《共同纲领》规定：中华人民共和国的国家政权属于人民。人民行使国家政权的机关为各级人民代表大会和各级人民政府。国家最高政权机关为全国人民代表大会。各级政权机关一律实行民主集中制。由此，人民代表大会制度就作为新中国的基本政治制度确定下来。《共同纲领》还明确规定："中华人民共和国境内各民族一律平等"。"各少数民族聚居的地区，应实行民族的区域自治，按照民族聚居的人口多少和区域大小，分别建立各种民族自治机关。"在统一的国家内实行民族区域自治，作为中华人民共和国的一项基本政治制度被确定下来。

中华人民共和国的国体是工人阶级领导的、以工农联盟为基础的人民民主专政，政体是实行民主集中制的人民代表大会制度，政党制度是中国共产党领导的多党合作和政治协商制度，国家结构形式是统一的多民族国家和在单一制国家中的民族区域自治制度。这些制度完整、系统地构成了中华人民共和国的根本和基本政治制度。中国人民政治协商会议第一届全体会议的召开，标志着人民民主统一战线和全国人民大团结在组织上完全形成，中国共产党领导的多党合作和政治协商制度正式确立。①

（二）人民代表大会制度的确立

建立和实行人民代表大会制度，在新中国真正实现人民当家作主，是全国各族人民的愿望，也一直是中国共产党人的初心和使命。

1952 年秋，全国政协第一届全体会议已届期满，由它代行国家最高权力的临时性安排暂告一段落。究竟是召开全国人民代表大会并制定宪法，还是召集第二届政协全体会议并继续适用《共同纲领》，就摆在中国共产党领导的中央人民政府面前。经过多方征求意见，1952 年 11 月，中共中央作出决定，立即着手准备召开全国人民代表大会，制定宪法。12 月 1 日，中共中央发布《关于召开党的全国代表会议的通知》，这也是中共中央第一次正式向全党提出准备召开全国人民代表大会以制定宪法的任务。1953 年 1 月 13 日至 14 日，中央人民政府委员会召开第二十次会议，讨论召开全国人民代表大会和制定宪法的问题。会议召开

---

① 参见习近平：《论坚持人民当家作主》，中央文献出版社 2021 年版，第 88 页。

之前，毛泽东和周恩来等中共中央领导人先后找党外民主人士召开了座谈会，广泛听取意见，了解到大家的顾虑归纳起来有四点：1. 这样做的根据是什么？2. 这样做有什么作用？3. 这样做有没有可能？有没有困难？4. 这样做对于哪些党派、阶级、团体有利或不利？在中央人民政府委员会会议上，毛泽东和周恩来针对这些问题一一做了解释和说明。在谈到民主时，毛泽东说："中国人民，从清朝末年起，五六十年来就是争这个民主。从中日甲午战争到辛亥革命这个期间是一个高潮。那个时候是向清朝政府要民主，以后是向北洋军阀政府要民主，再以后就是向蒋介石国民党政府要民主。"① 因此，召开人民代表大会，可以更加发扬人民民主，加强国家建设和加强抗美援朝斗争。会议通过了《关于召开全国人民代表大会及地方各级人民代表大会的决议》，决定"于一九五三年召开由人民用普选方法产生的乡、县、省（市）各级人民代表大会，并在此基础上接着召开全国人民代表大会。在这次全国人民代表大会上，将制定宪法，批准国家五年建设计划纲要和选举新的中央人民政府"②。

召开全国人民代表大会并制定新中国第一部真正意义上的宪法，有两项工作必须提前完成：一是制定选举法选举出参加全国人民代表大会的代表，二是起草好一部供全国人民代表大会审议的宪法草案。成立以毛泽东为主席的中华人民共和国宪法起草委员会，起草宪法；成立以周恩来为主席的中华人民共和国选举法起草委员会，起草选举法。

经过紧锣密鼓的工作，1953 年 3 月 1 日，《中华人民共和国全国人民代表大会及地方各级人民代表大会选举法》正式颁布施行。其最重要原则就是普选，这是从中国共产党诞生之日起就长期奋斗的目标，终

---

① 《毛泽东文集》第六卷，人民出版社 1999 年版，第 257 页。
② 《建国以来重要文献选编》第四册，中央文献出版社 1993 年版，第 16—17 页。

于通过法律的形式确定了下来。

为了搞好各级普选，首先进行了新中国历史上第一次人口普查。据统计，在政务院规定的全国人口调查登记标准时间（1953 年 6 月 30 日 24 时）内，全国人口总数为 601912371 人。在人口普查基础上，进行选民登记，有 323809684 名选民进行了登记，占选举地区 18 周岁以上人口总数的 97.18%。随后，在全国基层单位进行选举，参加投票的选民共 278093100 人，占选民登记人数的 85.88%。3 亿多选民参加选举，这不仅在中国，就是在全世界也是一个规模空前的民主运动。①

经过一年多的紧张工作，在 21 万余个基层选举单位、3.23 亿多个登记选民中进行选举，共选出基层人民代表大会代表 566 万余名。在基层选举基础上，省、市人民代表大会，中央直辖少数民族行政单位，以及军队单位和华侨单位分别选举产生全国人民代表大会代表 1226 人（台湾省代表暂缺）。其中，妇女代表 147 人，占 11.99%；少数民族代表 177 人，占 14.44%；各民族、各阶层、各界都有代表参会。

为了稳妥地做好宪法起草工作，中央人民政府决定成立以毛泽东为主席、以朱德等 32 人为委员的中华人民共和国宪法起草委员会。1953 年 6 月，过渡时期总路线提出，对宪法起草提出了全新要求，不仅要在《共同纲领》基础上，全面地、规范性地确立人民民主的原则，还必须遵循社会主义原则，用国家根本大法的形式将过渡时期的总任务确定下来。3 月 12 日、13 日和 15 日，刘少奇在北京再次主持召开中央政治局扩大会议进行讨论，并决定：由陈伯达、胡乔木、董必武、彭真、邓小平、李维汉、张际春、田家英 8 人组成宪法小组，负责初稿最后修改；成立宪法起草委员会办公室，李维汉为秘书长。3 月 17 日，毛泽东率领宪法起草小组成员回到北京，立即着手召集宪法起草委员会会议，讨

---

① 参见《毛泽东传》第三册，中央文献出版社 2011 年版，第 1274 页。

论宪法草案。

3月23日下午，中华人民共和国宪法起草委员会第一次会议在中南海勤政殿举行。毛泽东、刘少奇、周恩来、陈云、董必武、邓小平和宋庆龄、李济深、何香凝、沈钧儒、马寅初、马叙伦、陈叔通、张澜、黄炎培、程潜等人参加了会议。毛泽东代表中国共产党向会议正式提出《中华人民共和国宪法草案（初稿）》会议决定，以李维汉为宪法起草委员会秘书长，齐燕铭、田家英、屈武、胡愈之、孙起孟、许广平、辛志超为副秘书长，负责成立宪法起草委员会办公室，并决定在两个月内完成对宪法草案初稿的讨论修正。两天之后，3月25日，中共中央发布《关于讨论中华人民共和国宪法草案初稿的通知》，明确指出，宪法起草委员会决定这种讨论在四、五两月内同时在各大行政区、中央直辖市、内蒙古自治区、省、大行政区辖市以及人口在50万以上的市的领导机关和各民主党派、各人民团体内进行。各地党委除自己进行讨论外，并应对这个讨论加以领导和组织。① 从3月29日开始，宪法起草委员会按照各民主党派、无党派人士、各人民团体、教科文等单位划分为17个座谈小组，在全国政协范围内对宪法草案初稿进行讨论。在40天的时间内，全国政协分组讨论开会260次，有500多人参加。每组成员发言热烈、认真，提出意见建议3900多条（扣除重复）。与此同时，各大区、各省市的领导机关和人民团体也于四、五月间开始对宪法草案初稿的讨论。据统计，在北京和全国各大城市各方面的代表8000多人参与讨论，提出各种修改意见5900多条。

6月11日，毛泽东主持召开宪法起草委员会第七次全体会议，中央人民政府委员列席会议。这次会议对宪法草案（修正稿）的全部条

---

① 参见《中共中央文件选集（1949年10月—1966年5月）》第十五册，人民出版社2013年版，第517页。

文作了最后的审查，全部条文定为 106 条。会议讨论通过了《中华人民共和国宪法草案》和《中华人民共和国宪法起草委员会关于宪法起草工作经过的报告》。会议决定将《中华人民共和国宪法草案》提请中央人民政府委员会审查通过后公布，并在全国人民中组织讨论。

经过 81 天的广泛讨论和反复修改，宪法草案提请全国人民公开讨论的条件已经成熟。6 月 14 日，中央人民政府委员会第三十次会议召开，会上一致通过《中华人民共和国宪法草案》和《关于公布中华人民共和国宪法草案的决议》。表决前，李济深、宋庆龄、张澜、黄炎培等 21 人发言。他们认为，中国人民要求立宪行宪已经有五六十年了，但是从来不曾有过真正民主的宪法。如今，中国人民多年来流血奋斗所寻求的目的，由于中国共产党和毛主席英明正确的领导，就要如愿以偿了。这将是中国自有历史以来第一部人民的宪法，是真正的名副其实的人民宪法，也是领导中国人民走上社会主义大道的宪法。

会议结束当天，《中华人民共和国宪法草案》正式公布，交付全国人民讨论。在近 3 个月的时间里，全国有 1.5 亿余人参加讨论，提出 118 万多条修改、补充意见和问题，几乎涉及宪法草案每一个条款。深受数千年封建专制统治的中国人民，有史以来第一次享受到如此充分的民主权利，享受到经过长期的人民民主革命所得来的胜利果实。

经过全国大讨论，1954 年 9 月 8 日，毛泽东主持召开宪法起草委员会第八次会议，对宪法草案文本进行最后一次讨论修改。9 月 9 日，中央人民政府委员会召开第三十四次会议，讨论并通过《中华人民共和国宪法草案》，决定提交即将召开的第一届全国人民代表大会第一次会议审议。9 月 12 日，刘少奇主持召开宪法起草委员会第九次会议，讨论通过了由刘少奇代表宪法起草委员会准备向第一届全国人大第一次会议所作的《关于中华人民共和国宪法草案的报告》。9 月 14 日，毛泽东主持召开中央人民政府委员会临时会议，对宪法草案作最后一次的审议。表决之后，毛泽东说："这是一个比较完整的宪法了。最先是中共中央起草，然后是北京五百多高级干部讨论，全国八千多人讨论，然后是三个月的全国人民讨论，这一次全国人民代表大会代表一千多人又讨论。宪法的起草算是慎重的，每一条、每一字都是认真搞了的，但也不必讲是毫无缺点，天衣无缝。这个宪法是适合我们目前的实际情况的。"

1954 年 9 月 15 日至 28 日，第一届全国人民代表大会第一次会议在北京中南海怀仁堂隆重举行。出席大会的既有中国共产党代表，也有各民主阶级、民主党派代表；既有劳动模范、战斗英雄，也有科技文艺工作者；既有工商、宗教界人士，也有少数民族、海外华侨代表，具有广泛的代表性。大会的主要任务之一就是制定宪法和几个重要法律。毛泽东致开幕词《为建设一个伟大的社会主义国家而奋斗》，指出："我们这次会议具有伟大的历史意义。这次会议是标志着我国人民从一九四九年建国以来的新胜利和新发展的里程碑，这次会议所制定的宪法将大大地促进我国的社会主义事业。"① 接着，刘少奇向大会作《关于中华人民共和国宪法草案的报告》，指出："我们现在提出的宪法草案乃是对于一百多年以来中国人民革命斗争的历史经验的总结，也是对于中国近代关于宪法问题的历史经验的总结。当然，我们的宪法草案又是中华人民共和国成立以来新的历史经验的总结。"②

9 月 20 日，第一届全国人民代表大会第一次会议对宪法草案进行正式表决。全国人大代表报到 1212 人，当天出席 1197 人，全票通过了《中华人民共和国宪法》。经过充分讨论，大会还通过了《中华人民共和国全国人民代表大会组织法》《中华人民共和国国务院组织法》《中华人民共和国人民法院组织法》《中华人民共和国人民检察院组织法》《中

---

① 《毛泽东文集》第六卷，人民出版社 1999 年版，第 349—350 页。
② 《建国以来重要文献选编》第五册，中央文献出版社 1993 年版，第 471 页。

华人民共和国地方各级人民代表大会和地方各级人民委员会组织法》。

《中华人民共和国宪法》除"序言"外，分为"总纲""国家机构""公民的基本权利和义务""国旗、国徽、首都"4章共106条，明确规定了国家的性质和根本政治制度。"中华人民共和国是工人阶级领导的、以工农联盟为基础的人民民主国家。""中华人民共和国的一些权力属于人民。人民行使权力的机关是全国人民代表大会和地方各级人民代表大会。""全国人民代表大会、地方各级人民代表大会和其他国家机关，一律实行民主集中制。"明确了新中国的国体是人民民主专政的国家，政体是实行民主集中制的人民代表大会制度。第一届全国人大通过的《中华人民共和国宪法》，史称"五四宪法"，这是新中国成立以来的第一部宪法。这场人民制宪运动是党领导的在工作中贯彻民主的典范，是党群众路线的具体体现，为国家的未来发展提供了人民民主的制度保障。而五四宪法的诞生对中国民主建设具有深远的历史意义。宪法由选举产生的全国立法机关制定，经过严格规范的民主程序，使民主政治的国家形态得到法律的肯定和维护。五四宪法确认了《共同纲领》所规定的人民民主的基本原则，建立了完整的国家机构体系以及国家立法制度，规定了公民有权拥有广泛的权利和自由，为新中国民主和法制的发展奠定了坚实的基础。正如毛泽东在这次大会开幕词中所指出的："我们这次会议具有伟大的历史意义。这次会议是标志着我国人民从一九四九年建国以来的新胜利和新发展的里程碑，这次会议所制定的宪法将大大地促进我国的社会主义事业。"①

9月27日，毛泽东当选为中华人民共和国主席，朱德当选为中华人民共和国副主席，刘少奇当选为第一届全国人大常委会委员长，宋庆龄等13人当选为副委员长，根据中华人民共和国主席的提名，决定周

---

① 《建国以来重要文献选编》第五册，中央文献出版社1993年版，第461页。

恩来为国务院总理。9 月 28 日下午 3：50，毛泽东在闭幕会上宣布："中华人民共和国第一届全国人民代表大会第一次会议已经顺利地完成了自己的任务。"

第一届全国人民代表大会第一次全体会议的召开和宪法以及各个组织法的颁布，标志着人民代表大会制度这一根本政治制度的确立，把人民民主的理念真正纳入国家法制化轨道之中。在中国实行人民代表大会制度，是中国人民在人类政治制度史上的伟大创造，是深刻总结近代以后中国政治生活惨痛教训得出的基本结论，是中国社会 100 多年激越变革、激荡发展的历史结果，是中国人民翻身作主、掌握自己命运的必然选择。"中国这样一个有五千多年文明史、几亿人口的国家建立起人民当家作主的新型政治制度，在中国政治发展史乃至世界政治发展史上都是具有划时代意义的。"①

（三）社会主义基本政治制度的确立

召开全国人民代表大会之后，政治协商会议是否还有必要继续存在？它的性质是什么？任务是什么？这些问题成为人们关注和议论的一件大事。

1954 年 12 月 19 日，即在全国政协二届一次会议开幕前两天，毛泽东专门邀集各民主党派和无党派民主人士座谈，明确指出："政协的性质有别于国家权力机关。""政协是全国各民族、各民主阶级、各民主党派、各人民团体、国外华侨和其他爱国民主人士的统一战线组织，是党派性的。"② 毛泽东在这次座谈会上还谈到，人民代表大会是权力机关，这并不妨碍我们成立政协进行政治协商。各党派、各民族、

---

① 习近平：《论坚持人民当家作主》，中央文献出版社 2021 年版，第 70、72—73 页。
② 《毛泽东文集》第六卷，人民出版社 1999 年版，第 384—387 页。

各团体的领导人物一起来协商新中国的大事非常重要。人民代表大会已经包括了各方面，人大常委会是全国人民代表大会的常设机关，代表性当然很大。但它不能包括所有的方面，所以政协仍有存在的必要，而不是多余的。① 毛泽东的谈话对于召开全国政协第二届全国委员会第一次会议具有指导作用，其基本原则被写入人民政协章程之中。

12 月 21 日至 25 日，中国人民政治协商会议第二届全国委员会第一次会议在北京举行。会议通过了《中国人民政治协商会议章程》《中国人民政治协商会议宣言》《中国人民政治协商会议章程》规定，政协的性质是："团结全国各民族、各民主阶级、各民主党派、各人民团体、国外华侨和其他爱国民主人士的人民民主统一战线的组织"。政协的任务是："在中国共产党领导下，将继续通过各民主党派、各人民团体的团结，更广泛地团结全国各族人民，共同努力，克服困难，为建设一个伟大的社会主义国家而奋斗。"《中国人民政治协商会议章程》对政协的组织机构和职能作出了新的调整。一是以各民主党派、各人民团体为基础组成，包括少数民族和国外华侨的代表，必要时可吸收个人参加。区域和人民解放军的代表不再作为参加政协的单位。二是政协不再设立全体会议，将原来的政协全体会议、全国委员会、常务委员会三个层次，改为全国委员会全体会议和常务委员会两个层次。这样既便于工作，又可适当扩大全国委员会和地方委员会的名额，保证广泛的代表性。三是在省、自治区、直辖市和市设地方委员会，自治州、县、自治县和市辖区必要时设立地方委员会。四是全国委员会和各级地方委员会之间是指导关系而不是领导关系。《中国人民政治协商会议章程》还规定了参加政协的单位和个人共同遵守的准则。② 全国政协二届一次会议

① 参见《毛泽东传》第三册，中央文献出版社 2011 年版，第 1277 页。
② 参见《建国以来重要文献选编》第五册，中央文献出版社 1993 年版，第 705—711 页。

在人民政协发展史上具有特殊的意义，这次会议通过的文件所阐述的重要原则为中国长期坚持中国共产党领导的多党合作和政治协商制度奠定了思想基础、政治基础和组织基础。中国人民政治协商会议这个经过历史考验的统一战线组织形式，在全国人民代表大会召开以后，仍然长久地持续下来，发挥着重要作用，形成了中国共产党领导下的具有中国特色的各民主党派、各人民团体和各界人士进行民主协商、参政议政的政治制度，成为我国的一种基本政治制度。

对于中国这样一个拥有 56 个民族的大国，处理好民族问题是国家长治久安的前提。《共同纲领》提出，中国各个民族，拥有平等一致的权利和义务，要坚持民族团结与民族互助。这是基于新民主主义的民族政策，正如周恩来在《关于〈中国人民政治协商会议共同纲领〉草案的起草经过和特点》中所指出的："其基本精神是使中华人民共和国成为各民族友爱合作的大家庭，必须反对各民族的内部的公敌和外部的帝国主义。而在各民族的大家庭中，又必须经常反对大民族主义和狭隘民族主义的倾向。各少数民族的区域自治、武装权利及其宗教信仰之被尊重，均在条文中加以明确的规定。"① 作为《共同纲领》的补充，政务院发布两个文件——《关于地方民族民主联合政府实施办法的决定》《关于保障一切散居的少数民族成分享有民族平等权利的决定》，以保障散居或与其他民族杂居的少数民族人民合法权益，民族杂居地区的少数民族人口超过 10%，不论地区的面积大小、行政级别高低都可以建立民族民主联合政府；散居杂居的少数民族人民同样享有共同纲领规定的一切权利，包括言论、集会、居住、宗教信仰等自由。1954 年民族区域自治写入《中华人民共和国宪法》，并且对自治机关的设立作了详

---

① 《建党以来重要文献选编（1921—1949）》第二十六册，中央文献出版社 2011 年版，第734 页。

细的规范，最低的自治机关为自治县，其次为自治州，最高为自治区，除了此三级机关外，以民族乡为补充。毛泽东在 1956 年《论十大关系》和 1957 年《关于正确处理人民内部矛盾的问题》两次重要讲话中，都着重强调要协调好民族关系，实现并巩固民族的大团结。

中国共产党团结带领中国人民完成了社会主义革命，确立了社会主义基本制度，开始探索社会主义的民主建设。1956 年 4 月，毛泽东在《论十大关系》中强调，"调动一切积极因素"是建设社会主义社会的根本方针。"过去为了结束帝国主义、封建主义和官僚资本主义的统治，为了人民民主革命的胜利，我们就实行了调动一切积极因素的方针。现在为了进行社会主义革命，建设社会主义国家，同样也实行这个方针。"他指出，工人和农民是建设社会主义的基本力量，必须充分调动他们的积极性；中间势力是可以争取的力量；反动势力虽是一种消极因素，但是我们仍然要做好工作，尽量争取化消极因素为积极因素；中国共产党要与民主党派"长期共存，互相监督"，要继续发挥在党的历史过程中已经形成的党领导下的人民民主统一战线的作用，实行"长期共存，互相监督""又团结、又斗争"[1] 的方针。党的八大提出了在我国政治生活中扩大社会主义民主、健全社会主义法制的任务，强调发扬党内民主和人民民主、加强党和人民群众的联系。1957 年夏，毛泽东明确指出：我们的目标是要在我们的党和国家内造成"一个又有集中、又有民主、又有纪律、又有自由、又有统一意志、又有个人心情舒畅、生动活泼、那样一种政治局面"[2]。

社会主义事业在中国是一项前无古人的事业。新中国成立以来，中国民主发展进入新纪元，人民当家作主从梦想变为现实。中国的民主大

---

[1]　参见《毛泽东文集》第七卷，人民出版社 1999 年版，第 23、34—36 页。
[2]　薄一波：《若干重大决策与事件的回顾（修订本）》下卷，人民出版社 1997 年版，第 645 页。

厦巍然耸立起来。国家政治生活活跃，人民充满热情地投入各项建设事业之中，国家和民族的面貌焕然一新。民主制度体系逐步完善。中国共产党不断完善党内民主制度，以适应党已经在全国范围内执政的要求。进一步健全和完善民主集中制、集体领导制度和民主生活会制度，推动党内监督工作，加强党与群众的联系，党内政治生活空前活跃，实现了全党的团结一致。

三、坚持和完善人民民主

"文化大革命"结束之后，国内民主政治秩序逐步恢复和发展。党的十一届三中全会重新确立了马克思主义的思想路线、政治路线、组织路线，实现了新中国成立以来党的历史上具有深远意义的伟大转折，开启了我国改革开放和社会主义现代化建设的新时期。随着拨乱反正的全面开展，我国社会主义现代化建设逐步走上了正确的、健康发展的轨道，社会主义人民民主得到长足发展。

（一）推进社会主义民主法制建设

1978 年 12 月，党召开具有伟大历史转折的十一届三中全会，开启了改革开放和社会主义现代化建设历史新时期，发展社会主义民主、健全社会主义法制成为党和国家坚定不移的基本方针。在这次会议上，邓小平深刻指出："为了保障人民民主，必须加强法制。必须使民主制度化、法律化，使这种制度和法律不因领导人的改变而改变，不因领导人的看法和注意力的改变而改变。"[1] 1979 年春，邓小平在党的理论工作

---

① 《邓小平文选》第二卷，人民出版社 1994 年版，第 146 页。

务虚会上提出"没有民主就没有社会主义，就没有社会主义的现代化"① 的重要思想，在党和国家坚决纠正了"文化大革命"错误后，下一步的工作应当是继续坚持党的四项基本原则，着力扩大党内民主和人民民主。社会主义有优越性，要表现在整个国家、社会、人民的经济生活和物质消费上。经济的发展与政治的巩固，即经济基础与上层建筑的关系，是互相影响、相互促进的；大力发展社会主义经济，必然要求政治制度做保障。

随着改革开放的全面展开，1978 年宪法有许多内容已不适应新时期政治、经济、生活和社会主义现代化建设的需要。1980 年 9 月，五届全国人大三次会议接受中共中央建议，成立宪法修改委员会，主持修改宪法。1982 年 12 月 4 日，五届全国人大五次会议以无记名投票方式通过了新修改的《中华人民共和国宪法》（简称"八二宪法"）。"八二宪法"继承和发展了 1954 年宪法的基本原则，正确总结了新中国成立以来的历史经验，用国家根本法的形式，对国家的根本政治制度和基本政治制度、基本经济制度、国家的根本任务、公民的基本权利和义务、国家机构的设置和职责范围等重大问题作了明确的规定。"八二宪法"在结构上还作了重大调整，把"公民的基本权利和义务"一章调到"国家机构"一章之前，体现了国家一切权力属于人民和国家尊重、保障人权。宪法明确规定"中华人民共和国的一切权力属于人民"。这是中国国家制度的核心内容和根本准则。宪法，对国家机构设置作了许多新规定，包括加强人民代表大会制度、恢复设立国家主席和副主席、国家设立中央军事委员会领导全国武装力量等。宪法，强调国家的统一和民族的团结，规定"国家在必要时得设立特别行政区。在特别行政区内实行的制度按照具体情况由全国人民代表大会以法律规定"，为通过

---

① 《邓小平文选》第二卷，人民出版社 1994 年版，第 168 页。

"一国两制"方式解决台湾、香港、澳门问题提供了法律基础。[①] "八二宪法"关于民族区域自治的规定，不但恢复了1954年宪法的一些重要的原则，而且根据国家情况的变化增加了新的内容，体现了国家充分尊重和保障各少数民族管理本民族内部事务的民主权利的精神。

1983年6月6日至21日召开的第六届全国人民代表大会第一次会议，是按照"八二宪法"选举产生的首届全国人民代表大会。此后，六届全国人大及其常委会不断加强立法工作，努力健全社会主义法律体系。全国人大为了适应进一步对外开放和深化经济体制改革的需要，运用法律手段管理经济，保障和促进经济建设的顺利进行，把制定有关经济方面的法律作为立法工作的重点。六届全国人民代表大会期间制定的29部法律中，经济方面的法律有16部，包括涉外经济合同法、外资企业法、海关法、统计法、会计法等。国家政治生活、经济生活、社会生活的主要方面，呈现出有法可依的局面。

社会主义民主和法制建设的发展，推动了人民代表大会制度、共产党领导的多党合作和政治协商制度、民族区域自治制度进一步完善。为了改进和完善选举制度和人民代表大会制度，六届全国人大常委会于1986年12月通过了关于修改《中华人民共和国全国人民代表大会和地方各级人民代表大会选举法》和《中华人民共和国地方各级人民代表大会和地方各级人民政府组织法》的决定，对选举程序和方式作了一些改进，以切实保障选民的民主权利，更好地建设社会主义民主政治。

政党关系、政党制度是社会主义民主政治的重要组成部分。1977年底，地方陆续召开各级人民代表大会和政治协商会议，民主党派也恢复活动，党领导的多党合作被纳入了政治制度的范畴，民主党派的民主监督作用得到进一步发挥。1979年，邓小平提出，在社会主义时期民

---

① 参见《中华人民共和国宪法》，人民出版社1982年版，第7—29页。

主党派的性质与地位已经转变，"成为各自所联系的一部分社会主义劳动者和一部分拥护社会主义的爱国者的政治联盟，都是在中国共产党领导下为社会主义服务的政治力量"①，为社会主义、人民大众服务。党和各民主党派、工商联有着共同的利益和愿望，他们的力量和地位不容忽视；实行多党派合作，民主党派的民主监督功能，都是有中国特色社会主义民主政治制度的特点和优点。1982 年 9 月，党的十二大阐述了"长期共存，互相监督""肝胆相照，荣辱与共"的方针，进一步完善和发展共产党领导的多党合作和政治协商制度，使各民主党派在国家政治生活中的作用进一步发挥。各民主党派领导人和无党派人士代表参加国家领导人安排的协商和一些法律、章程的修订及制定工作，对中国共产党及其党政机关的廉政建设进行监督，在经济、教育、科技、文化和促进祖国统一等方面都发挥了积极作用。1987 年，党的十三大明确提出党领导的多党合作和政治协商制度是我国一项基本政治制度，是我国现阶段政治体制改革的一项重要内容。1989 年 12 月，《中共中央关于坚持和完善中国共产党领导的多党合作和政治协商制度的意见》提出民主党派监督功能和参政议政的原则和职责规范，强调民主党派作为反映社情民意、进行民主监督的重要渠道，要发展和完善体制机制，更好地推进社会主义民主政治建设。②

在完善民族区域自治制度方面，1982 年颁布的宪法，恢复了 1954年宪法中关于民族区域自治的一些重要原则，并增加了新的内容。如宪法规定，民族自治地方人民代表大会常务委员会中应当有实行区域自治的民族的公民担任主任或者副主任，自治区主席、自治州州长、自治县县长由实行区域自治的民族的公民担任等。③ 根据"八二宪法"关于民

---

① 《邓小平文选》第二卷，人民出版社 1994 年版，第 186 页。
② 参见《十三大以来重要文献选编》中，人民出版社 1991 年版，第 821—830 页。
③ 参见《中华人民共和国宪法》，人民出版社 1982 年版，第 41 页。

族区域自治的规定及充分尊重和保障各少数民族管理本民族内部事务的民主权利的精神，1984 年 5 月，六届全国人大二次会议通过《中华人民共和国民族区域自治法》，把宪法关于民族区域自治的基本原则具体化，规定民族区域自治是中国的一项重要政治制度，在维护国家统一、保证中央人民政府统一领导的前提下，充分照顾各民族自治地方的特点和需要，使自治机关有大于一般地方的自主权。

在基层民主方面，随着农村经济体制改革的发展，农村政社合一的人民公社体制显得很不适应。1980 年 2 月，广西壮族自治区宜山县的一些农村自发地把农民组织起来，创立村民委员会这一组织形式。之后河北、四川等省农村也出现了类似的群众性组织，并逐渐向经济、政治、文化等方面扩展。经过研究和实践发展，中央尊重农民的创造精神，开始承认这种自治组织。① 1982 年，全国人大常委会在起草宪法修改草案时，总结和吸收广大农民群众创造的新鲜经验，把村民委员会写进了宪法，并对村民委员会的性质、任务和组织原则都作了具体规定，同时注明它是基层群众性自治组织。这是我国制宪史上的一个创举。1982 年 10 月，党的十二大提出了扩大基层民主的任务，"社会主义民主要扩展到政治生活、经济生活、文化生活和社会生活的各个方面，发展各个企业事业单位的民主管理，发展基层社会生活的群众自治"②。1983 年 10 月，中共中央、国务院发出《关于实行政社分开，建立乡政府的通知》，要求实行政社分开，设立村民委员会作为基层群众性自治组织，村委会由村民民主选举产生，协助乡人民政府搞好本村的行政工作和生产建设工作。此后，全国普遍以原人民公社为单位成立乡政府，以生产大队为基础建立村民委员会，以生产队为基础建立村

---

① 参见卢轶：《人民民主理论与实践研究》，人民出版社 2010 年版，第 241 页。
② 《十二大以来重要文献选编》上，人民出版社 1986 年版，第 34 页。

民小组。到 1985 年底，全国农村共建立村民委员会 94.9 万个。在普遍建立村民委员会的基础上，1987 年 11 月 24 日，六届全国人大常委会第二十三次会议通过了《中华人民共和国村民委员会组织法（试行）》，推动广大村民依法积极参加村委会的选举和建设。在城市，"八二宪法"在总结我国居民委员会实行群众自治经验的基础上，首次以根本法的形式明确规定了居民委员会的性质、任务和作用。据此，全国各地对城市居民委员会的组织进行了整顿，建立了符合宪法规定、体现城市居民自我管理、自我教育和自我服务精神的城市居民委员会，并健全了其组织机构和各项规章制度。到 1989 年 12 月，七届全国人大常委会第十一次会议通过的《中华人民共和国城市居民委员会组织法》，标志着城市居民委员会的建设进入一个新的历史发展阶段。在企业，"八二宪法"首次将国营企业以职工代表大会等形式进行民主管理；1986 年，中共中央、国务院下发了《全民所有制工业企业职工代表大会条例》，要求保障职工代表和工会组织对企业的监督、审议权利；1988 年，七届全国人大一次会议所通过的《中华人民共和国全民所有制工业企业法》，以明确的法律条文规定了职工代表大会的性质、职责等，使我国全民所有制企业的民主管理制度得以确立和普及。

（二）推进政治体制改革

政治体制改革是对社会主义政治制度的完善和发展。邓小平指出，中国的政治体制改革总的目标是，"第一，巩固社会主义制度；第二，发展社会主义社会的生产力；第三，发扬社会主义民主，调动广大人民的积极性"①。1987 年 10 月，党的十三大报告分析了"政府机构庞大

---

① 《邓小平文选》第二卷，人民出版社 1993 年版，第 178 页。

臃肿，层次过多，职责不清，互相扯皮"的问题，提出"必须下决心对政府工作机构自上而下地进行改革"的任务。根据这一要求，国务院立即着手制定改革中央政府机构的方案。与1982年精简机构不同，这次机构改革不是简单的撤减、合并，而是抓住政府管理职能转变这个关键，以建立符合现代化管理要求、具有中国特色、功能齐全、结构合理、运转协调、灵活高效的行政管理体系为长远目标，以转变职能、精干机构、精减人员、提高行政效率、克服官僚主义、逐步理顺政府同企事业单位和人民团体的关系、理顺政府各部门之间的关系以及中央政府同地方政府的关系为此后5年改革的目标；以减少政府机构直接干预企业经营活动的职能，增强宏观调控职能，初步改变机构设置不合理和行政效率低下的状况为基本要求。改革的重点是同经济体制改革关系极为密切的经济管理部门。

1987年12月16日，中央政治局全体会议讨论并原则同意关于党中央、国务院机构改革方案。会议决定：党中央机构改革方案由中共中央书记处组织实施；国务院机构改革方案经全国人民代表大会批准后由国务院组织实施。1988年3月25日至4月13日，第七届全国人民代表大会第一次会议在北京召开，会议审议并原则批准了国务院机构改革方案。国务院机构改革，合并、裁减了一些专业管理部门和综合部门内部的专业机构，完善或新建了一些综合和行业管理机构。

为适应发展社会主义市场经济的要求，党的十四大报告指出，同经济体制改革和经济发展相适应，必须按照民主化和法制化紧密结合的要求，积极推进政治体制改革，在发展社会主义民主、健全社会主义法制方面取得明显进展，以巩固和发展稳定的社会政治环境，保证经济建设和改革开放的顺利进行，提出要"按照政企分开和精简、统一、效能的原则，下决心对现行行政管理体制和党政机构进行改革。综合经济部门的工作重点要转到加强宏观调控上来。撤并某些专业经济部门和职能交叉重复或业务相近的机构，大幅度裁减非常设机构。精减机关人员，严格定编定员"①。根据党的十四大报告精神，转变政府职能成为行政管理体制改革的重点。通过政企分开，把属于企业的权力放给了企业，把应该由企业解决的问题，交给企业自己去解决；同时加强了宏观调控和监督部门，强化了社会管理职能部门，减少了具体审批事务和对企业的直接管理，努力做到宏观管好、微观放开。与此同时，地方机构改革也全面推进并取得预期效果。

　　1997 年，党的十五大报告进一步指出，推进政治体制改革，必须有利于增强党和国家的活力，保持和发挥社会主义制度的特点和优势，维护国家统一、民族团结和社会稳定，充分发挥人民群众的积极性，促进生产力发展和社会进步。政治体制改革的主要任务是："发展民主，加强法制，实行政企分开、精简机构，完善民主监督制度，维护安定团结。"其中，推进机构改革方面，报告指出："按照社会主义市场经济的要求，转变政府职能，实现政企分开，把企业生产经营管理的权力切实交给企业；根据精简、统一、效能的原则进行机构改革，建立办事高效、运转协调、行为规范的行政管理体系，提高为人民服务水平；把综合经济部门改组为宏观调控部门，调整和减少专业经济部门，加强执法监管部门，培育和发展社会中介组织。"其目的就是"实现国家机构组织、职能、编制、工作程序的法定化，严格控制机构膨胀，坚决裁减冗员"②。此后，深化行政管理体制和机构改革工作继续推进。1998 年开展国务院机构改革的目标是"按照发展社会主义市场经济的要求，根据精简、统一、效能的原则，转变政府职能，实现政企分开，建立办事

---

① 《十四大以来重要文献选编》上，人民出版社 1996 年版，第 30 页。
② 《十五大以来重要文献选编》上，人民出版社 2000 年版，第 31、33 页。

高效、运转协调、行为规范的行政管理体系，完善国家公务员制度，建设高素质的专业化行政管理干部队伍"；重点是"调整和撤销那些直接管理经济的专业部门，加强宏观调控和执法监管部门"①。按照权责一致的要求，调整部门的职责权限，明确划分部门之间职责分工，完善行政运行机制。1999 年 1 月，中共中央、国务院制定了《关于地方政府机构改革的意见》。7 月，地方政府机构改革正式启动。各省、自治区、直辖市的政府机构也进行了精简，市、县一级政府机构按照 20% 的比例进行了精简。通过改革，政府机构更加精简，政府职能进一步转变，各级政府机构的办事效率大幅度提高，为推动社会主义市场经济的发展奠定了坚实基础。

（三）进一步健全社会主义民主法治

在确立和发展社会主义市场经济体制的过程中，中共中央提出要依法治国、建设社会主义法治国家，政治体制改革和民主法治建设得到加强，国家政治制度和行政管理体制不断完善，各项民主制度和法律体系建设不断推进，精神文明和先进文化建设稳步发展。

1995 年 2 月，八届全国人大常委会十二次会议对选举法和地方组织法进行了修改。修改后的选举法，缩小了农村与城市每一代表所代表的人口数的比例；修改后的地方组织法，进一步完善了地方各级人大选举和决定国家机关组成人员的程序。这些修改，进一步提高了选举的民主程度，对完善我国选举制度和人民代表大会制度具有重要意义。1993 年 3 月，八届全国人大一次会议将"中国共产党领导的多党合作和政治协商制度将长期存在和发展"载入宪法，使多党合作制度有了明确的宪法依据。1994 年 3 月，全国政协八届二次会议审议通过《中国人

---

① 《十五大以来重要文献选编》上，人民出版社 2000 年版，第 235 页。

民政治协商会议章程修正案》，第一次把"参政议政"与原来的"政治协商、民主监督"并列为人民政协的主要职能，使人民政协的主要职能得到了拓展和延伸，工作的视野更加开阔，内容更加丰富。2001 年 2 月，九届全国人大常委会第二十次会议对《中华人民共和国民族区域自治法》进行了修改，这是 21 世纪初我国社会主义民主和法治建设在民族领域取得的一项新成果。修改后的民族区域自治法，对于进一步坚持和完善民族区域自治制度，加快民族自治地方经济和社会发展，进一步巩固和发展平等、团结、互助的社会主义民族关系，具有重要意义。

在发展基层民主方面，1998 年 11 月，九届全国人大常委会第五次会议通过了新修订的《中华人民共和国村民委员会组织法》，从法律上进一步确立了村民自治作为我国一项政治制度的地位，有力地推动了农村基层民主建设进程。在城市，居民自治取得重要进展。2010 年 10 月，十一届全国人大常委会第十七次会议修订通过了《中华人民共和国村民委员会组织法》，除再次规定村委会由村民直选外，还强调任何组织和个人不得指定候选人，同时，将村民委员会定位为"村民自我管理、自我教育、自我服务的基层群众性自治组织，实行民主选举、民主决策、民主管理、民主监督"，进一步完善了村民自治制度。在城市基层民主建设方面，2000 年 11 月，中共中央办公厅、国务院办公厅转发《民政部关于在全国推进城市社区建设的意见》，为社区建设的全面推进指明了方向，开启了城市社区居民自治发展的新阶段。为进一步发展企业民主管理，党的十四大之后，法律法规开始突破所有制的限定，《中华人民共和国公司法》、修正后的《中华人民共和国工会法》都是对不同所有制形式的企事业单位民主管理实践的积极探索，维护了职工群众的切身利益，协调了单位与职工的劳动关系。1999 年 9 月，党的十五届四中全会通过了《中共中央关于国有企业改革和发展若干重大问题的决定》，明确提出："发挥工会和职工代表大会在民主决策、民主管理、民主监督中的作用。坚持和完善以职工代表大会为基本形式的企业民主管理制度，实行民主评议企业领导人和厂务公开。"① 该决定的通过，有力地保障了职工在企业管理中的民主权利，促进了基层民主的健康发展。

尊重和保障人权，是发展社会主义民主政治、建设社会主义政治文明的内在要求。我们尊重国际社会关于人权的普遍性原则，但普遍性原则必须与各国国情相结合。人权是具体的、相对的，不是抽象的、绝对的，与一个国家的政治状况、经济发展、历史传统、文化结构和整个社会的发展水平有很大关系。实现人权的根本途径是经济发展和社会进步。对于发展中国家，生存权、发展权是最基本、最重要的人权，保护和促进人权的努力，必须从这个环节入手，否则其他一切权利都无从谈起。要根据本国的国情把集体人权和个人人权，经济、社会、文化权利和公民、政治权利统一起来加以推进。人权是一个国家主权范围内的问题。针对国际上有人提出"人权高于主权"和"国家主权有限"的新干涉主义，我们党鲜明地指出，国家主权是一国人民充分享受人权的前提和保障。这两者不是对立的，而是相辅相成的。人权要靠主权来保护，不是人权高于主权，而是没有主权就没有人权。我们反对借口人权干涉一个国家的内政，也反对把人权作为实现对别国的某种政治企图的工具。国际社会应在平等和相互尊重的基础上进行合作，共同推进世界人权事业。②

（四）建设社会主义政治文明

进入 21 世纪以来，中国特色社会主义市场经济快速发展，法制建

---

① 《十五大以来重要文献选编》中，人民出版社 2001 年版，第 1025 页。
② 参见《江泽民文选》第三卷，人民出版社 2006 年版，第 113—114 页。

设逐步完善，进一步推动了中国社会主义民主政治建设。2001 年初，江泽民在《全国宣传部长会议的讲话》中首次提出"政治文明"，其后，又强调全面建设小康社会要包括建设政治文明。随着政治文明概念的提出，党对民主政治的认识更为深刻，民主执政的理念进一步提升。

人民民主是社会主义的生命。发展社会主义民主政治，最根本的是要把坚持党的领导、人民当家作主和依法治国有机统一起来。① 党的领导是人民当家作主和依法治国的根本保证，人民当家作主是社会主义民主政治的本质要求，依法治国是党领导人民治理国家的基本方略。② 这就要求，在建设社会主义政治文明的过程中，要解决党的干部在发展民主政治的过程中显露出的问题与矛盾，处理好党的领导、人民当家作主和依法治国的关系。发展民主政治是为坚持党的领导、保证人民群众当家作主的主体地位服务的，不能在认识上将其对立起来。提高党的民主执政能力，首先要加强领导干部的民主教育，增强民主意识，使他们正确认识民主的形式、民主的实质，在工作中善于运用民主的形式，如代议、选举、听证、协商等等，这样才能得到群众的赞成与支持。

坚持和完善人民代表大会制度。自 2002 年起，全国人大常委会逐步实行听证会制度。2004 年，十届全国人大常委会对《中华人民共和国全国人民代表大会和地方各级人民代表大会选举法》进行修改，将乡镇人大任期由 3 年改为 5 年；在基层人大代表选举中引入预选制度；规定严惩贿选；让被选举人与选民见面，确保人大代表选举公正。2005 年 6 月，中共中央转发《中共全国人大常委会党组关于进一步发挥全国人大代表作用　加强全国人大常委会制度建设的若干意见》。2006 年 8 月，十届全国人大常委会第二十三次会议通过《中华人民共和国各级

---

① 参见《江泽民文选》第三卷，人民出版社 2006 年版，第 553 页。
② 参见《十六大以来重要文献选编》上，中央文献出版社 2005 年版，第 72 页。

人民代表大会常务委员会监督法》，为人大对"一府两院"的监督提供了法律依据。《意见》和《监督法》明确规定加强人民代表大会制度建设，进一步发挥人大代表的作用，保障全国人大及其常委会、地方各级人大及其常委会依法行使对同级政府、法院、检察院的监督权。2007年，十届全国人大五次会议通过《关于第十一届全国人民代表大会代表名额和选举问题的决定》，从法律上更好地保障了1亿多农民工的选举权。党的十七大报告提出，逐步实行城乡按相同人口比例选举人大代表。2010年3月，十一届全国人大三次会议通过第五次修正的《中华人民共和国全国人民代表大会和地方各级人民代表大会选举法》规定，实行城乡按相同人口比例选举人大代表，实行了差额选举，扩大了直接选举，扩大提名权，实行代表和组织联合提名，更好地体现了人人平等、地区平等、民族平等原则，进一步完善了中国特色社会主义选举制度。

协商民主的本质是人民民主，是我国社会主义民主政治的特有形式和独特优势。2005年2月，中共中央颁布《关于进一步加强中国共产党领导的多党合作和政治协商制度建设的意见》，推动多党合作和政治协商的制度化、规范化和程序化，为各民主党派和无党派人士参政议政和发挥监督作用创造了更为广阔的空间。2006年2月，中共中央印发《关于加强人民政协工作的意见》，首次正式确认了我国社会主义民主的两种重要形式："在我们这个幅员辽阔、人口众多的社会主义国家里，关系国计民生的重大问题，在中国共产党领导下进行广泛协商，体现了民主与集中的统一。人民通过选举、投票行使权利和人民内部各方面在重大决策之前进行充分协商，尽可能就共同性问题取得一致意见，是我国社会主义民主的两种重要形式。"① 并进一步推进人民政协的主

---

① 《十六大以来重要文献选编》下，中央文献出版社2008年版，第260页。

要职能是政治协商、民主监督、参政议政的制度化、规范化和程序化建设，更好发挥人民政协协调关系、汇聚力量、建言献策、服务大局的作用。中共中央在作出重大决策之前，把政治协商纳入决策程序，邀请各民主党派中央领导人和无党派人士参加民主协商会、座谈会，通报情况，听取意见。2006 年 7 月，第二十次全国统战工作会议强调，政党关系、民族关系、宗教关系、阶层关系和海内外同胞关系，是政治领域和社会领域中涉及党和国家工作全局的一些重大关系，也是统一战线需要全面把握和正确处理的重大关系。党的十七大以后，专题协商、对口协商、界别协商、提案办理协商等协商平台得以创立和广泛运用，协商民主在实践中有了进一步发展，人民政协作为中国共产党领导的多党合作和政治协商重要机构的作用日益突出。各级政协围绕政治协商、民主监督、参政议政等职能做文章，组织不同界别的委员进行实地调研，议政建言，以提交提案作为委员的履职工作重点。2007 年 11 月，国务院新闻办公室发布《中国的政党制度》白皮书，第一次明确"选举民主与协商民主相结合，是中国社会主义民主的一大特点"①。

巩固和完善民族区域自治制度。各民族共同团结奋斗、共同繁荣发展，平等团结互助和谐的社会主义民族关系得到不断巩固和发展，民族地区经济实现了跨越式发展。自 1999 年第二次中央民族工作会议召开以来，加快少数民族和民族地区经济发展和社会进步成为民族工作的重心。在世纪之交实施的西部大开发战略，促进了中西部地区和少数民族地区加快发展。2005 年 5 月 27 日，中共中央、国务院召开第三次中央民族工作会议暨国务院第四次全国民族团结进步表彰大会，提出"促进民族地区实现全面建设小康社会的宏伟目标，进一步开创我国各民族

---

① 《中国的政党制度》，《人民日报》2007 年 11 月 16 日。

共同团结奋斗、共同繁荣发展的新局面"的任务。① 《中共中央国务院关于进一步加强民族工作加快少数民族和民族地区经济社会发展的决定》提出 6 个方面 30 项政策原则和工作要求，对加快少数民族和民族地区经济社会发展进程中面临的一系列新问题作出具体部署。召开第三次中央民族工作会议之后，国家民委等联合有关部门编写了《扶持人口较少民族发展规划（2005—2010 年）》《少数民族事业"十一五"规划》《兴边富民行动规划》三个国家级专项规划。2005 年，国务院正式颁布《实施〈中华人民共和国民族区域自治法〉若干规定》，以制定自治条例和单行条例为主要内容的地方民族立法也取得了新的进展，推动制定贯彻实施民族区域自治法的配套规定，修订《城市民族工作条例》和《民族乡行政工作条例》，依法办事逐渐成为处理民族问题、开展民族工作的重要原则。中国的"兴边富民"行动从 2000 年正式启动，② 计划用 10 年左右时间"使边境民族地区基础设施条件得到明显改善，人民生活有明显提高，经济和社会事业全面进步"。2005 年开始，这项行动被纳入国家"十一五"规划。民族地区总体呈现经济繁荣、政治安定、文化发展、社会和谐、民族团结的景象。

巩固全国各族人民的大团结，是中国能够经受住各种困难和风险考验、不断胜利前进的重要保证。为了维护民族团结和社会稳定，国家采取了一系列重大措施，坚决打击暴力恐怖势力、民族分裂势力和宗教极端势力的破坏活动。民族工作部门配合有关部门及时深入寺庙开展法制宣传教育，对民族宗教界人士和宗教信徒及各族群众进行积极引导，协助有关部门为维护社会稳定发挥了重要作用。2010 年 1 月，中央召开第五次西藏工作座谈会，全面总结西藏发展稳定取得的成绩和经验，深

---

① 参见胡锦涛：《在中央民族工作会议暨国务院第四次全国民族团结进步表彰大会上的讲话》，《人民日报》2005 年 5 月 28 日。
② 参见《"兴边富民行动"正式启动》，《人民日报》2000 年 2 月 25 日。

刻分析西藏工作面临的形势和任务，明确当前和今后一个时期做好西藏工作的指导思想、主要任务、工作要求，对推进西藏实现跨越式发展和长治久安作出了战略部署。会议还对加快四川、云南、甘肃、青海省藏区经济社会发展作出全面部署，强调四川、云南、甘肃、青海省党委和政府要切实把本省藏区工作摆到重要议事日程，作为本省经济社会发展的重点任务来抓，动员全省各方面力量支持这些地区发展。2010 年 5 月，中央召开新疆工作座谈会，强调坚持民族区域自治制度，坚持各民族共同团结奋斗、共同繁荣发展，深入实施稳疆兴疆、富民固边战略，始终把推动科学发展作为解决一切问题的基础，始终把改革开放作为促进发展的强大动力，始终把保障和改善民生作为全部工作的出发点和落脚点，始终把加强民族团结作为长治久安的根本保障，始终把维护社会稳定作为发展进步的基本前提，努力推进新疆跨越式发展和长治久安。① 在中央关心、全国人民大力支援下，经过西藏、新疆各族人民的共同努力，推进西藏、新疆跨越式发展和长治久安工作全面有序展开。

基层民主，主要包括农村地区的村民自治、城市地区的社区自治和企业职工代表大会的自治。在城乡社区治理、基层公共事务和公益事业中实行群众自我管理、自我服务、自我教育、自我监督，是人民依法直接行使民主权利的重要方式。基层群众性自治制度体现了人民当家作主的社会主义民主的本质，在城乡基层实行群众自治，人民群众直接参与公共事务的管理，是我国民主真实性、广泛性的体现。2002 年，党的十六大提出"扩大基层民主，是发展社会主义民主的基础性工作"，要求健全基层自治组织和民主管理制度，完善村民自治，完善城市居民自治，坚持和完善职工代表大会和其他形式的企事业民主管理制度，保证

---

① 参见《中共中央国务院召开新疆工作座谈会》，《人民日报》2010 年 5 月 21 日。

人民群众依法直接行使民主权利。① 2007 年，党的十七大将"基层群众自治制度"确立为我国社会主义政治的基本政治制度。② 2009 年，中共中央办公厅、国务院办公厅发出《关于加强和改进村民委员会选举工作的通知》。2010 年，全国人大常委会修订《中华人民共和国村民委员会组织法》，关于基层自治的一系列重大法律法规陆续出台，使基层自治有法可依。以村民自治和居民自治为核心的城乡基层民主，成为桥梁和纽带，将党、国家与人民群众联系起来，有效地推动我国民主政治的发展。在《村民委员会组织法》的指导下，各地要制定与之配套的地方性法规、村民自治章程、村规民约，以建立并完善自治体制，并尽快出台《村民委员会组织法》实施办法、村务公开办法等，提高农村基层民主相关法律的实用性和针对性，使群众能够依法依章处理与自己切身相关的事务。随着城乡基层群众自治制度的日益完善，中国建立起以农村村民委员会、城市居民委员会和企事业单位职工代表大会为主要内容的基层民主自治体系。

基层群众自治制度有机地把直接民主与代表制民主结合起来，使这两种民主形式各自的功能充分发挥，形成了整体合力，这也成了中国特色民主政治的独特优势。城乡基层群众的自我管理，推动了基层社会的精神文明建设。基层群众自治的实践，提高了人民群众的民主意识，养成了自身的民主习惯，提升了自身的民主素养。

改革开放和社会主义现代化建设历史新时期，党领导人民坚定不移推进社会主义民主法治建设，把坚持党的领导、人民当家作主和依法治国有机统一确立为社会主义民主政治基本原则，巩固和发展根本政治制度和基本政治制度，成功开辟了一条中国特色社会主义政治发展道路，

① 参见《十六大以来重要文献选编》上，中央文献出版社 2005 年版，第 25 页。
② 参见《十七大以来重要文献选编》上，中央文献出版社 2009 年版，第 22 页。

人民民主的实践始终沿着正确的道路不断拓展。

　　中国共产党领导探索和发展人民民主的实践证明，人民民主是社会主义的生命，社会主义愈发展，民主也愈发展。发展民主政治、健全民主制度是一个长期目标，必须从国情出发，与社会经济发展相适合，始终坚持党的领导、人民当家作主、依法治国有机统一。

第三章　新时代发展全过程人民民主的制度程序和参与实践

　　"哲学家们只是用不同的方式解释世界，而问题在于改变世界。"①全过程人民民主集中体现在我们坚持党的领导、人民当家作主、依法治国有机统一，健全了全面、广泛、有机衔接的全过程人民民主制度体系，构建了多样、畅通、有序的民主渠道，有效保证了人民在国家和社会主义生活中的民主权利，实现了真实具体的人民当家作主。

　　党的十八大以来，以习近平同志为核心的党中央深化对民主政治发展规律的认识，提出全过程人民民主这一重大理念。习近平总书记指出："我国实行工人阶级领导的、以工农联盟为基础的人民民主专政的国体，实行人民代表大会制度的政体，实行中国共产党领导的多党合作和政治协商制度、民族区域自治制度、基层群众自治制度等基本政治制度，巩固和发展最广泛的爱国统一战线，形成了全面、广泛、有机衔接的人民当家作主制度体系，构建了多样、畅通、有序的民主渠道。全体人民依法实行民主选举、民主协商、民主决策、民主管理、民主监督，依法通过各种途径和形式管理国家事务，管理经济和文化事业，管理社会事务。我国全过程人民民主实现了过程民主和成果民主、程序民主和

---

① 《马克思恩格斯选集》第 1 卷，人民出版社 2012 年版，第 140 页。

实质民主、直接民主和间接民主、人民民主和国家意志相统一，是全链条、全方位、全覆盖的民主，是最广泛、最真实、最管用的社会主义民主。"①

党的十八大以来，中国特色社会主义进入新时代，全过程人民民主不断丰富和发展，构建起行之有效的制度体系。坚持党的全面领导制度和党中央集中统一领导制度，改进党的领导方式和执政方式，为人民当家作主提供根本保证。坚持和完善人民代表大会制度，支持和保证人民通过人民代表大会行使国家权力。坚持有事好商量、众人的事情由众人商量，推动社会主义协商民主广泛多层制度化发展，保证人民在日常政治生活中有广泛持续深入参与的权利。坚持中国共产党领导的多党合作和政治协商制度，发挥我国新型政党制度优势。坚持和完善民族区域自治制度，既保证国家团结统一，又实现各民族共同当家作主。完善基层民主制度，发展基层直接民主。

一、坚持和完善党的全面领导制度
和党中央集中统一领导制度

党政军民学，东西南北中，党是领导一切的。我国国家制度和国家治理体系具有多方面的显著优势。这些优势中，第一条就是"坚持党的集中统一领导，坚持党的科学理论，保持政治稳定，确保国家始终沿着社会主义方向前进"②。中国共产党领导是中国特色社会主义最本质的特征，是中国特色社会主义制度的最大优势，党是最高政治领导力

---

① 习近平：《在中央人大工作会议上的讲话》，《求是》2022 年第 5 期。
② 《中共中央关于坚持和完善中国特色社会主义制度、推进国家治理体系和治理能力现代化若干重大问题的决定》，人民出版社 2019 年版，第 3 页。

量。坚持党的全面领导，最根本的是坚持党中央权威和集中统一领导。要全过程人民民主的落地生效，良好运行，同样离不开党的全面领导和党中央集中统一领导。

坚持党总揽全局、协调各方的领导核心作用，坚决维护党中央权威和集中统一领导，保证党的理论、路线、方针政策和决策部署在国家工作中得到全面贯彻和有效执行，支持和保证国家政权机关依照宪法法律积极主动、独立负责、协调一致开展工作。加强和改善党的领导，善于使党的主张通过法定程序成为国家意志，善于使党组织推荐的人选通过法定程序成为国家政权机关的领导人员，善于通过国家政权机关实施党对国家和社会的领导，维护党和国家权威、维护全党全国团结统一。①

（一）建立健全"两个维护"的制度

坚持党的全面领导，不断完善党的领导，增强"四个意识"、坚定"四个自信"、做到"两个维护"。②"四个意识"是政治意识、大局意识、核心意识、看齐意识。"四个自信"是中国特色社会主义道路自信、理论自信、制度自信、文化自信。"两个维护"是坚决维护习近平总书记党中央的核心、全党的核心地位，坚决维护党中央权威和集中统一领导。

党的十九届六中全会通过的《中共中央关于党的百年奋斗重大成就和历史经验的决议》指出，党确立习近平同志党中央的核心地位、全党的核心地位，确立习近平新时代中国特色社会主义思想的指导地位，反映了全党全军全国各族人民共同心愿，对新时代党和国家事业发展，对推进中华民族伟大复兴历史进程具有决定性意义。必须深刻领悟

① 参见习近平：《在中央人大工作会议上的讲话》，《求是》2022年第5期。
② 习近平：《在庆祝中国共产党成立100周年大会上的讲话》，人民出版社2021年版，第11页。

"两个确立"的决定性意义，坚决做到"两个维护"。全党要做到尊崇党章，严格遵守党内法规体系，不断强化政治纪律和政治规矩，夯实做到"两个维护"的政治基石。依托党的学习制度，以深入学习贯彻习近平新时代中国特色社会主义思想为核心，坚定理想信念，筑牢做到"两个维护"的思想基石和行动基石。

（二）建立健全党中央对重大工作领导的制度

加强党的全面领导，首先要加强党对涉及党和国家事业全局的重大工作的集中统一领导。党中央决策议事协调机构在中央政治局及其常委会领导下开展工作。优化党中央决策议事协调机构，负责重大工作的顶层设计、总体布局、统筹协调、整体推进。① 2018年，党中央印发《深化党和国家机构改革方案》，组建国家监察委员会、中央全面依法治国委员会、中央审计委员会等，健全党对重大工作的领导体制机制。

（三）重大事项向党中央请示报告制度

习近平总书记指出："请示报告制度是我们党的一项重要制度，是执行党的民主集中制的有效工作机制，也是组织纪律的一个重要方面。"② 他强调："作为干部特别是领导干部，在涉及重大问题、重要事项时按规定向组织请示报告，这是必须遵守的规矩，也是检验一名干部合格不合格的试金石。""领导干部要有组织观念、程序观念，该请示的必须请示，该报告的必须报告，决不能我行我素，决不能遮遮掩掩甚至隐瞒不报。请示报告不是小事，不要满不在乎，这些年来一些干部出事就出在这个上面。该请示报告的不请示报告，或者不如实请示报告，

---

① 参见《中共中央关于深化党和国家机构改革的决定》，人民出版社2018年版，第20页。
② 《十八大以来重要文献选编》上，中央文献出版社2014年版，第767页。

那就是违纪，那就要严肃处理，问题严重的就不能当领导干部。"① 为了加强和规范重大事项请示报告工作，严明党的政治纪律、组织纪律和工作纪律，保证全党全国服从党中央、政令畅通，根据《中国共产党章程》《关于新形势下党内政治生活的若干准则》等党内法规，制定了《中国共产党重大事项请示报告条例》。该条例由中共中央于 2019 年 2月 28 日印发，自 2019 年 1 月 31 日起施行。该条例对什么是请示报告、谁向谁请示报告、请示报告什么、怎么请示报告等基本问题作出明确规定，为开展请示报告工作提供了基本遵循，推动请示报告工作全面走上制度化、规范化、科学化轨道。

（四）建立健全维护党的集中统一的组织制度

习近平总书记强调："党的力量来自组织。党的全面领导、党的全部工作要靠党的坚强组织体系去实现。""我们党是按照马克思主义建党原则建立起来的，形成了包括党的中央组织、地方组织、基层组织在内的严密组织体系。这是世界上任何其他政党都不具有的强大优势。党中央是大脑和中枢，党中央必须有定于一尊、一锤定音的权威，这样才能'如身使臂，如臂使指，叱咤变化，无有留难，则天下之势一矣'。党的地方组织的根本任务是确保党中央决策部署贯彻落实，有令即行、有禁即止。"② 党的十八大以来，党中央先后颁行《中国共产党中央委员会工作条例》《中国共产党地方委员会工作条例》《中国共产党党和国家机关基层组织工作条例》《中国共产党基层组织选举工作条例》等重要党内法规，推动从中央到地方再到各类基层党组织制度建设的规范化、制度化和科学化。

---

① 《十八大以来重要文献选编》上，中央文献出版社 2014 年版，第 767—768 页。
② 习近平：《在全国组织工作会议上的讲话》，人民出版社 2018 年版，第 11—12 页。

（五）建立健全不忘初心、牢记使命的制度

建立不忘初心、牢记使命的制度，确保全党遵守党章，恪守党的性质和宗旨，坚持用共产主义远大理想和中国特色社会主义共同理想凝聚全党、团结人民，用习近平新时代中国特色社会主义思想武装全党、教育人民、指导工作，夯实党执政的思想基础。把不忘初心、牢记使命作为加强党的建设的永恒课题和全体党员、干部的终身课题，形成长效机制，坚持不懈锤炼党员、干部忠诚干净担当的政治品格。①

党的十八大以来，我们在建立健全不忘初心、牢记使命制度的实践上主要有以下四个方面：一是坚持以理论滋养初心、以理论引领使命，把习近平新时代中国特色社会主义思想作为主线贯穿其中，同时为学习贯彻习近平新时代中国特色社会主义思想提供坚实保证。包括完善党委（党组）理论学习中心组学习、专题培训、集中轮训等制度和完善贯彻落实习近平总书记重要讲话、重要指示批示工作机制。二是用党的初心和使命感召人、引领人，加强理想信念教育和对党忠诚教育，传承红色基因。包括健全党章学习教育制度，把党章规定落实到党的全部活动中；完善经常性党性教育机制，落实主题党日制度，完善重温入党誓词、党员过"政治生日"等政治仪式，就近就便用好红色资源、党性教育基地等；加强党史、新中国史、改革开放史、社会主义发展史教育，开展革命传统教育和形势政策教育。三是把党的初心和使命作为新时代共产党人的行为准则，以自我革命精神检视整改违背初心使命的各种问题。包括建立"政治体检"制度；落实民主生活会和组织生活会、谈心谈话等制度；完善遵规守纪、廉洁从政的制度。四是把党的初心和

---

① 参见《中共中央关于坚持和完善中国特色社会主义制度、推进国家治理体系和治理能力现代化若干重大问题的决定》，人民出版社 2019 年版，第 6—7 页。

使命落实到党的一切工作之中，脚踏实地把党的行动纲领、战略目标、工作蓝图变成美好现实。包括健全履职尽责、攻坚克难的机制，完善鼓励激励、容错纠错、能上能下机制；落实调查研究制度；健全解决群众最急最忧最盼问题的工作机制，完善党员、干部联系群众制度；等等。①

民主生活会制度是一项坚持和完善党的全面领导、党中央集中统一领导以推进全过程人民民主的重要制度。党的十八大以来，以习近平同志为核心的党中央高度重视民主生活会制度，对规范和健全民主生活会制度进行了许多有益探索，在党的群众路线教育实践活动、"三严三实"专题教育、"两学一做"学习教育、"不忘初心、牢记使命"主题教育和党史学习教育等之中，从中央到地方的各级党组织都进行了广泛实践。

党的十八大以来，习近平总书记多次主持中央政治局民主生活会，先后出席指导河北省委和河南省兰考县委常委班子专题民主生活会，并发表了重要讲话。2013年6月，习近平总书记在党的群众路线教育实践活动工作会议上指出，要以整风精神开展批评和自我批评，开好民主生活会，坚持开门搞活动。7月，中央军委党的群众路线教育实践活动专题民主生活会，紧紧围绕党在新形势下的强军目标，对照检查贯彻落实中央八项规定精神和军委十项规定情况，联系思想和工作实际，剖析在形式主义、官僚主义、享乐主义和奢靡之风方面存在的问题，积极开展批评和自我批评，研究提出进一步加强作风建设的措施。习近平总书记主持会议并发表重要讲话。9月，习近平总书记在河北参加省委常委班子党的群众路线教育实践活动专题民主生活会并发表重要讲话。他强

---

① 参见仲祖文：《把不忘初心、牢记使命作为加强党的建设的永恒课题和全体党员、干部的终身课题常抓不懈》，《求是》2020年第13期。

调，批评和自我批评是解决党内矛盾的有力武器。全党同志特别是各级领导干部要增强党性，本着对自己、对同志、对班子、对党高度负责的精神，大胆使用、经常使用这个武器，使之越用越灵、越用越有效，以此促进民主集中制的贯彻执行，促进党内生活的严格规范，促进党性原则基础上的团结，切实提高领导班子发现和解决自身问题的能力。

2014年1月，在党的群众路线教育实践活动总结大会上，习近平总书记指出，通过这次实践活动，"恢复和发扬了批评和自我批评优良传统，探索了新形势下严肃党内政治生活的有效途径。广大党员、干部深入查摆问题，深挖问题根源，自我剖析触及了痛处。上下级之间不顾忌身份、不隐瞒观点，提意见开诚布公。领导班子成员脱去'隐身衣'，捅破'窗户纸'，相互批评不留情面。专题民主生活会和组织生活会敢于揭短亮丑、真刀真枪、见筋见骨，点准了穴位，戳到了麻骨，开出了辣味，起到了脸红心跳、出汗排毒、治病救人、加油鼓劲的作用。广大党员、干部普遍反映，自己经历了一次严格的党内政治生活锻炼，思想受到洗礼，灵魂受到触动。不少同志说，自己的对照检查材料数易其稿，每一次修改都是一次对标、一次醒悟。许多年轻党员、干部感慨，这次真是补了课，明白了党内政治生活是什么样、该怎么过"①。

2015年12月，按照党中央关于在县处级以上领导干部中开展"三严三实"专题教育的部署，中共中央政治局召开专题民主生活会，围绕中央政治局带头践行严以修身、严以用权、严以律己，谋事要实、创业要实、做人要实的要求，联系中央政治局工作，联系党的十八大以来中央抓作风建设的实际，联系自身执行中央八项规定的实际，联系严格

① 习近平：《在党的群众路线教育实践活动总结大会上的讲话》，《人民日报》2014年10月9日。

教育管理家属子女和身边工作人员的实际，联系周永康、薄熙来、徐才厚、郭伯雄、令计划等人案件的深刻教训，进行党性分析，开展批评和自我批评，总结党的十八大以来作风建设的实践，研究加强党风廉政建设、加强中央政治局自身建设的措施。中央政治局同志逐个发言，按照党中央要求进行对照检查。会议自始至终严肃活泼，有交流讨论，有思想碰撞，有批评和自我批评，体现了"严"和"实"的要求，体现了对党和人民高度负责的态度，体现了开诚布公、团结和谐的精神。习近平总书记肯定了中央政治局带头践行"三严三实"专题教育取得的成效，对中央政治局各位同志的对照检查发言进行了总结。他指出，中央政治局召开专题民主生活会，要动真格开展批评和自我批评，群策群力改进中央政治局的工作。这次专题民主生活会开得很好，大家讲认识、谈体会，摆问题、查不足，出主意、说措施，启发了思考和感悟，触动了思想和灵魂，很多意见建议对进一步做好中央政治局的工作很有帮助。

2016年10月，党的十八届六中全会召开。全会提出，党的组织生活是党内政治生活的重要内容和载体，是党组织对党员进行教育管理监督的重要形式。必须坚持党的组织生活各项制度，创新方式方法，增强党的组织生活活力。全体党员、干部特别是高级干部必须增强党的意识，时刻牢记自己第一身份是党员。要坚持"三会一课"制度，坚持民主生活会和组织生活会制度，坚持谈心谈话制度，坚持对党员进行民主评议。领导干部必须强化组织观念，工作中的重大问题和个人有关事项必须按规定按程序向组织请示报告。全会审议通过了《关于新形势下党内政治生活的若干准则》，明确"坚持民主生活会和组织生活会制度。会前要广泛听取意见、深入谈心交心，会上要认真查摆问题、深刻剖析根源、明确整改方向，会后要逐一整改落实。上级党组织领导班子成员定期、随机参加下级党组织领导班子民主生活会和组织生活会，发现问题及时纠正。中央政治局带头开好民主生活会"。

2017 年 1 月，中共中央发布新修订的《县以上党和国家机关党员领导干部民主生活会若干规定》，对如何召开民主生活会进行了具体规定，掀开了民主生活会制度的新篇章。《规定》指出，民主生活会应当围绕主题，就以下基本内容进行对照检查，开展批评和自我批评：1. 遵守党章，坚定理想信念，贯彻党的理论路线方针政策和决议，执行党的政治纪律和政治规矩，维护党中央权威的情况。2. 加强领导班子自身建设，实行民主集中制，维护领导班子团结，严格党的组织生活制度，坚持正确用人导向，开展批评和自我批评的情况。3. 正确行使权力，履职尽责、积极作为，坚持科学决策、民主决策、依法决策，反对特权、秉公用权的情况。4. 带头践行社会主义核心价值观，艰苦奋斗，清正廉洁，遵纪守法，注重家庭、家教、家风，教育管理好亲属和身边工作人员的情况。5. 执行党的群众路线，站稳人民立场，改进领导作风，深入调查研究，密切联系群众的情况。6. 履行全面从严治党主体责任和监督责任，加强党风廉政建设和反腐败工作的情况。

二、不断巩固和完善人民代表大会制度

坚持人民主体地位，充分调动人民积极性，始终是我们党立于不败之地的强大根基。人民代表大会制度是符合中国国情和实际、最可靠最管用的民主制度，是中国人民在人类政治制度史上的伟大创造，在中国政治发展史乃至世界政治发展史上都具有划时代意义。

中国特色社会主义民主，是全过程人民民主，就是要体现人民意志、保障人民权益、激发人民创造活力，用制度体系保证人民当家作主。"人民民主具体地、生动地体现在人民当家作主的全过程

各环节。"① 人民代表大会制度是坚持党的领导、人民当家作主、依法治国有机统一的根本政治制度安排，是实现全过程人民民主的重要制度载体。

习近平总书记在中央人大工作会议上的重要讲话中明确提出，新时代加强和改进人大工作的指导思想、重大原则和主要工作，深刻回答新时代发展中国特色社会主义民主政治、坚持和完善人民代表大会制度的一系列重大理论和实践问题，强调"要毫不动摇坚持、与时俱进完善人民代表大会制度，加强和改进新时代人大工作"，并提出了具体要求。全面贯彻落实习近平总书记重要讲话精神，要旗帜鲜明、坚定不移贯彻落实坚持党的领导这一最高政治原则，始终坚持中国特色社会主义政治发展道路这一根本方向，发挥好人民代表大会制度作为实现我国全过程人民民主的重要制度载体作用。坚持好、完善好、发展好人民代表大会制度，不断实现和保证人民当家作主，不断推进发展全过程人民民主向前发展。

（一）加强党对人大工作的全面领导

坚持和加强党的全面领导。十九届三中全会提出，完善坚持党的全面领导的制度，加强党对各领域各方面工作领导。十九届四中全会进一步提出，坚持和完善党的领导制度体系，"把党的领导落实到国家治理各领域各方面各环节"②。

全过程人民民主是在党的领导下形成、发展和实现的，只有始终坚持党的领导、全面落实党的领导，全过程人民民主才能有序推进，人民

① 中共中央宣传部：《习近平新时代中国特色社会主义思想学习问答》，学习出版社、人民出版社 2021 年版，第 281 页。
② 《中共中央关于坚持和完善中国特色社会主义制度、推进国家治理体系和治理能力现代化若干重大问题的决定》，人民出版社 2019 年版，第 6 页。

当家作主才能充分实现。毫不动摇坚持、与时俱进完善人民代表大会制度，加强和改进新时代人大工作，要旗帜鲜明、坚定不移贯彻落实坚持党的领导这一最高政治原则，始终坚持中国特色社会主义政治发展道路这一根本方向，发挥好人民代表大会制度作为实现我国全过程人民民主的重要制度载体作用。

中国共产党的领导是全过程人民民主的根本政治保证。中国共产党始终代表最广大人民根本利益，从来不代表任何利益集团、任何权势团体、任何特权阶层的利益。一方面，党注重提高人大、政协中基层一线群众的名额占比，积极发展多层次多渠道的民主协商，人民群众的平等参与权、表达权得到有效保障，政治参与范围的包容性、代表性进一步增强，避免了西方国家"国家权力被少数精英所把持"的虚伪民主。另一方面，我国建立健全了党的全面领导的体制机制，优化了党中央决策议事协调机构，加强了党对重大工作的集中统一领导，能够严防部门利益、地方利益以及资本的可能影响。

党的十八大以来，党中央先后出台有关人大工作的重要指导性文件30 余件，对人大立法、监督、选举、代表、自身建设、县乡人大等方面工作作出部署，提出明确要求。党领导人大工作的体制机制更为健全，党中央建立定期听取全国人大常委会党组工作汇报、研究人大工作中的重大问题和重要事项的制度，中央政治局常委会工作要点对需要中央研究的重大立法事项作出明确部署。全国人大常委会党组坚决把"两个维护"的要求落到实处，坚决贯彻党中央决策部署，严格执行请示报告制度，立法规划（计划）、重要立法项目、人大工作中的重大情况和重要问题等，都及时向党中央请示报告。

（二）全面贯彻宪法实施新水平

2014 年 9 月，习近平总书记在庆祝全国人民代表大会成立 60 周年大会上指出，发展人民民主必须坚持依法治国、维护宪法法律权威，使民主制度化、法律化，使这种制度和法律不因领导人的改变而改变，不因领导人的看法和注意力的改变而改变。宪法是国家的根本法，坚持依法治国首先要坚持依宪治国，坚持依法执政首先要坚持依宪执政。我们必须坚持把依法治国作为党领导人民治理国家的基本方略、把法治作为治国理政的基本方式，不断把法治中国建设推向前进。①

宪法是国家的根本法，具有最高的法律效力。"通过完备的法律推动宪法实施"，继续推进以宪法为统帅的中国特色社会主义法律体系建设，特别是采取一系列有力的措施加强宪法宣传教育和全面贯彻实施工作，维护宪法法律权威。

2014年11月，十二届全国人大常委会第十一次会议表决通过决定，将12月4日设立为"国家宪法日"。2021年12月4日是第八个国家宪法日，11月29日至12月5日是第四个宪法宣传周。活动主题为"以习近平法治思想为指引坚定不移走中国特色社会主义法治道路"。2015年12月，第十二届全国人民代表大会常务委员会第十八次会议通过《中华人民共和国国家勋章和国家荣誉称号法》，依法授予国家勋章和国家荣誉称号。2018年4月，第十三届全国人民代表大会常务委员会第二次会议通过《中华人民共和国英雄烈士保护法》，将每年9月30日定为烈士纪念日，以国家立法的形式维护英雄烈士尊严和合法权益。2019年6月，在中华人民共和国成立70周年前夕，十三届全国人大常委会第十一次会议作出特赦决定，国家主席习近平签署发布特赦令，对九类服刑罪犯实行特赦。这是实施宪法规定的特赦制度的又一次重要实践，体现了依法治国理念和人道主义精神。十三届全国人大三次会议表

---

① 参见习近平：《在庆祝全国人民代表大会成立六十周年大会上的讲话》，《求是》2019年第18期。

决通过的《全国人民代表大会关于建立健全香港特别行政区维护国家安全的法律制度和执行机制的决定》，是根据宪法和香港基本法的有关规定，从国家层面建立健全香港特别行政区维护国家安全的法律制度和执行机制的重要举措，充分反映和体现了包括香港同胞在内的全国各族人民的共同意志和根本利益。2020年10月，十三届全国人大常委会第二十二次会议对国旗法、国徽法进行了修改，落实和构成了宪法规定的关于国家象征和标志的重要制度。健全备案审查制度，推进合宪性审查工作，落实备案审查衔接联动机制，制定规范性文件备案审查工作规程，将所有规范性文件纳入备案审查范围。

（三）不断完善立法体制机制，以良法促进民主发展

把全过程人民民主贯彻落实到人大立法、监督、代表等工作各方面各环节全过程。完善人大的民主民意表达平台和载体，健全吸纳民意、汇集民智的工作机制，推进人大协商、立法协商，把各方面社情民意统一于最广大人民根本利益之中。

紧扣依法治国，抓住提高立法质量这个关键。发挥人大在立法工作中的主导作用，建立全国人大专门委员会、常委会工作机构组织起草重要法律草案制度，充分发挥立法机关表达、平衡、调整社会利益的作用，科学立法、民主立法、依法立法水平不断提高，最大限度凝聚立法共识。2015年3月，十二届全国人大三次会议对《中华人民共和国立法法》作出重要修改，依法赋予设区的市地方立法权，明确地方立法权限和范围，进一步完善我国立法体制。十二届全国人大及其常委会加强重点领域立法，截至2017年9月，新制定法律22件，修改法律110件次，通过有关法律问题和重大问题的决定决议37件，作出9个法律解释，以宪法为核心的中国特色社会主义法律体系更加完善。在立法计划、规划外，全国人大常委会还根据人民群众新期待及时增加

新的立法项目。2018 年 3 月，十三届全国人大一次会议通过 21 条宪法修正案；2018 年 7 月吉林长春长生疫苗事件发生后，全国人大常委会第一时间研究疫苗管理法草案立项和起草，12 月即安排常委会会议审议疫苗管理法草案，2019 年 6 月该草案三审通过。这些都体现了党和人民在实践中取得的重大理论创新成果、实践创新成果、制度创新成果。2021 年 3 月，十三届全国人大四次会议通过《关于修改〈中华人民共和国全国人民代表大会组织法〉的决定》《关于修改〈中华人民共和国全国人民代表大会议事规则〉的决定》，第一次将习近平总书记关于全过程人民民主的重要理念写入法律，增加规定全国人大及其常委会"坚持全过程民主"、全国人大代表"充分发挥在全过程民主中的作用"，这一重大理念要进一步体现在新时代立法实践之中。

完善立法工作机制和程序。不断拓宽公民有序参与立法途径和增加科学立法的制度机制，健全立法项目征集和论证工作规范，争议较大的重要立法事项引入第三方评估的工作规范，依法建立健全专门委员会、工作委员会立法专家顾问制度等。党的十八届四中全会要求，建立基层立法联系点制度，推进立法精细化。2015 年 7 月，全国人大常委会法工委确定上海虹桥街道为基层立法联系点。目前，全国人大常委会法工委在全国设有 22 个立法联系点，辐射带动地方人大设立立法联系点 4700 多个，发挥了民意"直通车"的重要作用，使立法工作更加接地气、察民情。历经多年编纂，《中华人民共和国民法典》于 2020 年 5 月 28 日颁布。编纂过程中，曾先后 10 次公开征求意见，征集到 42.5 万人提出的 102 万余条意见，最大限度凝聚了立法共识。据统计，党的十八大以来，共有 190 多件次法律草案向社会公开征求意见，约 110 万人次提出 300 多万条意见建议，许多重要意见得到采纳，体现了发展全过程人民民主的要求。这既积极回应社会热点诉求、切实满足新时代人民法治需求、保护人民民事权利，又努力倾听人民心声，让立法的各环节都凝聚社会生活的最大共识。例如，苏州人大的立法工作适应新时代发展进步的要求，在推进苏州治理现代化中展现出独特优势，为地方人大发展全过程人民民主提供了有益借鉴。《苏州市太湖生态岛条例》的实施，以立法形式保护太湖岛屿的生态，是苏州首次，也是江苏首例。该条例制定过程中，共召开各类座谈会、征求意见会、推进会22次，开展实地调研6次，集中修改、完善5次，收集各方意见建议近800条，采纳或部分采纳600多条，最大限度地凝聚社会各界共识，形成"最大公约数"。① 贯彻落实"两个机关"建设要求。党的十九大首次提出加强各级人大及其常委会作为依法行使职权的机关建设，加强人大作为联系人民群众的代表机关建设要求。贯彻党中央关于健全人大讨论决定重大事项制度、各级政府重大决策出台前向本级人大报告的部署要求，认真做好人大讨论决定重大事项工作，更好发挥国家权力机关职能作用。十三届全国人大一次会议将原有的法律委员会更名为宪法和法律委员会，将内务司法委员会更名为监察和司法委员会，增设社会建设委员会，全国人大专门委员会的数量由9个增加到10个。加强县乡两级人大工作和建设，夯实国家政权建设和党长期执政基础。

中国特色社会主义法律体系不断发展完善。党的十八大以来，全国人大及其常委会坚决贯彻落实党中央的重大决策部署，加强重点领域立法，紧紧抓住提高立法质量这个关键，以"科学立法、民主立法、依法立法"的丰富实践充分证明所有的重大立法决策都是依照程序、经过民主酝酿，通过科学决策、民主决策产生的，经济、政治、文化、社

---

① 参见苏人宣、王萍、姜旭阳：《苏州人大：让立法与民意同频共振》，《中国人大》2021年第17期。

会、生态文明领域一批重大立法相继出台，为实现和保证人民当家作主、推进中国特色社会主义事业提供了法治保证。

（四）不断深化和拓展人大代表工作

人民代表大会制度之所以具有强大生命力和显著优越性，关键在于它深深植根于人民之中。代表们发挥来自人民、植根人民的特点和优势，听取和反映群众的愿望心声，代表人民参加行使国家权力，在人大会议上讨论决定国家和地方的大事。

人大代表是党和国家联系人民群众的重要桥梁和纽带，也是人民群众表达意愿、实现有序政治参与的重要渠道和途径。一年一度的全国人代会就是实现全过程人民民主的一个重要平台，是展现中国民主独特魅力的一扇重要窗口。我国人大代表具有最广泛的代表性。其中，县乡两级人大代表都是由选民一人一票直接选举产生的。在中国，可以说每一个地区、每一个行业、每一个领域、每一个民族都有人大代表。十三届全国人大近 3000 名代表中，妇女代表 742 名，占 24.9%；一线工人、农民代表 468 名，占 15.7%；专业技术人员代表 613 名，占 20.6%；少数民族代表 438 名，占 14.7%。全国 55 个少数民族都有全国人大代表，人口特少的民族也至少有一名全国人大代表。其中，由选民直接选举产生的县乡两级人大代表占到代表总数的 94%。人大代表来自人民、根植人民，工作、生活在人民群众中间，能更直接地掌握实际情况，了解人民群众意见。人民代表人民选，人大代表中一线工人、农民、专业技术人员代表比例和农民工代表人数有所增加，代表依法履职得到充分保障。中国的民主选举是符合中国国情的，是与中国的发展阶段相适应的，是随着经济社会发展与时俱进的。人们的民主意识不断增强，参选率不断提高。改革开放以来，中国先后进行 12 次乡级人大代表直接选举、11 次县级人大代表直接选举，选民参选率均保持在 90% 左右，逐步实现了城乡人口的平等选举。

提高代表议案审议和建议办理实效。强调办理议案建议"既要重结果，也要重过程"，督促承办单位加强与代表"面对面""点对点"沟通，及时通报办理进展，切实推动改进工作，解决问题。2022年3月8日，第十三届全国人民代表大会第五次会议举行。《全国人民代表大会常务委员会工作报告》指出，十三届全国人大四次会议期间代表提出的473件议案，已由相关专门委员会全部审议完毕，其中90件议案涉及的30个立法项目已审议通过或正在审议，176件议案涉及的68个立法项目已列入立法规划或计划。大会期间代表提出的8993件建议，统一交由194家承办单位研究办理并全部办理完毕；闭会期间代表提出的265件建议，交由98家承办单位研究办理并逐一向代表反馈办理情况，推动解决了一批实际问题。人民是我们党的工作的最高裁决者和最终评判者。代表对建议办理工作表示满意或基本满意的达97.93%。

"做到真联系、取得真效果"，实现常委会联系代表、代表联系人民群众制度化规范化。认真执行关于通过网络平台密切代表同人民群众联系的实施意见、关于完善人大代表联系人民群众制度的实施意见。2013年3月，十二届全国人大建立了委员长会议组成人员、常委会委员联系全国人大代表制度，实现了基层全国人大代表任期内至少一次列席一次常委会会议的目标。各级人大均制定了代表密切联系人民群众的实施意见，组织代表开展调研和视察，进一步畅通了社情民意表达和反映渠道。十三届全国人大常委会成立以来，一般每次会议都邀请50多位代表列席，并在会议期间召开代表座谈会。许多地方将人大和人大代表的工作落到基层，直接参与到人民群众的社会生活中，发现问题，解决问题。例如，上海已建成各类代表联系人民群众平台近6000个，基本实现全市内每一平方公里就有一个。全市、区、乡镇三级共1.3万多名人大代表均已"编入"各"家站点"。覆盖上海全域的一个个"家站点", 打通了代表联系群众的"最后一公里", 在代表和群众之间架起了一座座沟通的桥梁。畅通民意反映渠道、推进解决百姓难题, 建在百姓身边的社区"家站点"平台在积极推进美好家园建设、社区基层治理过程中发挥了重要作用。2021 年起, 宝山区鼓励各街镇加快"代表联系点"建设步伐, 通过"家站点"三级平台建设, 推进人大代表联络阵地不断向基层延伸, 目前设在社区的人大代表"家站点"已有 256 个。顾村镇人大通过平台广泛收集民意, 以"现场倾听+实地调研+落实反馈"相结合的形式, 确保选民群众反映的小区道路整治、残障人士投放生活垃圾等问题及时有效得到推进落实。①

（五）创新监督方式方法，完善监督工作机制

健全执法检查工作机制, 改进和完善专题询问, 加强对宪法法律实施和"一府两院"工作的监督。在党中央统一部署下, 2020 年十三届全国人大常委会第二十一次会议首次听取和审议国家监察委员会关于开展反腐败国际追逃追赃的专项工作报告。这是人大依法对监察机关开展监督的重要探索。完善预算审查监督机制, 修改预算法, 深化财税体制改革; 出台一系列改革措施, 建立健全相关工作制度。建立国务院向全国人大常委会报告国有资产管理情况制度, 随着 2021 年 10 月十三届全国人大常委会第三十一次会议首次听取和审议国有自然资源资产管理情况专项报告, 实现全国人大常委会对主要国有资产管理情况专项报告全覆盖。健全完善执法检查工作的组织方式和工作机制, 形成包括选题、组织、报告、审议、推动改进工作、督促整改落实等 6 个环节的完整工作体系, 形成了对法律实施情况的"全链条"监督工作流程, 并不断完善。

---

① 参见郭光辉、孙鑫、张维炜：《上海人大：近 6000 座代表"连心桥"践行全过程人民民主》，《中国人大》2021 年第 14 期。

三、不断激发中国共产党领导的多党合作和政治协商制度新效能

（一）坚持中国特色新型政党制度，坚定不移发展全过程人民民主

中国共产党领导的多党合作和政治协商制度是我国的一项基本政治制度，是从中国土壤中生长出来的新型政党制度。这一新型政党制度，是马克思主义政党理论同中国实际相结合的产物，能够真实、广泛、持久代表和实现最广大人民根本利益、全国各族各界根本利益。2019 年 9 月 20 日，习近平总书记在庆祝中国人民政治协商会议成立 70 周年大会上指出："人民政协是中国共产党把马克思列宁主义统一战线理论、政党理论、民主政治理论同中国实际相结合的伟大成果，是中国共产党领导各民主党派、无党派人士、人民团体和各族各界人士在政治制度上进行的伟大创造。"[①] 坚持人民政协为人民，聚焦党和国家中心任务，围绕团结和民主两大主题，把协商民主贯穿政治协商、民主监督、参政议政全过程，完善协商议政内容和形式，广泛凝聚人心和力量，着力增进共识、促进团结。加强人民政协民主监督，重点监督党和国家重大方针政策和重要决策部署的贯彻落实。要以改革创新精神推进履职能力建设，着力增强政治把握能力、调查研究能力、联系群众能力、合作共事能力。2021 年 6 月，《中国新型政党制度》白皮书发表。据统计，党的十八大以来，中共中央召开或委托有关部门召开政党协商会议 170 余次，先后就中国共产党全国代表大会和中央全会报告、修改宪法部分内

---

① 习近平：《论中国共产党历史》，中央文献出版社 2021 年版，第 264 页。

容的建议、制定国民经济和社会发展中长期规划的建议、国家领导人建议人选等重大问题同党外人士真诚协商、听取意见，确保重大问题决策更加科学、民主。各民主党派中央、无党派人士深入考察调研，提出书面意见建议 730 余件，许多转化为国家重大决策。

实践充分证明，党的十八大以来，人民政协把坚持和发展中国特色社会主义作为巩固共同思想政治基础的主轴，把服务实现"两个一百年"奋斗目标作为工作主线，把加强思想政治引领、广泛凝聚共识作为中心环节，坚持团结和民主两大主题，提高政治协商、民主监督、参政议政水平，更好凝聚共识，担负起把党中央决策部署和对人民政协工作要求落实下去、把海内外中华儿女智慧和力量凝聚起来的政治责任，为决胜全面建成小康社会、进而全面建设社会主义现代化强国作出重大贡献。

（二）不断完善中国特色新型政党制度，汇聚全过程人民民主智慧力量

新型政党制度效能不断激发，社会主义协商民主广泛多层制度化发展。党的十八大以来，党坚持和完善中国共产党领导的多党合作和政治协商制度，完善民主党派中央对重大决策部署贯彻落实情况实施专项监督、直接向中共中央提出建议等制度，加强人民政协专门协商机构制度建设，推进社会主义协商民主广泛多层制度化发展，形成中国特色协商民主体系。

始终坚持党的领导。了解历史，才能看得远；永葆初心，才能走得远。在中央政协工作会议暨庆祝中国人民政治协商会议成立 70 周年大会上，习近平总书记指出，中国共产党的领导是包括各民主党派、各团体、各民族、各阶层、各界人士在内的全体中国人民的共同选择，是成立政协时的初心所在，是人民政协事业发展进步的根本保证。要把坚持

党的领导贯穿到政协全部工作之中，切实落实党中央对人民政协工作的各项要求。准确把握人民政协性质定位。人民政协作为统一战线的组织、多党合作和政治协商的机构、人民民主的重要实现形式，是社会主义协商民主的重要渠道和专门协商机构，是国家治理体系的重要组成部分，是具有中国特色的制度安排。人民政协要坚持性质定位，坚定不移走中国特色社会主义政治发展道路。

不断提高中国特色社会主义参政党建设水平。2015 年 5 月，中共中央颁布《中国共产党统一战线工作条例（试行）》，首次将"参加中国共产党领导的政治协商"作为民主党派基本职能之一，将民主党派基本职能拓展为"参政议政、民主监督，参加中国共产党领导的政治协商"。各民主党派在协商民主中的作用主要通过政治协商、参政议政、民主监督、合作共事等四种途径来实现。2021 年以来，围绕中心任务议政建言，助力"十四五"良好开局。落实年度协商计划，克服疫情影响，人民政协全年举办重要协商活动 25 次，开展视察考察调研82 项，立案提案 5039 件，编发大会发言 867 篇，有效服务决策施策。

民主党派自身建设水平对政治协商职能落实具有直接影响。协商制度通过协商主体之间的协商影响决策，民主党派成员可以通过自己所在的相应界别带动周边人民群众成为协商主体中的一员，有效提高公民参与协商的积极性。作为政策制定过程中的重要参与者，民主党派能够促进公共决策的贯彻落实，在协商中通过参与决策能够有效促进决策的合法化。协商民主所涉及的协商内容范围要比选举民主所涉及的范围更加广泛，协商民主的方式、内容拓展了群众政治参与的广度。群众通过自己的界别寻找到代表自己利益的民主党派界别代表，充分反映和表达自己的利益诉求，再由党派代表向上逐级反映，使得群众可以找到利益表达的渠道，维护社会的稳定。协商民主作为一种政治过程，主要包括利益表达、利益综合、决策和政策实施四个环节。党的十八大以来，坚持和完善中国共产党领导的多党合作和政治协商制度，提高中国特色社会主义参政党建设水平迈上新台阶。

提高民主党派协商质量，拓宽利益表达渠道。民主党派参与协商民主主要有党派代表人物参与、党派组织参与、党派成员个人参与三种形式。无论哪种形式，完善自身建设，充分利用统一战线和人大、政协的重要渠道作用，有效履行政治协商、民主监督、参政议政的职能，是民主党派法定的责任和使命。不断加强民主党派在利益综合中的共商国是功能。利益综合就是在执政党的主导下多方参与协商的互动过程，是把社情民意转变为重大决策的选择过程。因此，要在党的领导下，对涉及经济社会重大问题和人民利益的事情，广泛开展协商，包括同民主党派的协商，找到全社会意愿和要求的最大公约数。

确保民主党派意见和建议有效进入决策环节，建立健全决策实施环节同民主党派的协商机制。党的十八届三中全会通过的《中共中央关于全面深化改革若干重大问题的决定》明确提出："完善中国共产党同各民主党派的政治协商，认真听取各民主党派和无党派人士意见。"2012年11月至2017年11月，各民主党派中央结合自身特色和优势，围绕大力推进供给侧结构性改革、深入推进新型城镇化、"一带一路"建设、促进科技发展和自主创新、大力振兴和提升实体经济等重大问题，组织专家学者深入调研，共向中共中央、国务院报送意见建议496条。其中，加快推进平潭综合实验区建设、科学设定"十三五"时期GDP增速等建议还转化为党和国家重大决策。自2016年以来，民革中央已连续七年发布"一号文件"聚焦参政议政工作。《民革中央关于切实做好2022年参政议政工作的意见》指出，民革全党要高举中国特色社会主义伟大旗帜，深入贯彻党的十九大和十九届历次全会精神，深刻认识中国共产党的百年奋斗重大成就和历史经验，按照民革十三届五中全会部署，以"履职能力建设年"为抓手，继续坚持"举全党之力抓参政议政"的工作方针，着重谋划好"一把手工程"，不断提高参政议政工作质量和水平。近年来，民革中央以"一号文件"持续聚焦参政议政，是民革中央高度重视参政议政的有力体现，也是民革十二大以来参政议政工作机制不断发展、完善和创新的生动写照。在"一号文件"的推动下，民革中央和各级组织参政议政工作的制度化、规范化、程序化水平不断提升，涌现出了许多创新经验和亮点成果。

（三）不断加强人民政协专门协商机构建设

不断加强政协自身建设，切实提高履职成效。不断丰富政协协商内涵，更好发挥专门协商机构效能。强化专门委员会基础性作用，创新协商方式载体，拓展协商深度，提高履职质量。创设专家协商会，组织跨界别、跨学科、跨领域的专家委员和有关学者，进行小范围、多轮次深度协商，2021年围绕科技创新与科学普及、农业农村现代化指标体系研究等战略性前瞻性议题召开36次会议，一些重要成果得到肯定和采用。突出协商式监督特色，把协商贯穿于确定监督议题、调研了解情况、形成监督意见等全过程，由主席会议成员牵头，10个专门委员会围绕各领域工作重点持续跟踪监督，向中共中央、国务院报送加快推进社会适老化改造等民主监督报告，起到了以协商促改进、以监督助落实的作用。发挥自主调研灵活便利、务实高效优势，以全国政协领导同志自主调研带动委员自主调研深入推进，共组织开展120余项。拓宽社情民意信息反映渠道，精准报送重点调研协商成果，全年编报各类信息3010期。继续完善团结联谊方法载体，广泛汇聚智慧和力量。2021年，落实中共中央部署，成功举办辛亥革命110周年纪念大会。全国政协党组成员同367名党外委员谈心谈话，组织重大专项工作委员宣讲11场，制作播出委员讲堂10期，开展以自我教育自我提高为主旨的党外委员专题视察11次，举办4次宏观经济形势分析座谈会和10场重点关切问题情况通报会，制作"委员说"系列访谈短视频，宣传政策、回应关切、凝聚共识。

民主党派是中国新型政党制度的实践者，是国家政治体制运行的参与者，必须在参政议政和民主监督之中推进和实现协商民主。协商民主是体，参政议政与民主监督是两翼。以"一体两翼"为抓手，各民主党派应秉承历史传统，增强危机意识，主动作为，对关于国计民生的重大问题积极建言献策，为党委和政府贯彻决策、完善决策作出贡献。努力使协商民主这一形式更加有规可守、有序可循，更好地为发展人民民主服务，为实现好、维护好、发展好最广大人民的根本利益服务。

四、不断推动社会主义协商民主 广泛多层制度化发展

习近平总书记指出："在中国社会主义制度下，有事好商量、众人的事情由众人商量，找到全社会意愿和要求的最大公约数，是人民民主的真谛。"[①] 实行人民民主，保证人民当家作主，其实质就是要求在涉及人民利益的事情时，要在人民内部各方面进行广泛持续深入的全过程协商。这种协商民主是全方位、全过程的，不是局限在某个方面、某一层级的，也不是停留在某个环节、某道程序的。协商民主是中国社会主义民主政治中独特的、独有的、独到的民主形式。

全过程人民民主既有完整的制度程序，也有完整的参与实践，体现

---

① 习近平：《在中央政协工作会议暨庆祝中国人民政治协商会议成立 70 周年大会上的讲话》，人民出版社 2019 年版，第 7 页。

在保障人民依法实行民主选举、民主协商、民主决策、民主管理、民主监督的各方面法律制度和具体工作上，实现了过程民主和成果民主、程序民主和实质民主、直接民主和间接民主、人民民主和国家意志相统一。

（一）全面开展社会主义协商民主，坚定不移发展全过程人民民主

社会主义协商民主是在中国共产党领导下，人民内部各方面围绕改革发展稳定重大问题和涉及群众切身利益的实际问题，在决策之前和决策实施之中开展广泛协商，努力形成共识的重要民主形式。

协商民主是中国特色社会主义民主政治的特有形式和独特优势，深深嵌入了中国特色社会主义民主政治全过程。2012 年 11 月，党的十八大报告正式提出和确立了"社会主义协商民主"概念，报告用 1 段 330 个字论述了"健全社会主义协商民主制度"。2013 年 11 月党的十八届三中全会召开，全会报告用 4 段 574 个字专门论述了"推进协商民主广泛多层制度化发展"。2014 年 9 月，习近平总书记在庆祝中国人民政治协商会议成立 65 周年大会上强调，要发挥人民政协在发展协商民主中的重要作用。2015 年 2 月 9 日，中共中央下发了《关于加强社会主义协商民主建设的意见》，明确了加强协商民主建设的重要意义、指导思想、基本原则和渠道程序。2017 年 10 月，党的十九大报告用 2 段 375 个字再次重申了发挥社会主义协商民主的重要作用，并提出"有事好商量，众人的事情由众人商量，是人民民主的真谛"。党的十九届四中全会肯定了协商民主是我国政治制度的优势所在，提出要"构建程序合理、环节完整的协商民主体系"。

人民通过选举、投票行使权利和人民内部各方面在重大决策之前进行充分协商，是中国社会主义民主的两种重要形式。有事好商量，众人

的事情由众人商量，是人民民主的真谛。协商民主丰富了民主的形式，拓展了民主的渠道，延展了民主的内涵。必须推进协商民主广泛、多层、制度化发展，统筹推进政党协商、人大协商、政府协商、政协协商、人民团体协商、基层协商及社会组织协商，加强协商民主制度建设，形成完整的制度程序和参与实践，保证人民在日常政治生活中有广泛持续深入参与的权利。

党的十九届五中全会审议通过"十四五"规划和 2035 年远景目标建议。2021 年 3 月，十三届全国人大四次会议表决通过《中华人民共和国关于国民经济和社会发展第十四个五年规划和 2035 年远景目标纲要》。党的主张通过法定程序转化为国家意志，成为全国各族人民齐心协力全面建设社会主义现代化国家的行动纲领。从规划建议到规划纲要，紧扣社会主要矛盾转化，坚持人民主体地位，坚持共同富裕方向，始终坚持发展为了人民、发展依靠人民、发展成果由人民共享，将持续激发全体人民积极性、主动性、创造性，不断战胜前进路上的艰难险阻，共同创造更加美好的生活。这是广聚民智的行动纲领。

发挥社会主义协商民主独特优势，提高建言资政和凝聚共识。集中民智、反映民意，才能更好地凝聚民心、形成合力。人民是否享有民主权利，要看人民是否在选举时有投票的权利，也要看人民在日常政治生活中是否有持续参与的权利；要看人民有没有进行民主选举的权利，也要看人民有没有进行民主决策、民主管理、民主监督的权利。党的十八届三中全会把推进协商民主广泛多层制度化发展作为政治体制改革的重要内容，强调在党的领导下，以经济社会发展重大问题和涉及群众切身利益的实际问题为内容，在全社会开展广泛协商，坚持协商于决策之前和决策实施之中。2021 年 11 月，党的十九届六中全会通过《中共中央关于党的百年奋斗重大成就和历史经验的决议》。2021 年 4 月，习近平总书记组织召开文件起草组第一次工作会议，历时 7 个月，根据各地区各部门反馈的 1600 多条意见、经过 3 次起草组全体会议、3 次中央政治局常委会会议、2 次中央政治局会议等，将最初汇集的党内外 75.3 万字的文件初稿形成了 3.6 万字的纲领性文献。

社会主义民主具体地、生动地体现在人民当家作主的全过程各环节。依法实行民主选举、民主协商、民主决策、民主管理、民主监督，扩大了人民有序政治参与，集中反映了全过程人民民主的具体形式，保证了人民进行民主选举的权利，也保证了人民在民主协商、决策、管理、监督等方面的权利。

（二）不断完善社会主义协商民主制度，拓展全过程人民民主渠道

人民群众具有无尽的智慧和力量。中国共产党之所以能够发展壮大，中国特色社会主义之所以能够不断前进，正是因为依靠了人民。谋划发展，人民最了解实际情况；推动改革，人民是最大的依靠力量。无论遇到任何困难和挑战，只要有人民参与支持，就没有克服不了的困难，就没有迈不过去的坎，就没有完成不了的任务。

习近平总书记指出："协商民主是我国社会主义民主政治的特有形式和独特优势，是党的群众路线在政治领域的重要体现。推进协商民主，有利于完善人民有序政治参与、密切党同人民群众的血肉联系、促进决策科学化民主化。"① 群众路线是我们党始终坚持的根本工作方法。党的领导的正确方法，就是将群众意见集中起来形成正确的决策，又到群众中宣传解释，将决策化为群众的行动，并在群众实践中检验这些决策是否正确。深入研究新形势下群众工作的规律特点，把党的优良传统和新技术新手段结合起来，学会通过网络走群众路线，提高做好群众工

---

① 《习近平关于社会主义政治建设论述摘编》，中央文献出版社 2017 年版，第 53 页。

作的本领，将群众路线贯彻到全过程人民民主的实践中。

推进协商民主建设，就要建构程序合理、环节完整的协商民主体系，拓宽国家政权机关、政协组织、党派团体、基层组织、社会组织的协商渠道；深入开展立法协商、行政协商、民主协商、参政协商、社会协商；发挥统一战线在协商民主中的重要作用，发挥人民政协作为协商民主重要渠道作用，完善人民政协制度体系，规范协商内容、协商程序、拓展协商民主形式。更加活跃有序地组织专题协商、对口协商、界别协商、提案办理协商，增加协商密度，提高协商成效。

形式广泛多样。在各领域各层级，人民群众就改革发展稳定的重大问题以及事关自身利益的问题，通过提案、会议、座谈、论证、听证、评估、咨询、网络、民意调查等多种途径和方式，在决策之前和决策实施之中开展广泛协商。涉及全国各族人民利益的事情，在全体人民和全社会中广泛商量；涉及一个地方人民群众利益的事情，在这个地方的人民群众中广泛商量；涉及一部分群众利益、特定群众利益的事情，在这部分群众中广泛商量；涉及基层群众利益的事情，在基层群众中广泛商量。

体系不断健全。如，2021 年 9 月，《北京市接诉即办工作条例》审议通过，成为国内第一部规范接诉即办工作的地方性法规。《条例》是全过程人民民主的智慧结晶，其立法过程彰显了全过程人民民主的价值理念和基本要求。《条例》的立法过程是民意汇集的过程，《条例》的立法过程是民主协商的过程。北京市的 12345 政府服务热线起源于1987 年设立的市长热线。2000 年，北京市成立人民政府便民电话中心，2007 年升级为北京市非紧急救助服务中心，2018 年将民政、卫生、环保等热线整合进 12345 热线，2019 年更名为北京市市民热线服务中心。2020 年 1 月 1 日起，"北京 12345"微信公众号也开始上线运行，市民除了可以拨打 12345 热线，还可以通过微信公众号反映诉求、咨询问题，就首都社会治理提出意见和建议。12345 网上接诉即办平台开通，形成包括"人民网"地方领导留言板、政务微博等在内的统一互联网工作平台。12345 热线成为一个集电话呼叫、网络和多媒体通信于一体的市民热线服务中心，并纳入市政务服务管理局归口管理，负责市级接诉即办平台的建设、管理、维护和市民诉求的接收、派单、督办、反馈、协调等具体工作，从而实现了群众诉求的全口径受理，为全市群众提供从"耳畔"到"指尖"的全方位服务。截至 2021 年 11 月 30 日，12345 热线累计受理群众反映问题 3134 万件，问题解决率从 2019 年 1 月的 53% 提升到 89%，满意率从 65% 上升到 92%。尤其是从 2021 年开始，接诉即办推出了"每月一题"靶向治疗机制，即依托 2020 年 12345 热线的民生大数据分析群众诉求特点，梳理出 12 类、27 个反映频率较高的急难愁盼问题，每月围绕 1 类主题、2-3 个具体问题集中攻坚，并明确主责单位、开展专题研究、细化改革措施、实施全程督办。在"每月一题"机制的推动下，一批利益纠葛复杂、权属部门交叉、解决难度较大、拖延时间较长的痼疾顽症得到解决。如今，遇到急难愁盼问题，拨打 12345 市民热线已经成为北京市民的惯常反应和善治期待。

全过程人民民主是治理取向的民主，其优势在"全"，关键在"过程"，本质在"人民民主"。接诉即办是首都人民原创的"治理革命"，是全过程人民民主的"北京样本"。全渠道接诉、全领域响应、全主体参与、全时空覆盖等民主治理机制体现了全过程人民民主的广泛性；"诉""接""派""办""评"等民主治理实践体现了全过程人民民主的真实性；"依靠谁""为了谁""由谁来评判"等民主治理理念体现了全过程人民民主的人民旨归。

人民的事人民管，人民的事人民办。在中国，广大人民群众弘扬主人翁精神，发挥主体作用，积极行使民主权利，通过各种途径和形式，管理国家事务，管理经济和文化事业，管理社会事务。参与国家政治生活和社会生活的管理。人民行使宪法赋予的各项权利并承担宪法赋予公民的责任和义务，积极主动参加选举、协商、决策、监督等，在各个层级、各个领域参与国家政治生活和社会生活的管理，知情权、参与权、表达权、监督权得到有力保障。城乡社区民主管理。企事业单位民主管理。目前，全国已建工会企业中，建立职工代表大会的企业有 314.4 万家，其中，非公有制企业 293.8 万家、占 93.4%。社会组织民主管理。截至 2021 年 11 月，各级民政部门共登记社会组织超过 90 万家，其中全国性社会组织 2284 家。形式多样的社会组织成为人民民主管理的重要领域。

民主协商，即民意共识的形成。征集民意之后，需要有一套机制将分散的民意转化为民意共识，这一机制就是协商民主。通过召开社区项目"协商圆桌会"等形式对所征集的项目意见进行推选。民主协商包含有三个步骤：一是组织培训。告知协商会的流程、小组讨论流程、职责分工、讨论规则及其注意事项。二是召开"协商圆桌会"。社区居民均可参加，同时邀请区职能部门代表、人大代表、政协委员、社区工作人员、业委会代表、相关专家、校友会等社会组织代表参与指导和观摩。圆桌会上居民就所征集的项目意见展开讨论、辩论和协商，最终形成协商结果。三是协商结果公示。将居民协商形成的候选项目在社区范围内公示。公示结束后，还要召开"参与式规划"讨论会，即邀请居民参与对各候选项目的规划设计，充分保障居民的参与权和知情权。"协商圆桌会"仅是一个协商平台方式，人民经由民主协商自主完成了对于自我表达之诉求的汇集、遴选和排序的过程，这个过程其实也是对居民民主意识和民主能力的训练与提升。这一过程体现了民主的参与性、协商的平等性和结果的公开性。因而，民主协商是全过程人民民主的基础环节，通过对话协商形成最大公约数，是人民民主的真谛。

2020 年 10 月 29 日，习近平总书记在党的十九届五中全会第二次全体会议上，谈到当今世界正经历百年未有之大变局时指出，在走过 21 世纪的第一个二十年之际，"世界最主要的特点就是一个'乱'字，而这个趋势看来会延续下去。这次应对新冠肺炎疫情全球大流行，各国的领导力和制度优越性如何，高下立判"。"物有甘苦，尝之者识；道有夷险，履之者知。"在这场波澜壮阔的抗疫斗争中，我们积累了重要经验，收获了深刻启示，即强大的社会动员组织能力与人民群众的广泛参与是战胜重大疫情的关键。

坚持把人民拥护不拥护、赞不赞成、高不高兴、答不答应作为衡量一切工作得失的根本标准，努力向历史、向人民、向未来交出新的更加优异的答卷。从全过程人民民主的实践形态来看，其通过民意征集、民主协商、民主表决、民主监督等结构性要素的支撑和运转，既丰富了人民当家作主的实现形式，又实现了民主治理绩效的跃升。全过程人民民主创造性地将人民民主的内容与形式、过程与绩效、性质与质量有机地统一了起来。

踏上新征程，我们比历史上任何时期都更需要充分凝聚人民群众的智慧和力量，比历史上任何时期都更需要大力发展全过程人民民主。坚持和完善人民当家作主制度体系，充分调动最广大人民群众的积极性、主动性和创造性，从各方面、全方位为人民当家作主提供有力保障，推进国家治理体系和治理能力现代化。

五、坚持和完善民族区域自治制度

民族区域自治制度是我国的一项基本政治制度，是中国特色解决民族问题的正确道路的重要内容和制度保障，也是全过程人民民主的重要实践。坚持和完善民族区域自治制度，坚定不移走中国特色解决民族问题的正确道路，坚持把铸牢中华民族共同体意识作为党的民族工作主线，巩固和发展平等团结互助和谐的社会主义民族关系，促进各民族共同团结奋斗、共同繁荣发展。

坚持统一和自治相结合、民族因素和区域因素相结合。把宪法和民族区域自治法的规定落实好，关键是帮助自治地方发展经济、改善民生。① 习近平总书记强调："民族区域自治制度是我国的一项基本政治制度，是中国特色解决民族问题的正确道路和制度保障。有人认为这个制度是苏联模式，现在国内有人这样说，当年苏东剧变后西方也有人这样说。这种说法不符合事实，是张冠李戴了。有人说，民族区域自治制度不要搞了，民族自治区可以同其他省市实行一样的体制。这种看法是不对的，在政治上是有害的。取消民族区域自治制度这种说法可以休矣。"他指出："民族区域自治是党的民族政策的源头，我们的民族政策都是由此而来、依此而存。这个源头变了，根基就动摇了，在民族理论、民族政策、民族关系等问题上就会产生多米诺效应。民族区域自治不是某个民族独享的自治，民族自治地方更不是某个民族独有的地方。"②

2021年，习近平总书记在中央民族工作会议上强调，回顾党的百年历程，党的民族工作取得的最大成就，就是走出了一条中国特色解决民族问题的正确道路。改革开放特别是党的十八大以来，我们党强调中华民族大家庭、中华民族共同体、铸牢中华民族共同体意识等理念，既一脉相承又与时俱进贯彻党的民族理论和民族政策，积累了把握民族问

---

① 参见《中央民族工作会议暨国务院第六次全国民族团结进步表彰大会在北京举行》，《人民日报》2014年9月30日。

② 谢春涛主编：《中国共产党如何改变中国》，人民出版社2019年版，第34—35页。

题、做好民族工作的宝贵经验，形成了党关于加强和改进民族工作的重要思想。

必须从中华民族伟大复兴战略高度把握新时代党的民族工作的历史方位，以实现中华民族伟大复兴为出发点和落脚点，统筹谋划和推进新时代党的民族工作。

必须把推动各民族为全面建设社会主义现代化国家共同奋斗作为新时代党的民族工作的重要任务，促进各民族紧跟时代步伐，共同团结奋斗、共同繁荣发展。

必须以铸牢中华民族共同体意识为新时代党的民族工作的主线，推动各民族坚定对伟大祖国、中华民族、中华文化、中国共产党、中国特色社会主义的高度认同，不断推进中华民族共同体建设。

必须坚持正确的中华民族历史观，增强对中华民族的认同感和自豪感。

必须坚持各民族一律平等，保证各民族共同当家作主、参与国家事务管理，保障各族群众合法权益。

必须高举中华民族大团结旗帜，促进各民族在中华民族大家庭中像石榴籽一样紧紧抱在一起。

必须坚持和完善民族区域自治制度，确保党中央政令畅通，确保国家法律法规实施，支持各民族发展经济、改善民生，实现共同发展、共同富裕。

必须构筑中华民族共有精神家园，使各民族人心归聚、精神相依，形成人心凝聚、团结奋进的强大精神纽带。

必须促进各民族广泛交往交流交融，促进各民族在理想、信念、情感、文化上的团结统一，守望相助、手足情深。

必须坚持依法治理民族事务，推进民族事务治理体系和治理能力现代化。

必须坚决维护国家主权、安全、发展利益，教育引导各民族继承和发扬爱国主义传统，自觉维护祖国统一、国家安全、社会稳定。

必须坚持党对民族工作的领导，提升解决民族问题、做好民族工作的能力和水平。①

铸牢中华民族共同体意识，坚持和完善民族区域自治制度，是实现各民族一律平等，保证各民族共同当家作主、参与国家事务管理，享受国家发展成果的重要制度保障。

民族工作关系党和国家工作大局。习近平总书记强调，做好民族工作要坚定不移走中国特色解决民族问题的正确道路，开拓创新，从实际出发，顶层设计要缜密、政策统筹要到位、工作部署要稳妥，让各族人民增强对伟大祖国的认同、对中华民族的认同、对中华文化的认同、对中国特色社会主义道路的认同。② 党的十八大以来，以习近平同志为核心的党中央谋划新形势下民族工作，先后召开一系列重要会议、出台多个重要文件，明确了新形势下民族工作的大政方针、战略任务和政策保障。2014年9月，中央民族工作会议暨国务院第六次全国民族团结进步表彰大会在北京举行，站在全局和战略的高度，系统阐述了民族工作的方向和道路、理论和政策、制度和法律、工作和实践等重大问题。

2015年8月11日，国务院印发了《关于加快发展民族教育的决定》，全面部署加快发展民族教育。8月18日，教育部、国家民委召开了第六次全国民族教育工作会议。该决定明确了当前和今后一个时期加快发展民族教育的指导思想、基本原则、目标任务和政策措施，提出确保到2020年，民族地区教育整体发展水平和主要指标接近或达到全国

---

① 参见《习近平在中央民族工作会议上强调　以铸牢中华民族共同体意识为主线　推动新时代党的民族工作高质量发展》，《人民日报》2021年8月29日。
② 参见《中央民族工作会议暨国务院第六次全国民族团结进步表彰大会在北京举行》，《人民日报》2014年9月30日。

平均水平，逐步实现基本公共教育服务均等化，服务民族地区全面建成小康社会的能力显著增强。

"法令行则国治，法令弛则国乱。"2015 年 7 月至 9 月，为深入贯彻实施民族区域自治法，促进民族地区经济社会发展，确保民族地区如期全面建成小康社会，全国人大常委会决定对民族区域自治法实施情况开展执法检查，由全国人大民族委员会组织实施。这次检查主要着力解决民族区域自治法实施中存在的突出问题。一是加大民族地区扶贫力度。二是加强民族地区生态建设和保护。三是落实民族地区基础设施建设配套资金减免规定。四是进一步重视民族地区干部队伍建设和人才培养。五是重视边境民族地区建设问题。① 各级各地也先后进行了相关执法检查，做到常态化、制度化，在检查方式上更灵活多样，在检查内容上更突出重点，更具针对性，增强监督检查的实效。②

2016 年 1 月 6 日，第一次全国城市民族工作会议在北京召开。做好城市民族工作，是加强和改进新形势下民族工作和城市工作的重要内容。习近平总书记指出："改革开放以来，孔雀东南飞，我国进入了各民族跨区域大流动的活跃期，少数民族人口大规模向东部和内地城市流动。内地人口向民族地区及不同民族之间也在进行着大规模流动。全国两亿多流动人口中少数民族占十分之一。东部城市这种现象尤为突出。老百姓形象地说，四川麻辣烫'烫'到了边疆，新疆羊肉串'串'遍了全国。因此，做好城市民族工作越来越重要。"③ 坚持中国特色解决

---

① 参见《全国人大常委会执法检查组建议：加强对民族区域自治法实施情况的监督检查》，http://npc.people.com.cn/n1/2015/1222/c14576-27962183.html。

② 参见向巴平措：《全国人民代表大会常务委员会执法检查组关于检查〈中华人民共和国民族区域自治法〉实施情况的报告——2015 年 12 月 22 日在第十二届全国人民代表大会常务委员会第十八次会议上》，《中华人民共和国全国人民代表大会常务委员会公报》，2016 年。

③ 《习近平关于社会主义政治建设论述摘编》，中央文献出版社 2017 年版，第 158—159 页。

民族问题的正确道路，依法管理城市民族事务，以保障各民族合法权益为核心，以做好少数民族流动人口服务管理为重点，以推动建立相互嵌入的社会结构和社区环境为抓手，推进城市民族工作制度化、规范化、精细化。2017 年，中共中央办公厅印发《关于加强和改进少数民族流动人口服务管理工作的实施意见》，推动各地建立流出地流入地两头对接机制。城市就更好地接纳少数民族群众，少数民族群众也更好地融入城市，从而切实加强各民族交往交流交融，使得在城市生活、工作的少数民族能够参与到城市的管理中来，维护自身的民主权利。

2017 年 1 月，《关于依法治理民族事务促进民族团结的意见》以中央"一号文件"的形式下发，成为新时代民族事务治理法治化的重要指引。习近平总书记指出："只有树立对法律的信仰，各族群众自觉按法律办事，民族团结才有保障，民族关系才会牢固。"① 他强调，"依法治理民族事务，确保各族公民在法律面前人人平等"②。党的十八大以来，我们坚持科学立法，不断推动形成完备的民族工作法律法规体系，坚持严格执法，不断推动形成高效的民族事务依法治理实施体系，坚持规范监督，不断推动形成严密的民族事务依法治理监督体系，坚持强化普法，不断推动形成有力的民族事务依法治理保障体系，为依法治理民族事务，确保各民族在法律面前一律平等，推动全过程人民民主奠定法治基础。

"仓廪实而知礼节，衣食足而知荣辱。"推进全过程人民民主，需要良好的物质基础。在决胜全面建成小康社会的路上，少数民族地区决不能落后，少数民族同胞决不能被落下。习近平总书记强调："全面实现小康，少数民族一个都不能少，一个都不能掉队，要以时不我待的担当精神，创新工作思路，加大扶持力度，因地制宜，精准发力，确保如

---

① 《习近平关于社会主义政治建设论述摘编》，中央文献出版社 2017 年版，第 154 页。
② 习近平：《在全国民族团结进步表彰大会上的讲话》，人民出版社 2019 年版，第 10—11 页。

期啃下少数民族脱贫这块'硬骨头',确保各族群众如期实现全面小康。"① "要紧扣民生抓发展,重点抓好就业和教育;发挥资源优势,重点抓好惠及当地和保护生态;搞好扶贫开发,重点抓好特困地区和特困群体脱贫;加强边疆建设,重点抓好基础设施和对外开放。"② 2013年11月3日至5日,习近平总书记在湖南湘西州花垣县排碧乡十八洞村考察时,同村干部和村民代表围坐在一起,亲切地拉家常、话发展。他说:"我这次到湘西来,主要是看望乡亲们,同大家一起商量脱贫致富奔小康之策,看到一些群众生活还很艰苦,感到责任重大。加快民族地区发展,核心是加快民族地区全面建成小康社会步伐。发展是甩掉贫困帽子的总办法,贫困地区要从实际出发,因地制宜,把种什么、养什么、从哪里增收想明白,帮助乡亲们寻找脱贫致富的好路子。要切实办好农村义务教育,让农村下一代掌握更多知识和技能。抓扶贫开发,既要整体联动、有共性的要求和措施,又要突出重点、加强对特困村和特困户的帮扶。脱贫致富贵在立志,只要有志气、有信心,就没有迈不过去的坎。"③ 经过几年的奋斗,2021年2月25日,在全国脱贫攻坚总结表彰大会上,十八洞村荣获"全国脱贫攻坚楷模"荣誉称号。

坚持和完善民族区域自治制度,推进全过程人民民主,需要大力培养民族干部。习近平总书记指出:"做好民族工作,少数民族干部是重要桥梁和纽带。许多事情他们去办,少数民族群众更容易接受;关键时刻他们出面,效果会更好。"坚持德才兼备原则,大力培养选拔。对政治过硬、敢于担当的优秀少数民族干部要大胆使用,放到重要领导岗位上来。

① 《习近平同志帮助福建少数民族群众脱贫致富纪事》,《福建日报》2015年11月23日。
② 《中央民族工作会议暨国务院第六次全国民族团结进步大会在北京举行》,《人民日报》2014年9月30日。
③ 《习近平在湖南考察时强调　深化改革开放推进创新驱动实现全年经济社会发展目标》,《人民日报》2013年11月6日。

扎西江村是珞巴族的一个小伙子，1989 年出生于西藏林芝市米林县扎绕乡，2017 年当选为第十三届全国人大代表。珞巴族仅有 3000 多人口，是我国人口最少的民族之一，但在全国人民代表大会也有自己的代表。2012 年，扎西江村大学毕业后，回到西藏工作，2017 年驻村在基层工作。当选全国人大代表后，扎西江村时常走村入户开展调研，将西藏山南地区斗玉珞巴民族乡的情况带到全国两会上，代表乡亲们提出建议或者议案。他说："深入基层调研获取真实社情民意，让自己的建议更有深度，也更有价值。"2022 年，他还将家乡的特产犀鸟茶带到了两会现场，希望进一步宣传家乡旅游业，促进老百姓实现在家门口增收致富。

推进全过程人民民主，还需要做好少数民族代表人士工作。习近平总书记指出："少数民族代表人士，有的是历史形成的，有的是时势造就的，在群众中影响大，一定要团结在我们身边，做到政治上尊重、工作上关心、生活上关照，发挥好他们咨政建言、协调关系、引导群众、化解矛盾的作用。"①

六、坚持和完善基层民主制度

基层民主是全过程人民民主的重要一环。党的十九大报告指出，要"巩固基层政权，完善基层民主制度，保障人民知情权、参与权、表达权、监督权。健全依法决策机制，构建决策科学、执行坚决、监督有力的权力运行机制。"② 2019 年 11 月，习近平总书记在上海考察时，听取

---

① 《习近平关于社会主义政治建设论述摘编》，中央文献出版社 2017 年版，第 160 页。
② 习近平：《决胜全面建成小康社会，夺取新时代中国特色社会主义伟大胜利——在中国共产党第十九次全国代表大会上的报告》，人民出版社 2017 年版，第 37 页。

社区开通社情民意直通车、服务基层群众参与立法工作等情况介绍，并同正在参加立法意见征询的社区居民代表亲切交流。他强调，你们这里是全国人大常委会建立的基层立法联系点，你们立足社区实际，认真扎实开展工作，做了很多接地气、聚民智的有益探索。人民代表大会制度是我国的根本政治制度，要坚持好、巩固好、发展好，畅通民意反映渠道，丰富民主形式。他指出，要推动城市治理的重心和配套资源向街道社区下沉，聚焦基层党建、城市管理、社区治理和公共服务等主责主业。① 这一系列重要论述内涵丰富，意义深远，是指导我们推进基层民主和全过程人民民主的重要遵循。

基层民主是全过程人民民主的重要体现。再大的政策，都要来源于基层，听取基层的意见，都要落实到基层，都需要靠基层去推动和执行。无论是民主选举，还是民主决策、民主管理、民主监督，都离不开最广大的人民群众。他们平时身处基层，生活中大大小小的事情细而多，都需要以民主的方式让大家参与到国家生活和社会生活的管理中来。

党的十八大以来，我们进行了丰富的基层民主实践，主要体现在以下几个方面。

（一）以党建提高基层民主建设水平

习近平总书记指出："创新社会治理，要以最广大人民根本利益为根本坐标，从人民群众最关心最直接最现实的利益问题入手。现在，基层社会治理体系中存在不少问题，必须通过改革加以解决。城乡社区处于党同群众连接的'最后一公里'，要把加强基层党的建设、巩固党的

---

① 参见《习近平在上海考察时强调 深入学习贯彻党的十九届四中全会精神 提高社会主义现代化国际大都市治理能力和水平》，《人民日报》2019年11月3日。

执政基础作为贯穿社会治理和基层建设的一条红线，深入拓展区域化党建。"① 这"一条红线"正是基层党组织发挥凝聚人心、推动发展、促进和谐作用的根本遵循。习近平总书记强调："要切实提高党建工作的有效性，政治做到，哪里有群众，哪里就有党的工作；哪里有党员，哪里就有党组织；哪里有党组织，哪里就有党的战斗力。"②

以"楼宇经济"的基层党建为例，所谓"楼宇经济"，是指一些大型城市中存在一些大型商务楼宇，聚集了大量"高智商、高学历、高技能、高收入"的"四高"人群。如何做好楼宇党建是新时代基层党建的重要课题。有不少在楼宇内工作的"两新"组织的党员，不愿表明自己的身份，成了"隐形党员"。同时也有一部分党员反映，党组织很多时候是"挂牌的走不进，不挂牌的找不到"，没有覆盖至楼宇、园区等"两新"组织集中的区域。为了解决这一问题，上海静安区探索实行"支部建在楼上、党建落到实处"。2017 年 7 月，全国城市基层党建工作经验交流座谈会在上海召开，明确提出要强化街道党组织统筹协调功能，推进街道社区党建、单位党建、行业党建互联互动，扩大商务楼宇、各类园区、商圈市场、互联网业等新兴领域党建覆盖，健全市、区、街道、社区党组织四级联动体系。③ 2017 年 9 月，习近平总书记在上海考察时用了整整一个下午的时间，专题调研党的建设工作。他表示："上海的基层党建工作，是非常有特点的，有很多工作都走在全国的前列。很多先进的经验，我过去都有耳闻。看了静安区的几个有代表性的地方，再加上了解了一些情况，加深了印象，像楼宇党建、园区党

---

① 《习近平关于社会主义社会建设论述摘编》，中央文献出版社 2017 年版，第 129 页。
② 《上海是党的诞生地，要牢记历史使命——习近平在上海系列报道之一》，《解放日报》2017 年 9 月 25 日。
③ 参见《上海是党的诞生地，要牢记历史使命——习近平在上海系列报道之一》，《解放日报》2017 年 9 月 25 日。

建、党员服务中心这些做法，都是上海各级党组织在实践中摸索创造的新鲜经验，很值得进一步提炼升华。"①

（二）不断激发基层民主主体活力

在基层民主领域，不断深化基层民主体制机制改革。一是不断扩大基层民主的内容。比如上海、江苏、浙江、重庆等省、市在乡镇开展民生实事票决制工作。先由人大代表等通过各种渠道初步征集决定项目。例如，安徽桐城市吕亭镇通过"政民通"电视平台、微信、QQ群等线上平台，召开"人大代表见面日"、实地张贴、代表走访等线下活动，2020年共收到初步建议意见35项。② 然后由全体人大代表进行项目审议，再投票决定全乡镇实施民生实事的具体项目。最后，组织代表对政府实施民生实事的情况进行监督。二是拓宽基层民主的参与渠道。例如，上海民政局推进居委会"自治家园"建设，"着力提升多元主体参与、社会民主协商、社会资源整合、社会文化营造等诸多方面，推动各居委会打造'居委会自治家园示范点'"③。三是扩展基层民主的主体范围。当前，各地区之间人口流动十分频繁，如何使得流动人口也能参与到民主实践中就成为一个重要课题。一些地区推行社区改革，不断丰富社区共商共治共建模式，不断扩展基层民主的主体范围。

不断激发群众参与的活力。无论是乡村还是城市，无论在企业还是社区，都需要不断激发群众直接参与民主的意识，避免"各人自扫门前雪，莫管他人瓦上霜"的错误心态。上海黄浦区老西门街道探索形

① 《上海是党的诞生地，要牢记历史使命——习近平在上海系列报道之一》，《解放日报》2017年9月25日。
② 参见《全面推行民生实事项目人大代表票决制》，《光明日报》2020年5月11日。
③ 沈山州等：《新时代上海基层民主政治建设》，上海人民出版社2021年版，第51页。

成"四协"模式，即协商社区事务、协调利益矛盾、协作社区活动、协同完成重大工程，有效激发居民参与民主的热情，也有效提升了居民参与民主的能力。①

不断激发基层群众自治组织、社会组织的活力，有效增强民主实践主体能力。强化党组织领导的把关作用，规范基层自治组织换届选举。畅通群众参与基层自治的渠道和机制。不断提高公共服务均等化水平，推进城乡社区服务标准化。

（三）不断加强基层立法联系点建设

2015 年 7 月，全国人大常委会法工委报经批准，将上海市虹桥街道办事处、甘肃省临洮县人大常委会、江西省景德镇市人大常委会、湖北省襄阳市人大常委会设为首批基层立法联系点试点单位。全国人大常委会法工委分别在 2020 年 7 月和 2021 年 7 月建立了第二批、第三批基层立法联系点。至此，全国人大常委会法工委建立的基层立法联系点数量增至 22 个，覆盖全国三分之二的省份，辐射带动全国设立了 427 个省级立法联系点、4350 个设区的市级立法联系点。"自此，一种全新的、立足基层人民群众直接参与国家立法的民主立法形式应运而生，成为除网上公布法律草案向社会公众征求意见、向部门和地方发函征求意见，以及立法调研、座谈会、听证会、论证会等形式之外的新的群众有序参与国家立法的有效形式，并初步形成国家级、省级、设区的市（自治州）级基层立法联系点三级联动的工作体系，在实践中逐渐迸发出强大活力。"② 2019 年 11 月，习近平总书记就是在上海虹桥街道全国

① 参见沈山州等：《新时代上海基层民主政治建设》，上海人民出版社 2021 年版，第 54 页。
② 《基层立法联系点是新时代中国发展全过程人民民主的生动实践》，《求是》2022 年第 5 期。

人大常委会法工委基层立法联系点考察时，第一次提出"人民民主是全过程民主"的重要论述。

基层立法联系点作为国家立法"直通车"，在设立和发展的过程中，充分体现了"是用来解决人民需要解决的问题的"。一是统筹设点布局，兼顾不同区情。在全国各个不同类型的地区设置联系点，确保立法过程中能够全面把握各方诉求，兼顾各方利益，关注回应各方关切，形成社情民意最大公约数，形成国家和社会治理的"向心力"。二是丰富联系点形式，逐步扩大信息来源广度深度。22 个基层立法联系点有 12 种形式，涵盖了地方人大工作各个层级以及科技城、高校，形成了全国人大常委会法工委抓总，基层单位为主的各层次、多元化联系网络，有利于把国家立法所需要了解的情况和信息如"涓流入海"般汇集起来。2020 年 7 月启动工作的广西三江联系点，充分利用区位优势，创造性地协同推进联系点周边的广西融水苗族自治县、龙胜各族自治县，湖南通道侗族自治县，贵州黎平县、从江县，三省（区）六县的人大常委会共享国家立法"直通车"平台，进一步密切了当地少数民族群众与国家立法机关的联系，推动了民族地区民主法治建设进程。三是壮大工作队伍，逐步扩大收集民情民意的功能。前两批联系点已发展立法信息员（立法联络员）3659 人、立法联系单位 1981 个，联系群众几十万人，覆盖区域人口上千万人。2020 年 7 月中旬，全国人大常委会法工委明确昆山市人大常委会为第二批基层立法联系点。昆山市人大常委会认真贯彻落实全国人大常委会法工委和江苏省、苏州市要求，按照"短期打基础、中期创品牌、远期当标兵"的思路，积极推动立法联系点建设。昆山市人大常委会注重发挥立法信息联络站和采集点作用，在基层村委会试点成立立法信息联络站，开通"立法民意征集点智慧平台"，拓宽立法联系基层群众形式。江苏昆山联系点依托全市1654 个社会治理网格设立立法信息采集点，用"网格化+铁脚板"实现立法意见征询工作全覆盖。① 义乌市人大常委会同样在 2020 年 7 月成为全国人大常委会法工委新增的 5 个基层立法联系点之一，也是浙江省首个"国字号"基层立法联系点。基层立法联系点设立以来，接到全国人大常委会法工委征求意见草案 18 部，立法调研任务 1 次，先后组织调研、座谈会 50 余次，收到各部门和个人提交的意见建议 1100 余条，上报全国人大常委会法工委意见建议 777 条。在已出台的刑法修正案（十一）、反食品浪费法、安全生产法等法律中，31 条意见建议被吸收采纳。② 甘肃临洮联系点依托 18 个"人大代表之家"、97 个"人大代表工作室"平台、20 个立法联络点、100 个信息采集点、104 个立法联络员开展信息采集工作，打通立法征集意见最后关节。③ 无锡市人大常委会积极推进立法联系点建设，在立法过程中，依托在全市范围内建立的六大类 22 家立法联系点，让立法来到百姓身边，真正做到"众人的事情由众人商量"，进一步延伸立法触角。2021 年，首次分片区组织召开立法联系点工作会议，充分发挥立法联系点密切联系基层群众和开展信息采集工作的作用，提高立法联系点工作的实效性，让广大人民群众的意见建议成为高质量立法的"源头活水"。同时，无锡还启动第三方评估机制。按照《关于地方性法规制定过程中争议较大的重要立法事项引入第三方评估的工作规范》要求，就《无锡市建设工程质量管理条例》制定过程中争议较大的规定，首次启动第三方评估机制。其后，相继就《无锡市湿地保护条例》等多部法规制定修改过程中涉及的重大利益调整开展第三方评估。评估报告分别印发常委会会议，为常

---

① 参见苏人宣、王萍、姜旭阳：《苏州人大：让立法与民意同频共振》，《中国人大》2021 年第 17 期。

② 参见方琪、孙梦爽：《义乌人大：基层立法联系点建设一年间》，《中国人大》2021 年第 17 期。

③ 参见方琪、孙梦爽：《义乌人大：基层立法联系点建设一年间》，《中国人大》2021 年第 17 期。

委会科学民主依法立法提供了重要参考。① 四是创新工作方式，把群众参与立法做得更细更实。例如，昆山联系点开通"立法民意征集点智慧平台"，通过"吃讲茶"（在茶馆里评判是非）、"讲讲张"（聊天）等形式收集群众意见建议。五是尊重人民主体地位，增强人民群众民主参与、民主决策的获得感。截至 2022 年 1 月，全国人大常委会基层立法联系点先后就 132 部法律草案、年度立法计划等征求基层群众意见，获得建议 11360 余条。这些意见建议都得到国家立法机关的尊重和认真研究，其中 2300 余条意见建议被不同程度采纳吸收。②

　　群众关于退役军人待遇、随军家属就业安置问题等的意见被写入法律就是一个鲜活的例子。退役军人刘旭在参加虹桥基层立法联系点征询退役军人保障法草案意见时也提出："取消退役军人相关退役待遇应当十分慎重，草案规定由县级人民政府退役军人工作主管部门处理，在层级上略显低了，建议改为省级人民政府退役军人工作主管部门，还建议单列一条对自主择业作出规定。"③ 退役军人保障法通过后，这些建议在法律第七十一条、第八十四条中得到了体现。2021 年 1 月 1 日，《中华人民共和国退役军人保障法》实施。第七十一条规定："县级以上人民政府退役军人工作主管部门应当依法指导、督促有关部门和单位做好退役安置、教育培训、就业创业、抚恤优待、褒扬激励、拥军优属等工作，监督检查退役军人保障相关法律法规和政策措施落实情况，推进解决退役军人保障工作中存在的问题。"第八十四条规定："军官离职休养和军级以上职务军官退休后，按照国务院和中央军事委员会的有关规

---

① 参见锡人宣、王萍、姜旭阳：《无锡人大：立法坚持全过程汇集民意》，《中国人大》2021 年第 16 期。

② 参见《基层立法联系点是新时代中国发展全过程人民民主的生动实践》，《求是》2022 年第 5 期。

③ 《基层立法联系点是新时代中国发展全过程人民民主的生动实践》，《求是》2022 年第 5 期。

定安置管理。"2021 年 1 月 21 日上午，军人地位和权益保障法草案征求意见座谈会在景德镇市人大常委会机关会议室召开。军属江逸群在会上说："草案关于随军家属就业安置问题不够明确，各地做法也不统一。我建议法律就该问题作出进一步具体说明。"最终，这条建议得到了全国人大常委会的采纳，写入了《中华人民共和国军人地位和权益保障法》。① 2021 年 8 月 1 日，《中华人民共和国军人地位和权益保障法》正式施行。该法第五十二条规定："国家依法保障军人配偶就业安置权益。机关、群团组织、企业事业单位、社会组织和其他组织，应当依法履行接收军人配偶就业安置的义务。军人配偶随军前在机关或者事业单位工作的，由安置地人民政府按照有关规定安排到相应的工作单位；在其他单位工作或者无工作单位的，由安置地人民政府提供就业指导和就业培训，优先协助就业。烈士、因公牺牲军人的遗属和符合规定条件的军人配偶，当地人民政府应当优先安排就业。"

党的十八大以来，面对改革开放进程中利益格局深刻调整的新形势，市场经济条件下思想观念多元多样的新情况，世界范围内不同政治发展道路竞争博弈的新挑战，以及互联网技术带来的新机遇，以习近平同志为核心的党中央加强民主政治建设的顶层设计，不断完善民主制度，丰富民主形式，畅通民主渠道，持续推动社会主义民主政治制度更加成熟更加定型，推动民主制度优势转化为强大治理效能。

全过程人民民主，具有完整的制度程序和完整的参与实践，构建起覆盖 960 多万平方公里土地、14 亿多人民、56 个民族的民主体系，实现了最广大人民的广泛持续参与。全过程人民民主，既有鲜明的中国特色，也体现全人类共同价值，为丰富和发展人类政治文明贡献了中国智

---

① 参见《基层立法联系点："小"站点的"大"担当》，《中国日报》2021 年 11 月 3 日。

慧、中国方案。

今天的中国，人民正享有着丰富多彩的民主生活、更为坚实的法治保障、良好的政治生态、清朗的社会环境，以前所未有的广度和深度参与到国家和社会治理当中。

第四章　新时代发展全过程人民民主的优势、效能与贡献

党的二十大报告指出："人民性是马克思主义的本质属性"①。中国共产党的民主理论来自人民、为了人民、造福人民，是为人民所喜爱、所认同、所拥有的，并成为指导人民认识世界和改造世界的强大思想武器。全过程人民民主坚持以人民为中心的发展思想，有着科学有效的制度安排和具体现实的民主实践，是全链条、全方位、全覆盖的民主，实现了过程民主和成果民主、程序民主和实质民主、直接民主和间接民主、人民民主和国家意志的有机统一。

一、全过程人民民主的显著优势

（一）实现过程民主和成果民主相统一

民主制度的有效运行是实现民主成果的重要途径，而民主成果则又

---

① 习近平：《高举中国特色社会主义伟大旗帜　为全面建设社会主义现代化国家而团结奋斗——在中国共产党第二十次全国代表大会上的报告》，人民出版社 2022 年版，第 19 页。

是衡量民主制度是否运行有效的重要指标。习近平总书记关于评价一个国家政治制度是不是民主的、有效的"八个能否"衡量标准，囊括了法治水平、公民参与、政府效能、社会公正等方面，为衡量民主成果提供了参考指标。在 2014 年 9 月 5 日庆祝全国人民代表大会成立 60 周年大会上的讲话中，习近平总书记强调设计和发展国家政治制度必须注重历史和现实、理论和实践、形式和内容有机统一，而且明确了评价一个国家政治制度是不是民主的、有效的"八个能否"标准，即："国家领导层能否依法有序更替，全体人民能否依法管理国家事务和社会事务、管理经济和文化事业，人民群众能否畅通表达利益要求，社会各方面能否有效参与国家政治生活，国家决策能否实现科学化、民主化，各方面人才能否通过公平竞争进入国家领导和管理体系，执政党能否依照宪法法律规定实现对国家事务的领导，权力运用能否得到有效制约和监督。"[①] 在"八个能否"标准的基础上，习近平总书记在 2021 年 10 月中央人大工作会议上的讲话中又提出"四个要看""四个更要看"的标准，这充分体现了中国共产党对成果民主的高度重视。

全过程人民民主高度重视过程民主。习近平总书记强调："一个国家民主不民主，关键在于是不是真正做到了人民当家作主。"[②] 相较于西方社会普遍将选举政治视作"唯一的政治"，将"政治选举"成为民主的代名词，中国发展的全过程人民民主通过民主实践的全链条、全覆盖，广大人民群众在整个动态循环的参与过程中始终处于主体地位，既能够充分保障人民群众的广泛参与，使决策机制更加全面地反映出人民群众关心的现实生活问题，实现一定程度上的社会公平正义，又能够最大限度地发挥人民群众的积极性创造性，增加人民群众的参与感和获得

① 《习近平谈治国理政》第二卷，外文出版社 2017 年版，第 287 页。
② 习近平：《在中央人大工作会议上的讲话》，《求是》2022 年第 5 期。

感，而且还能够实现国家意志和人民意志的有机统一，降低政策执行阻力，提升国家治理效能。

全过程人民民主将成果民主摆在突出位置。民主，起始于人民意愿充分表达，落实于人民意愿有效实现。在西方国家，政党候选人为了获得更多选民的支持，往往在竞选过程中承诺各种富有诱惑力的政策，但是一旦获得执政地位后，受制于自身政体束缚和各种现实阻力，特别是受到"金主"的影响，一些竞选承诺往往成为空头支票。中国发展的民主不仅讲政治上的民主，还讲经济上的民主，涵盖了经济、政治、文化、社会、生态文明各个方面，"为人民谋幸福，解决人民的民生福祉问题，在全过程人民民主的一系列制度安排中，在人民广泛的民主参与实践中，体现得很充分，是真实的、具体的、一贯的"①。在团结带领人民建设社会主义现代化国家的进程中，中国共产党坚持全心全意为人民服务的根本宗旨，始终以最广大人民根本利益作为一切工作的出发点和落脚点，"坚持把人民拥护不拥护、赞成不赞成、高兴不高兴作为制定政策的依据，顺应民心、尊重民意、关注民情、致力民生"②，让人民共享改革发展成果，不断实现人民群众对美好生活的向往。

当前，中国已经建成了世界上规模最大的社会保障体系，基本医疗保险覆盖超过 13 亿人、基本养老保险覆盖超过 10 亿人，特别是全面建成小康社会，14 亿多人民彻底摆脱了绝对贫困，正迈向共同富裕，中国人民的获得感、幸福感、安全感不断提升，生存权、发展权、健康权得到充分保障，经济、政治、文化、社会、生态等方面权利不断发展。因此，全过程人民民主将选举民主和协商民主结合起来，把民主选举、

① 尹汉宁：《全过程人民民主是更高更切实的民主》，《人民日报》2021 年 12 月 8 日。
② 《十九大以来重要文献选编》上，中央文献出版社 2019 年版，第 730 页。

民主协商、民主决策、民主管理、民主监督贯通起来，推动政治民主向经济民主、社会民主等方面发展，实现了过程民主和成果民主的有机统一，既从制度层面保障人民当家作主，又在实践中实现广大人民群众平等地享有改革发展成果，具有了时间上的连续性、内容上的整体性、运行上的协同性、人民参与上的广泛性和持续性等显著优势。

（二）实现程序民主同实质民主相统一

程序民主是指实现民主过程的先后顺序及其相关制度性规定，指向民主的实现机制、规则、程序、时限及方式等。实质民主则是指人民的统治、权利及权益的实现，突出民主的目标、内容、主体与价值等。一般说来，民主政治离不开程序民主，实质民主的实现是以程序民主为支撑，程序民主是以保证实质民主的实现为目标。习近平总书记强调："民主不是装饰品，不是用来做摆设的，而是要用来解决人民要解决的问题的。"①

党的十八大以来，以习近平同志为核心的党中央将民主建设摆在重要位置，推动民主程序化、规范化、制度化，确保人民当家作主做到实处。习近平总书记强调："保证和支持人民当家作主不是一句口号、不是一句空话，必须落实到国家政治生活和社会生活之中，保证人民依法有效行使管理国家事务、管理经济和文化事业、管理社会事务的权力。"② 在我国，每一项关乎全局的重大决策，都是经过充分的民主程序，最大限度地征求各方意见建议作出的。比如"十四五"规划关乎人民群众的切身利益，"十四五"规划建议起草坚持发扬民主、开门问策、集思广益。在"十四五"规划建议稿起草过程中，党中央向广大

---

① 《习近平谈治国理政》第二卷，外文出版社 2017 年版，第 296 页。
② 《十八大以来重要文献选编》中，中央文献出版社 2016 年版，第 72 页。

人民群众和社会各界公开征求意见，并在网络平台上开通建言专栏。习近平总书记先后召开一系列座谈会，当面听取各方面意见和建议。网上征求意见累积收到超过 101.8 万条建言，有关方面从中整理出 1000 余条建议，建议起草组逐条分析各方面意见和建议，能吸收的尽量吸收，对建议稿增写、改写、精简文字共计 366 处，覆盖各方面意见和建议 546 条。[①] 其中，一位农村党支部副书记在专栏中提出"互助性养老"的建议，被写入党的十九届五中全会文件。再比如，2021 年初，全国人大常委会就《中华人民共和国反食品浪费法（草案）》公开征求公众意见。浙江省义乌市基层立法联系点的 15 家基层立法联络站，将征询意见座谈会开到餐饮街区，与餐饮店、便利店、小酒店的业主面对面讨论。大家提出的意见被采纳，体现在相关法律条文中。[②]

中国发展的全过程人民民主将程序民主和实质民主有机结合，既有完整的制度程序，以程序民主来充分保障和促进实质民主，通过人民代表大会制度、中国共产党领导的多党合作和政治协商制度、民族区域自治制度、基层群众自治制度等制度来保障人民当家作主；同时又有着完整的参与实践，以实质民主来保障和推动程序民主，人民群众通过民主选举、民主协商、民主决策、民主管理、民主监督等形式来全面参与政治生活和社会生活，真正地实现了解决问题、改进工作、增进团结、促进和谐、凝心聚力的民主目标。

（三）实现直接民主和间接民主相统一

直接民主和间接民主都是实现民主政治的重要形式，不同国家和地

---

① 参见中华人民共和国国务院新闻办公室：《中国的民主》，《人民日报》2021 年 12 月 5 日。

② 参见中华人民共和国国务院新闻办公室：《中国的民主》，《人民日报》2021 年 12 月 5 日。

区由于现实国情、历史文化传统等因素的差异而采取了不同的民主实现形式。"一人一票"的直接民主是民主的一种形式，但绝非民主的唯一和全部。随着资本主义民主制度的演进，西式民主的局限性日益突出，出现了民主的困境。一些国家的实践表明，仅仅依靠"票选"不可能完全解决国家治理中大量涉及人民切身利益的问题。在现实实践中，西方社会普遍将选举政治视作"唯一的政治"，人民往往只是在投票时被唤醒来行使所谓民主的权利，投票后就进入了休眠期。这种"选举狂欢"后的"落寞"充分反映出，民主在资本主义国家沦为少数阶级精英和寡头集团争夺国家权力的手段，因为它们普遍是将政党竞争视为民主的核心内容。列宁在《国家与革命》指出"资本主义社会里的民主是一种残缺不全的、贫乏的和虚伪的民主，是只供富人、只供少数人享受的民主"①，这种过分强调将间接的选举民主视为唯一参政形式的西式民主，实际上是一种少数人的精英民主，不仅忽略公民政治参与获得感，而且忽视了民主的真正内涵和价值。与西方国家形成鲜明对照的是，中国发展的全过程人民民主始终坚持直接民主和间接民主相统一。《中国的民主》白皮书指出："真民主、好民主，要做到人民当家作主，人民不仅有选举、投票的权利，也有广泛参与的权利；不仅能表达自己的意愿，也能有效实现；不仅推动国家发展，也共享发展成果。"②

　　中国共产党领导人民创造性地运用和发展马克思主义人民民主思想，跳出了西式民主旧有框架，建构起以人民代表大会制度、中国共产党领导的多党合作和政治协商制度、基层群众自治制度等复合型民主制度，不论是在宏观层面、中观层面，还是在微观层面，都有着极其丰富

---

① 《列宁全集》第 31 卷，人民出版社 2017 年版，第 86 页。
② 中华人民共和国国务院新闻办公室：《中国的民主》，《人民日报》2021 年 12 月 5 日。

的直接民主和间接民主实践。比如，人民代表大会作为一种直接民主和间接民主相结合的民主形式，我国按照普遍、平等、直接选举和间接选举相结合以及差额选举、无记名投票的原则，由选民直接选举产生县乡两级人大代表，再由这些代表组成人民代表大会，代表人民的意愿来行使权力。全国人民代表大会的代表，也都是经过逐级投票、自下而上选出的。如今，在我国五级人大代表中，由10亿多选民直接选举产生的县乡两级人大代表，占到代表总数的90%以上。全国人大代表来自各行各业，相当比例是来自基层的工人、农民、知识分子代表，人口最少的少数民族也有自己的代表。同时，人民群众在行使民主选举之外，还通过民主协商、民主决策、民主管理等形式来积极参与民主实践，人民群众在基层党组织的领导和支持下，依法直接行使民主权利，实现自我管理、自我服务、自我教育、自我监督等民主权利。

中国实行中国共产党领导的多党合作和政治协商制度。协商民主是我国社会主义民主政治的特有形式和独特优势，"推进协商民主，有利于完善人民有序政治参与、密切党同人民群众的血肉联系、促进决策科学化民主化"[①]。党的十八大以来，以习近平同志为核心的党中央高度重视发挥社会主义协商民主的重要价值，不断推进协商民主广泛化多层制度化发展，中国共产党和各民主党派、无党派人士通过政治协商等方式加强政党合作，充分凝聚共识，"在党的领导下，以经济社会发展重大问题和涉及群众切身利益的实际问题为内容，在全社会开展广泛协商，坚持协商于决策之前和决策实施之中"[②]。习近平总书记每年年底主持召开党外人士座谈会，就全年经济形势和下一年经济工作听取各民

---

① 《十八大以来重要文献选编》上，中央文献出版社2014年版，第504页。
② 《十八大以来重要文献选编》上，中央文献出版社2014年版，第527页。

主党派中央、无党派人士代表的意见和建议。会后，中共中央办公厅会同中共中央统战部对党外人士的建议梳理汇总后交付相关部门研办，并向党外人士反馈。每年梳理汇总的意见建议很多得到采纳，转化为相关的政策和措施。[1] 2020 年 8 月 25 日，习近平总书记在中南海主持召开党外人士座谈会，就中共中央关于制定国民经济和社会发展第十四个五年规划和 2035 年远景目标的建议听取意见建议。各民主党派中央、无党派人士代表就优化区域经济布局，加快形成以国内大循环为主体、国内国际双循环相互促进的新发展格局，以及坚持创新引领、强化国家发展战略支撑，实施健康中国战略，加强规划的法治管理，深化开放合作等问题提出意见和建议，对于制定好、实施好"十四五"规划发挥了积极作用。[2] 同时，中国每年年初召开全国人民代表大会和中国人民政治协商会议，各民主党派以本党派名义在政协会议发表意见、提出建议。2013 年以来，各民主党派以本党派名义提交提案近 3000 件；提交大会发言 525 篇，其中口头发言 81 次；报送社情民意信息 3 万余篇，为发挥中国新型政党制度优势、促进政党关系和谐、服务新时代国家事业发展作出了积极贡献。[3]

全过程人民民主实现了直接民主和间接民主的有机统一，能够最大限度地反映广大人民群众的意愿和诉求，有效凝聚了各党派、各团体、各民族、各阶层、各界人士的智慧和力量，有效维系社会政治稳定，确保国家治理高效。

---

[1]　参见中华人民共和国国务院新闻办公室：《中国新型政党制度》，人民出版社 2021 年版，第 20 页。

[2]　参见中华人民共和国国务院新闻办公室：《中国新型政党制度》，人民出版社 2021 年版，第 23 页。

[3]　参见中华人民共和国国务院新闻办公室：《中国新型政党制度》，人民出版社 2021 年版，第 33 页。

（四）实现人民意志和党的主张、国家意志相统一

政党是国家政治生活中的重要力量，依托政党来执掌国家政权、行使国家权力、实现国家治理，是现代民主政治的一项重要制度安排和实现形式。同时，人民主权原则作为现代国家建构和制度创设的重要基础，马克思于 1843 年在《黑格尔法哲学批判》中指出，人民是国家制度的实际体现者，是"国家制度的原则"，"国家制度一旦不再是人民意志的现实表现，它就变成了事实上的幻想"①。人民意志事关执政合法性，是政党获得执掌国家政权机会的重要支撑，如何实现人民意志同政党意志、国家意志的协调，是现代民主政治所面临的一个重要课题。虽然西方国家普遍自称是民主国家，把民主选举作为执政合法性的源泉，然而在现实实践中，人民意志往往只是政党获取执政权的工具，政党及其候选人在选举过程中漫天许诺，而在执掌国家政权之后却是将政党利益放在首位，将政党意志凌驾于国家意志和人民意志之上。进一步说来，资产阶级政党往往只是特定阶级或阶层的利益代表者，人民意志不可避免地沦为了在经济上占据优势的阶级精英实现自身特殊利益的一种形式，甚至他们为了实现自身利益最大化，以国家的名义将自身特殊利益宣称为人民利益，以个体私人利益或政党意志裹胁国家意志、人民意志。

不同于资本主义国家，我国是工人阶级领导的、以工农联盟为基础的人民民主专政的社会主义国家，坚持以人民为中心，政党意志、国家意志和人民意志具有一致性。马克思在《共产党宣言》中指出，无产阶级的运动是共产主义运动，"过去的一切运动都是少数人的，或者为少数人谋利益的运动。无产阶级的运动是绝大多数人的，为绝大

---

① 《马克思恩格斯全集》第 3 卷，人民出版社 2002 年版，第 72、73 页。

多数人谋利益的独立的运动"，共产党人"没有任何同整个无产阶级的利益不同的利益"①。中国共产党作为马克思主义同中国工人阶级运动相结合的产物，以马克思主义为根本指导，天然地承接了马克思主义的根本价值立场，没有任何自己的特殊利益，而是始终代表着中国工人阶级的利益，代表着中华民族和最广大人民群众的根本利益。中国共产党立党为公，执政为民，全心全意为人民服务，并最终实现以无产阶级为主体的人的自由全面发展，党的意志和人民意志是完全一致的。

中国共产党是社会主义中国的执政党，党的主张通过国家政权和国家制度充分体现出来，我国的国家机构和国家制度都是依照人民意志来设计的，"国家各项制度都是围绕着人民当家作主构建的，国家治理体系都是围绕着实现人民当家作主运转的"②，国家机构和国家制度都是反映和实现人民意志的重要保障。在人民民主制度体系中，全过程人民民主作为中国特色社会主义民主的具体表现形态，我国实行人民代表大会制度的政体，人民代表大会制度作为我国的根本政治制度，是中国人民当家作主的根本途径和最高实现形式，"是实现全过程人民民主的重要制度载体"③。通过人民代表大会制度这一制度载体，党的主张能够得以体现，而且能够在党的领导下最大限度地凝聚人民共识、整合人民意志，并最终通过人民代表大会将党的主张、人民意志转化为国家意志，进而依靠相关法律法规和程序使这些国家意志借助国家机关得以有效执行，真正地实现政党主张、国家意志和人民意志相统一，充分满足了人民民主的根本需求，最大限度地实现了人民利益。

---

① 《马克思恩格斯文集》第 2 卷，人民出版社 2009 年版，第 44 页。
② 中华人民共和国国务院新闻办公室：《中国的民主》，《人民日报》2021 年 12 月 5 日。
③ 中华人民共和国国务院新闻办公室：《中国的民主》，《人民日报》2021 年 12 月 5 日。

二、全过程人民民主的治理效能

发展社会主义民主政治就是要体现人民意志、保障人民权益、激发人民创造活力，用制度体系保证人民当家作主。[①] 完整的人民民主制度程序和完整的民主参与实践，推动全过程人民民主从价值理念进一步转化为扎根中国大地的制度形态、治理机制和人民的生活方式，充分保障人民享有广泛权利，人民利益得到充分表达和实现，人民民主参与不断扩大，实现国家治理高效、社会高度和谐稳定。

（一）充分保障人民享有最广泛最真实的民主权利，人民利益得到充分表达和实现

中国是人民民主专政的社会主义国家，宪法规定国家的一切权力属于人民，人民依法享有通过各种途径和形式来管理国家事务、经济和文化事业、社会事务的权利。中国的政治权力不是根据地位高低、财富多寡和社会关系等要素来分配，而是全体人民平等享有的，集中体现在三方面：一是中国实行公有制为主体、多种所有制经济共同发展，按劳分配为主体、多种分配方式并存，社会主义市场经济体制等社会主义基本经济制度，国民经济命脉牢牢掌握在人民手中，人民民主有着坚实经济基础和物质保障。二是中国人民依法享有选举权和被选举权，享有对国家和社会事务的知情权、参与权、表达权、监督权，以及对任何国家机关和国家工作人员提出批评和建议等民主权利。三是全过程人民民主既保障人民依法享有参与国家事务的政治权利，又保障人民能够积

---

① 参见《十九大以来重要文献选编》上，中央文献出版社 2019 年版，第 25 页。

极参与社会事务和经济文化事业的管理，同时还能够广泛地参与国家发展顶层设计的意见建议征询，参与地方公共事务治理，通过多链条、全方位、全覆盖的民主过程和民主实践来充分地、真实地实现民主权利。

全过程人民民主强调"民主，起始于人民意愿充分表达，落实于人民意愿有效实现"，党和国家为广大人民群众提供了一系列制度化的需求表达途径，人民能够通过党代表、人大代表、政协委员等代表，以及通过参与立法和决策征求意见过程、参加立法和行政听证会、信访表达、网络意见表达等方式和途径，全面地表达自身利益诉求。同时，为中国人民谋幸福、为中华民族谋复兴是中国共产党的初心使命，全心全意为人民服务是中国共产党的根本宗旨，党和国家始终把最广大人民群众的根本利益摆在首位，坚持立党为公、执政为民，能够及时回应人民群众的现实利益诉求，解决好、实现好、发展好人民利益。

据统计，十三届全国人大四次会议期间，人大代表们充分反映人民意愿诉求，提出对各方面工作的建议8993件。2021年12月21日，十三届全国人大常委会第三十二次会议听取全国人大常委会办公厅关于十三届全国人大四次会议代表建议、批评和意见办理情况的报告。全国人大常委会副秘书长信春鹰在作工作报告时表示，十三届全国人大四次会议期间，代表们向大会提出的8993件意见交由194家承办单位，已经全部办理完毕并答复代表。① 中国多个地方建立了"街乡吹哨、部门报到""马上即办""接诉即办"等解民忧工作体系，形成了听取、分类、交办、反馈、督查的快速高效工作流程，真正地做到了民有所呼、我有

---

① 参见《全过程人民民主的生动实践——2021年全国人大代表建议办理工作回眸》，《中国人大》2022年第3期。

所应，及时高效地解决了群众身边的操心事、烦心事、揪心事。特别是12345 政务服务便民热线，即指中国各地市政府设立的由电话 12345、市长信箱、手机短信和手机客户端、微博、微信等方式组成的专门受理热线事项的公共服务平台，提供"7×24 小时"全天候人工服务。近年来，全国各地 12345 热线总体接通率逐年上升，成为人民群众的空中纾困热线。2020 年，全国各地的 12345 热线平均接通率为 72.31%，平均接通时长为 16.20 秒。12345 热线通过人人起来负责、共同监督的方式，提高了政府为民服务水平，维护了人民的合法权益。[①]

实践证明，全过程人民民主，始终围绕和服务于社会主义现代化建设，聚焦人民群众反映强烈的突出问题，积极回应人民群众的诉求和期待，不断实现人民群众对美好生活的向往，是最广泛、最真实、最管用的高质量民主。[②]

（二）激发全社会创造力和发展活力，有效促进经济社会发展

人民是历史的创造者，群众是真正的英雄。习近平总书记指出："我们党能够在那么弱小的情况下发展壮大起来，能够在千难万险中一次次浴火重生，根本原因就在于我们党始终牢记初心使命，忠实践行全心全意为人民服务的根本宗旨，从而赢得了人民衷心拥护和支持。人民是我们党的生命之根、执政之基、力量之源。"[③] 全过程人民民主充分保障人民的生存权、发展权、健康权等政治经济权利，不断发展人民群众在经济、政治、文化、社会、生态等方面的权利。中国发展的全过程

---

① 参见中华人民共和国国务院新闻办公室：《中国的民主》，《人民日报》2021 年 12 月 5 日。

② 参见王炳权：《全过程人民民主为人民当家作主提供有力保障》，《光明日报》2022 年 3 月 4 日。

③ 《习近平在中共中央政治局第三十一次集体学习时强调 用好红色资源赓续红色血脉 努力创造无愧于历史和人民的新业绩》，《人民日报》2021 年 6 月 27 日。

人民民主，充分激发社会创造力和发展活力，激励人民更加自觉地投身到改革开放和社会主义现代化建设事业，助力中国经济社会发展。

新中国成立 70 多年特别是改革开放 40 多年以来，中国共产党团结带领人民不断战胜前进道路上各种世所罕见的艰难险阻，成功走出中国式现代化道路，创造了经济快速发展的奇迹，取得世所罕见的发展成就，中国的经济实力、综合国力、人民生活水平显著提高，这一切成就都离不开人民群众的积极性创造性。"对于中国这样一个人口多、体量大、人均资源禀赋处于世界较低水平的最大发展中国家，没有人民的主人翁地位和主人翁精神，没有亿万人民的团结奋斗，实现这样的发展是不可能的。中国的民主，真正把发展为了人民、发展依靠人民、发展成果由人民共享落到实处，充分调动起人民的主观能动性，这是中国之治的'密码'，是中国民主的力量。"① 开创中国特色社会主义新时代以来，面对中国经济发展面临着增长速度从高速转向中高速，发展方式从规模速度型转向质量效率型，经济结构调整从增量扩能为主转向调整存量、做优增量并举，发展动力从主要依靠资源和低成本劳动力等要素投入转向创新驱动的经济新常态，党和国家提出新发展理念，强调创新发展的重要性，人民群众充分发挥聪明才智，形成了"大众创业、万众创新"的新势态，为我国经济社会发展贡献了力量。

全过程人民民主不断适应解放和发展社会生产力的要求，注重依靠人民群众，充分尊重和保障人民群众在实践活动中所表达的意愿、所创造的经验、所拥有的权利、所发挥的作用，有效调动人民群众的积极性、主动性、创造性，有效推动经济发展和社会进步，为中国式现代化提供了源源不断的动力和支持。

---

① 中华人民共和国国务院新闻办公室：《中国的民主》，《人民日报》2021 年 12 月 5 日。

（三）不断扩大人民民主参与，实现国家治理高效能

民主既是一种价值理念，又是一项国家制度安排，同国家治理紧密相关，"民主的发展与国家治理的现代化相伴相生，相互作用，相互促进。绝无国家治理'失灵''低效'，国内问题成堆，民主却是'世界样板'的荒谬现象。好的民主一定是实现良政善治的，一定是推动国家发展的。"① 曾经一度认为西方自由民主制度将一统天下的弗朗西斯·福山也不得不表示："作为世界上最早最先进的自由民主制的美国，与其他民主政治体系相比，承受着更为严重的政治衰败。"②

与西方的选举民主以及政治衰败形成鲜明对照的是，当代中国发展的多链条、全方位、全覆盖的全过程人民民主，通过国家法律法规保障广大人民群众依法享有广泛的民主权利，通过完整的制度安排和渠道来确保人民群众的广泛民主参与，广大人民群众在选举民主之外还能够积极参与到民主协商、民主决策、民主管理、民主监督等民主实践中，"提升了决策的科学性，加强了执行的有效性，强化了监督的公正性，从而将人民的全时段参与贯穿于国家和社会治理的全过程，用良好的发展绩效满足人民日益增长的美好生活需求，实现民主的过程与绩效的统一"③。中国发展的全过程人民民主，实行中国共产党领导的多党合作和政治协商制度。在中国没有反对党，也没有在野党；既不是一党专政，也不是多党竞争、轮流执政。在中国新型政党制度安排中，中国共产党是执政党，八个民主党派是接受中国共产党领导、同中国共产党亲密合作的参政党，是中国共产党的好参谋、好帮手、好同事，通过政治

---

① 中华人民共和国国务院新闻办公室：《中国的民主》，《人民日报》2021 年 12 月 5 日。

② ［美］弗朗西斯·福山：《政治秩序与政治衰败：从工业革命到民主全球化》，毛俊杰译，广西师范大学出版社 2015 年版，第 443—444 页。

③ 李笑宇：《全过程人民民主：运行机制与显著优势》，《科学社会主义》2021 年第 5 期。

协商等方式来共商国是，朝着实现中华民族伟大复兴的共同目标而贡献力量。

中国发展的全过程人民民主坚持民主集中制。习近平总书记强调："我们实行的民主集中制，是又有集中又有民主、又有纪律又有自由、又有统一意志又有个人心情舒畅生动活泼的制度，是民主和集中紧密结合的制度。"① 民主集中制既是中国共产党的政党组织原则和领导制度，同时又是我国的一项根本制度，我国国家机构设置和国家制度设计都是以民主集中制为基本原则和制度基础，强调民主基础上的集中和集中指导下的民主相统一，确保党和国家的政策得到有效贯彻，最大限度地提升了国家治理效能，"在党的领导下，各国家机关是一个统一整体，既合理分工，又密切协作，既充分发扬民主，又有效进行集中，克服了议而不决、决而不行、行而不实等不良现象，避免了相互掣肘、效率低下的弊端"②。

（四）广泛凝聚社会共识，切实有效维护国家统一、民族团结、社会和谐稳定

"民主是人类社会进步的产物和标志。发展民主，要推动社会向着自由、平等、公正、文明、团结、和谐的方向前行。好的民主，应凝聚社会共识，而不是造成社会撕裂和冲突；应维护社会公平正义，而不是导致社会阶层和利益固化；应保持社会稳定有序，而不是带来混乱和动荡；应让社会充满向美向善向上的正能量，而不是充斥假恶丑的负能量。"③ 中国共产党领导人民创造性地运用和发展马克思主义人民民主

---

① 《十八大以来重要文献选编》下，中央文献出版社 2018 年版，第 586 页。
② 习近平：《坚持、完善和发展中国特色社会主义国家制度与法律制度》，《求是》2019 年第 23 期。
③ 中华人民共和国国务院新闻办公室：《中国的民主》，《人民日报》2021 年 12 月 5 日。

思想，形成和发展了全过程人民民主，"实现各方面意志和利益的协调统一，实现各方面在共同思想、共同利益、共同目标基础上的团结一致，人民安居乐业、心情舒畅，社会和谐稳定、生机勃勃"①。

中国国土面积大，人口众多，各地情况千差万别。全过程人民民主坚持间接民主和直接民主相统一，既能够保证国家政治生活和社会生活的各个环节、各个方面都能够较为全面地反映民意，同时又能保证国家统一、社会长期稳定，能够集中力量办大事。

人民民主制度体系能够最大限度地凝聚社会共识。民主集中制指导下的人民代表大会制度能够充分反映、凝聚人民群众的利益诉求；中国共产党领导的多党合作和政治协商制度追求大团结大联合，真实、广泛、持久代表和实现最广大人民根本利益、全国各族各界根本利益，有效避免了旧式政党制度代表少数人、少数利益集团的弊端；能够把各个政党和无党派人士紧密团结起来，为着共同目标而奋斗；民族区域自治制度的实践，从制度和政策层面充分保障了少数民族公民享有平等自由权利和经济、社会、文化权利，极大增强各族人民当家作主的自豪感责任感，极大调动各族人民共创中华民族美好未来、共享中华民族伟大荣光的积极性主动性创造性，既有利于国家统一、民族团结和社会稳定，又有利于各少数民族的发展进步和国家的长治久安。

中国坚持和完善基层群众自治制度。从城乡社区里的村（居）民议事会、村（居）民论坛、民主恳谈会、民主听证会到党代表、人大代表、政协委员联合进社区，从"小院议事厅"到"板凳民主"，从线下"圆桌会"到线上"议事群"，中国人民在火热的基层生活中摸索创造了一个又一个充满烟火气的民主形式。人们通过这些接地气、聚人气的民主实践，围绕着涉及自身利益的现实问题，发表意见建议，进行广

---

① 中华人民共和国国务院新闻办公室：《中国的民主》，《人民日报》2021年12月5日。

泛协商，利益得到协调，矛盾有效化解，促进了基层稳定和谐。而且，许多好的基层民主经验做法上升为国家政策，为中国民主发展注入新的动力。比如，浙江省诸暨市枫桥镇干部群众在 20 世纪 60 年代初创造了"发动和依靠群众，坚持矛盾不上交，就地解决，实现捕人少，治安好"的"枫桥经验"。此后，"枫桥经验"在实践中不断丰富发展，特别是党的十八大以来形成的具有特色鲜明的新时代"枫桥经验"，进一步坚持和贯彻党的群众路线，在党的领导下充分发动群众、组织群众、依靠群众解决群众自身事情，做到"小事不出村、大事不出镇、矛盾不上交"①。

全过程人民民主是凝聚亿万人同心共筑中国梦的生动民主实践。全过程人民民主，通过人民代表大会制度、中国共产党领导的多党合作和政治协商制度、民族区域自治制度、基层群众自治制度等制度化、程序化、规范化的国家制度安排，广泛集中各党派、各团体、各民族、各阶层、各界人士的意见和建议，推动决策科学化民主化，实现求同存异、聚同化异，有效调节好国家政治关系和发展充满活力的政党关系、民族关系、宗教关系、阶层关系、党群关系、海内外同胞关系，最大限度地防止互相掣肘、内耗严重的现象，凝聚起共同团结奋斗的强大力量，形成安定团结的政治局面和团结干事的强大合力。

（五）国家权力运用得到有效制约和监督，有效遏制权力腐败

中国共产党在领导人民发展全过程人民民主的实践中，结合本国实际，构建起一套有机贯通、互相协调的监督体系，形成了配置科学、权责协同、运行高效的监督网，对权力的监督逐步延伸到每个领域、每个角落。

中国共产党领导人民形成的人大监督、民主监督、行政监督、监察

---

① 中华人民共和国国务院新闻办公室：《中国的民主》，《人民日报》2021 年 12 月 5 日。

监督、司法监督、审计监督、财会监督、统计监督、群众监督和舆论监督等监督形式，保证人民的民主权利不会因选举结束而中断，保证权力得到有效制约。比如，在 2021 年间，全国人大及其常委会充分用好宪法赋予的监督权，扎实开展监督工作，推动解决制约经济社会发展的突出矛盾和问题，积极回应人民群众的新期待：全年检查 6 部法律实施情况，听取审议 24 个有关工作报告，开展 2 次专题询问，进行 7 项专题调研；监督工作聚焦美丽中国建设、促进经济高质量发展、守护民生福祉、管好国家账本、夯实法治根基、维护法治统一；修订加强经济工作监督的决定，修订加强中央预算审查监督的决定，通过执法检查工作办法，起草有关监督工作流程和调研成果转化意见。①

在发展全过程人民民主的过程中，腐败是人民民主的天敌。党的十八大以来，党和国家以"得罪千百人，不负十四亿"的鲜明态度，坚定不移推进反腐败斗争，坚持系统施治、标本兼治，不敢腐、不能腐、不想腐一体推进，惩治震慑、制度约束、提高觉悟一体发力；坚持反腐败无禁区、全覆盖、零容忍，坚持重遏制、强高压、长震慑，坚持受贿行贿一起查，坚持有案必查、有腐必惩，以猛药去疴、重典治乱的决心，以刮骨疗毒、壮士断腕的勇气，坚定不移"打虎""拍蝇""猎狐"，以雷霆之势、霹雳手段惩治腐败，持续形成强大震慑，反腐败斗争取得压倒性胜利并全面巩固。② 全过程人民民主，促使反腐败斗争成为全民参与的活动，广大人民群众在反腐败斗争中充分利用各种渠道，通过各种方式提供反腐败线索，为反腐败斗争作出贡献。

习近平总书记指出："可以说，在人类文明发展史上，除了中国特

---

① 参见《镌刻不负人民的时代印记——全国人大常委会 2021 年监督工作回眸》，《中国人大》2022 年第 3 期。

② 参见中华人民共和国国务院新闻办公室：《中国的民主》，《人民日报》2021 年 12 月 5 日。

色社会主义制度和国家治理体系外，没有任何一种国家制度和国家治理体系能够在这样短的历史时期内创造出我国取得的经济快速发展、社会长期稳定这样的奇迹。"①　全过程人民民主坚持以人民为中心，既有完整的民主程序，又有现实的实践机制，是能够让老百姓过上好日子、保持中国长期和谐稳定的最广泛、最真实、最有效的社会主义民主，有着西方国家难以比拟的显著优势和治理效能。

三、全过程人民民主对人类政治文明的新贡献

民主作为人类社会历经千百年的实践探索而形成的政治形态，在人类社会的发展进程中发挥着重要作用。然而，20 世纪以来波涛汹涌的民主化大潮中，有的国家停滞不前，有的国家陷入动荡，有的国家分崩离析。当今世界既面临着"民主过剩""民主超速"，也面临着"民主赤字""民主失色"。民主怎么了？民主还管用吗？回答"民主之问"，廓清"民主迷思"，关乎世界和平发展，关乎人类文明未来。②　坚持胸怀天下，为人类共同事业贡献中国智慧和中国力量，是中国共产党人一以贯之的情怀。在新中国成立初期，毛泽东在向全世界宣告"中国人民站起来了"之后，便提出"中国应当对于人类有较大的贡献"③。在改革开放初期的 1980 年，邓小平在《党和国家领导制度的改革》一文中强调，"我们进行社会主义现代化建设，是要在经济上赶上发达的资本主义国家，在政治上创造比资本主义国家的民主更高更切实的民主"④。

---

① 《习近平谈治国理政》第三卷，外文出版社 2020 年版，第 124 页。

② 参见中华人民共和国国务院新闻办公室：《中国的民主》，《人民日报》2021 年 12 月 5 日。

③ 《毛泽东文集》第七卷，人民出版社 1999 年版，第 157 页。

④ 《邓小平文选》第二卷，人民出版社 1994 年版，第 322 页。

习近平总书记在庆祝中国共产党成立 95 周年大会上的讲话中指出："中国共产党人和中国人民完全有信心为人类对更好社会制度的探索提供中国方案。"① 全过程人民民主是中国特色社会主义民主政治发展道路的最新概况和生动阐释，既有着鲜明的中国特色，也体现了全人类对民主的共同追求；既推动了中国的发展与中华民族的复兴，也丰富了人类政治文明形态。全过程人民民主为回答"民主之问"、为人类探索更好社会制度和世界民主政治发展贡献着中国智慧。

（一）全过程人民民主保障亿万中国人民真正地实现人民当家作主，本身就是对人类政治文明的重大贡献

在 5000 多年历史长河中，虽然中国人民探索形成的民本思想中蕴含着丰富的民主思想，但是中国拥有着长达 2000 多年的封建专制主义国家制度史，中国人民长期遭受封建专制主义的压迫，占据社会大多数的普通民众事实上只是封建地主、封建贵族的奴仆，在政治、经济、文化、社会等方面都处于被剥削、被奴役的悲惨境地，事实上并没有享受到多少民主权利。现代民主理念在 19 世纪末 20 世纪初传入中国，并伴随着中国先进分子探索民族救亡、国家独立的实践而逐步深入人心，中国在清朝末年和民国初期曾经先后尝试了君主立宪制、总统制、多党制、共和制等西方民主制度模式，但是西方民主制度模式在中国均宣告失败，中国人民在半殖民地半封建社会的深渊愈陷愈深，广大人民群众享受不到任何民主权利。1917 年，十月革命一声炮响给中国送来了马克思列宁主义，为中国先进知识分子探寻适合中国实际的民主发展道路提供了新的选择和方向指引。

民主是全人类的共同价值，是中国共产党和中国人民始终不渝的目

---

① 《习近平谈治国理政》第二卷，外文出版社 2017 年版，第 37 页。

标和追求，建立民主的国家制度是无产阶级政党夺取国家政权后的首要目标。1921年中国共产党成立，点亮了中国的民主之光。新民主主义革命时期，中国共产党领导人民为争取民主、反抗压迫和剥削而进行了艰苦卓绝的斗争，彻底摆脱了帝国主义、封建主义、官僚资本主义的剥削和压迫，取得新民主主义革命的伟大胜利，成立新中国，实现了中国从几千年封建专制政治向人民民主的伟大飞跃，"中国人民从此站起来了"，人民当家作主从梦想成为现实。新中国成立后，中国共产党团结带领人民继续推进社会主义革命，人民当家作主的政治架构、经济基础、法律原则、制度框架基本确立并不断发展，中国的民主大厦巍然耸立并在改革开放和社会主义现代化建设进程中不断得到发展。为中国人民谋幸福、为中华民族谋复兴，是中国共产党人的初心和使命；人民当家作主，是中国民主的初心；到本世纪中叶把我国建成富强民主文明和谐美丽的社会主义现代化国家，是实现中华民族伟大复兴的重要战略目标。

在发展民主的进程中，中国曾走过弯路，也曾遇到过挫折，但始终坚守初心，不动摇、不偏移、不走样，创造性地推进马克思主义人民民主思想同中国具体实际相结合、同中华优秀传统文化相结合，开辟和发展了中国特色社会主义民主发展道路，为保障人民当家作主提供了制度保障，为实现中华民族伟大复兴提供了重要保障。"中国的现代化，没有走西方老路，而是创造了中国式现代化；没有照搬西方民主模式，而是创造了中国式民主。"[1] 全过程人民民主既有完整的制度程序，又有完整的现实实践机制，当代中国的人民当家作主的内涵不断丰富、渠道不断拓宽、效能不断提升，真正地实现了人民当家作主。全过程人民民主促使占世界人口近五分之一的14亿多中国人民真正实现人民当家作

---

① 中华人民共和国国务院新闻办公室：《中国的民主》，《人民日报》2021年12月5日。

主，享有广泛的、真实的权利和自由，提振了发展中国家发展民主的信心，为人类民主事业发展探索了新的路径。这是中国对人类政治文明的重大贡献，也是人类社会的巨大进步。①

（二）批判和超越西式民主，为发达国家克服"民主的困境"贡献着中国智慧

中国发展全过程人民民主，创造了经济快速发展、社会长期稳定的奇迹，人民当家作主，国家治理高效发展。

全过程人民民主以人民逻辑突破了资本逻辑对民主的支配。马克思主义认为，民主是一种国家制度安排，属于政治上层建筑的范畴，本质上是被一定经济基础所决定并为它服务的。恩格斯曾形象地将资产阶级共和国称为"资本主义生意人的共和国"，充分表明了资产阶级民主形式的政治关系、政治活动规则、政治结构模式和政治价值取向的本质。它们本质上都是为了保护资产阶级的经济利益与财产关系而设定的，是资本主义社会的经济关系在政治上层建筑的现实反映。西方的自由民主制是以资产阶级社会为根基，建立在私有制的基础上，是资本的经济权力向政治权力的转化，本质上是为了维护和保证资本家的特殊利益。马克思、恩格斯曾一针见血地指出："现代民主的秘密不过就是伪装高贵的人（sham-noble）提高了地位，由于传统和重新制造的幻想而受到了崇拜。"②

虽然各国法律都规定人人生而平等，都拥有着自由民主权利，但是现实中却是占据社会大多数的广大人民群众受财产拥有状况、知识结构等因素的制约，事实上只是享有票选的权利。资本主义民主是以资本主

---

① 参见中华人民共和国国务院新闻办公室：《中国的民主》，《人民日报》2021 年 12 月 5 日。
② 《马克思恩格斯全集》第 10 卷，人民出版社 1998 年版，第 317 页。

义私有制为基础，民主选举蜕变为金钱政治，民主沦为在经济上占据主导地位的资本家们实现自身利益最大化的手段。比如，2020 年美国总统大选和国会选举，选举总支出高达 140 亿美元，其中很多是来自大富豪、大企业和特殊利益集团的捐款。当政治人物当选后，也就不可避免地会利用公共资源回报这些"金主"。

正是基于对资产阶级民主的深入分析，马克思、恩格斯在《共产党宣言》中提出："共产党人可以把自己的理论概括为一句话：消灭私有制。"① 只有彻底废除私有制，彻底摆脱金钱对民主制度和实践的支配，才能有效扩大政治参与，才能真正地实现人民当家作主。如果不改变资本主义私有制，西方选举民主就无法真正地代表和实现社会大多数人的利益。与西方国家的金钱政治有着本质区别的是，中国发展的全过程人民民主建立在社会主义公有制的基础上，选举不受金钱操控，选民能够按照自身意愿来选出自己信任的人，从根本上保证了人民当家作主。相较于西方民主沦为资本家实现自身利益最大化的政治工具，中国坚持人民至上，人民对美好生活的向往就是我们的奋斗目标，民主既是社会主义现代化国家建设的一项重要目标，同时也是实现人的全面发展的重要手段，中国的一切民主实践都是为了更好地实现人民群众的根本利益。

全过程人民民主突破了西式民主将民主限定在政治领域的狭隘认识，强调民主的全方位、全覆盖。从人类制度文明史来看，现代民主制度是随着资产阶级革命的推进而首先在西方社会得以建立起来的，资产阶级在革命中推翻封建专制主义国家，从先前的被统治阶级上升为资产阶级国家的统治阶级，获得了以物的依赖性为基础的独立性，民主首先是在政治领域实现的，这就使得资产阶级主要是在政治领域来探讨民主

_____

① 《马克思恩格斯文集》第 2 卷，人民出版社 2009 年版，第 45 页。

问题。民主制度作为政治上层建筑的重要内容，实质只是资产阶级的经济权力在政治领域的反映而已。

中国发展的全过程人民民主是以社会主义公有制为基础，强调民主不仅仅是局限于政治领域的选举民主，同时还涵盖了经济民主、文化民主、社会民主等方面内容，如果没有实现经济民主，没有从根本上解决政治民主的物质基础问题，也便谈不上真正的人民当家作主。2012 年 11 月 15 日，习近平总书记在十八届中央政治局常委同中外记者见面时的讲话中强调，"人民群众对美好生活的向往，就是我们的奋斗目标"①，人民对美好生活的向往涵盖经济、政治、文化、社会、生态等方面，体现在更好的教育、更稳定的工作、更满意的收入、更可靠的社会保障、更高水平的医疗卫生服务、更舒适的居住条件、更优美的环境等内容。中国发展全过程人民民主，突出了民主的全方位、全覆盖，从政治、经济等方面最大限度地保障了人民当家作主。

全过程人民民主是选举民主同协商民主相统一的。历史地看待，竞争性选举民主确实能够推动候选人更好地、直接地反映选民意志。然而，在现实实践中，竞争性民主不可避免地带来了社会撕裂、阶层分化、民族矛盾等问题，与之相伴的还有国家分裂的危险。同时，诸多政党候选人过于关注选民意见，为了自身私利而罔顾国家整体利益，于是便可能出现"特朗普现象"。新民粹主义不仅会给自身国家的政治发展带来严重损害，危及民主制度和民主实践，甚至还可能给全球治理带来重大灾难。同西方的竞争性民主相区别，在中国发展的全过程人民民主中，协商民主能够广开言路、集思广益，促进不同思想观点的充分表达和深入交流，做到相互尊重、平等协商而不强加于人，遵循规则、有序协商而不各说各话，体谅包容、真诚协商而不偏激偏执，形成既畅所欲

---

① 《十八大以来重要文献选编》上，中央文献出版社 2014 年版，第 70 页。

言、各抒己见，又理性有度、合法依章的良好协商氛围，充分发扬了民主精神，广泛凝聚了全社会共识，促进了社会和谐稳定。[①]

全过程人民民主强调民主过程的全链条性。19世纪中叶，马克思批判解构资本主义现代国家的本质及其内在限度，深刻揭示出西方民主政治中单一的选举权的虚伪性，指出普选权本质上不过是为了每三年或六年一次由统治阶级中什么人在议会里充当人民的假代表，强调民主的真正意义远远超过民主选举，民主的真正目的在于真正地实现人民当家作主，普选权的行使应当是为了服务人民。中国的全过程人民民主不仅涵盖了选举民主，而且充分借助民主协商、民主选举、民主管理、民主监督等形式来实现广泛政治参与，"中国式民主是永不停歇的持续性民主形式，为人民提供了全天候的、无时不有、无处不在的政治参与渠道"[②]，能够确保广大人民群众最为充分的政治参与，真正地实现人民当家作主。

（三）为发展中国家走符合自身国情的民主发展道路贡献中国经验

20世纪以来，人类社会经历了两次惨烈的世界大战，人们在不断反思战争原因的同时也愈加渴望追求更加美好的社会制度，世界范围内呈现出以苏联为代表的社会主义制度、以美国为代表的资本主义制度两种制度相并存、相竞争。二战结束后，社会主义先后在欧洲、亚洲、拉美等一些国家取得胜利并形成了世界社会主义体系，然而社会主义制度实践并不是一帆风顺的，苏联以及东欧等地区的社会主义国家在20世纪七八十年代陷入了发展困境。同时，以美国为首的西方主要资本主

[①] 参见中华人民共和国国务院新闻办公室：《中国的民主》，《人民日报》2021年12月5日。

[②] 董树彬：《全过程人民民主的特色与优势》，《马克思主义研究》2021年第12期。

国家出于意识形态宣传和国际竞争的现实需要，以"自由主义民主"来垄断对民主的解释权，而且还在世界范围内开展"颜色革命"，进行民主输出，在国际社会造成了一种所谓资本主义社会的自由民主制是最完美的制度形式的假象。

以美国为首的西方国家为了向发展中国家进行发展模式输出，对它们各不相同的发展道路进行总结、提炼，最终形成了所谓"华盛顿共识"，其核心是"市场化"、"自由化"和"私有化"。在他们看来，发展中国家的现代化如果偏离西方模式就没有成功的可能性。在此背景下，一些发展中国家依照西方模式来进行制度创设，实行所谓的"自由民主制"和"自由市场"。然而，在现实中，一些照搬西方自由民主制的国家并没有真正地获得自由民主，反而停滞不前，甚至有的国家还走向战乱、国家分裂。甚至连"华盛顿共识"的始作俑者美国等自由民主制国家，也正在面临着制度危机和治理乱象。

与一些发展中国家照抄照搬西方民主制度模式以及诸多西方自由民主制也表现出治理乱象形成相对照的是，中国共产党领导中国人民开辟和发展了中国特色社会主义，创造中国式现代化道路，发展全过程人民民主，社会主义制度在当代中国展现出生机活力和显著优势，以自身成功实践表明，实现现代化并不只是有西方制度模式这一条道路，"宣告了'历史终结论'的破产，宣告了各国最终都要以西方制度模式为归宿的单线式历史观的破产"①。

民主是多样的，实现民主的道路并非只有一条。各国的历史文化不同、现实国情不同，民主的形式选择必然不同。照搬照抄其他国家的民主模式，必然导致水土不服、弊病丛生，甚至陷入政治动荡、社会动

---

① 《习近平关于社会主义政治建设论述摘编》，中央文献出版社 2017 年版，第 7 页。

乱、人民流离失所。① 在现实实践中，中国注重吸收借鉴人类政治文明的一切有益成果，没有照抄照搬别国的民主模式，世界上实际并不存在着完全相同的制度模式，也不存在适用于一切国家的政治制度模式。对于广大发展中国家来说，他国模式再好，但只有扎根本国土壤、汲取充沛养分的民主，才能不断发展完善，才最可靠也最管用，任何外部干涉和所谓的"民主改造"贻害无穷。

（四）为推动国家关系民主化、加强文明交流互鉴、完善全球治理贡献中国方案

民主在一国内体现为人民当家作主，在国家间则体现为国际关系民主化。一个国家的尊严应该得到尊重，主权、安全和发展利益不应受到侵犯。以自己的尺度评判他国，甚至通过颜色革命、使用武力迫使他国照搬自己的政治制度、民主模式，这是反民主的。②

20世纪以来发生过两次世界大战，给人类社会发展造成了严重危害，如何处理国家与国家的关系、如何规避潜在的危险是当今世界不得不面临的共同课题。当今世界资本主义与社会主义相比较而存在、相斗争而发展。2017年5月14日，习近平主席在出席"一带一路"国际高峰论坛开幕式并发表主旨演讲时强调，全球治理正面临着治理赤字、信任赤字、和平赤字、发展赤字的问题。当今世界正处于百年未有之大变局，"世界怎么了、我们怎么办"是人类发展在十字路口何去何从的抉择，全球治理体系面临着治理领域严重失衡，缺乏公正性、公平性和代表性等弊端，特别是"少数国家漠视国际公理、践踏国际准则、违背国际民意，公然侵犯他国主权，干涉他国内政，动辄以大欺小、恃强凌

---

① 参见中华人民共和国国务院新闻办公室：《中国的民主》，《人民日报》2021年12月5日。
② 参见中华人民共和国国务院新闻办公室：《中国的民主》，《人民日报》2021年12月5日。

弱，把'地球村'变成弱肉强食的原始丛林"，"少数国家把民主作为政治工具，以同我即对、非我即错的霸权思维，以民主名义干涉别国内政、侵犯别国主权、服务自身政治目的，打着民主旗号在世界上煽动对抗与分裂，加剧国际紧张局势，成为世界乱源"。①

同这些国家恃强凌弱、打着民主旗号却行反民主之举相区别，中国是民主的重要追求者、积极推动者和模范实践者，不但在本国积极发展全过程人民民主，充分保证人民当家作主，而且在国际上大力推动国际关系民主化，倡导要加强文明交流互鉴，为完善全球治理贡献中国智慧。

面对世界百年未有之大变局，中国高举和平、发展、合作、共赢的旗帜，提出构建人类命运共同体的重大理念，推动建设相互尊重、公平正义、合作共赢的新型国际关系。面对全球范围内经济、科技等领域竞争，中国不是把对方视为对手，而是视为伙伴；不是搞冷战和对抗、控制和操纵，而是促进交流合作、实现互利共赢。中国积极发展全球伙伴关系，构建总体稳定、均衡发展的大国关系框架，按照亲诚惠容理念和与邻为善、以邻为伴周边外交方针深化同周边国家关系，秉持正确义利观和真实亲诚理念加强同发展中国家团结合作。中国推动共建"一带一路"走深走实，与其他国家加强交流合作、共享发展机遇，"一带一路"成为广受欢迎的国际公共产品。②

习近平总书记强调"一个国家是不是民主，应该由这个国家的人民来评判，而不应该由外部少数人指手画脚来评判"，用单一的标尺衡量世界丰富多彩的政治制度，用单调的眼光审视人类五彩缤纷的政治文明，本身就是不民主的。这些中国理念、中国方案，为回答"世界怎

① 中华人民共和国国务院新闻办公室：《中国的民主》，《人民日报》2021年12月5日。
② 参见中华人民共和国国务院新闻办公室：《中国的民主》，《人民日报》2021年12月5日。

么了、我们怎么办"的世界之问给出了中国解答。

（五）为推进马克思主义人民民主思想的创造性发展贡献中国力量

恩格斯指出："马克思的整个世界观不是教义，而是方法。它提供的不是现成的教条，而是进一步研究的出发点和供这种研究使用的方法。"[①] 马克思主义人民民主思想为全过程人民民主提供了理论基础。全过程人民民主是中国共产党创造性地运用和发展马克思主义人民民主思想的时代产物，马克思主义关于人民民主问题的基本观点为中国发展全过程人民民主提供了理论基础和基本原则，同时全过程人民民主的成功实践也为推进马克思主义人民民主思想的创造性发展贡献了中国力量。

正是在马克思列宁主义同中国工人运动相结合的历史进程中，中国共产党应运而生。也正是以马克思主义为根本指导思想，中国共产党领导人民推翻封建专制主义制度，建立起人民民主专政的社会主义国家制度，实现了从封建专制主义向人民民主的历史性飞跃。全过程人民民主作为当代中国民主发展的新探索，是马克思主义基本原理同中国优秀传统文化相结合、同中国具体实际相结合的产物。

中国发展的全过程人民民主既从法律上明确保障人民群众享有广泛而充分的民主权利，同时又不断丰富民主形式、不断拓宽民主渠道、不断健全民主制度，推动全链条、全方位、全覆盖的社会主义民主在经济、政治、文化、社会和生态文明各个环节得到全面体现和发展，从而成为真正维护人民群众根本利益的最广泛、最真实、最管用的民主。

---

① 《马克思恩格斯文集》第 10 卷，人民出版社 2009 年版，第 691 页。

在马克思主义人民民主思想发展史上，全过程人民民主的成功实践，既证明了马克思主义人民民主思想的科学性、真理性，又进一步促进了马克思主义人民民主思想同中国具体实际相结合，极大地丰富了人民民主的内涵和外延，实现了人民民主思想在 21 世纪的新发展。

第五章　新时代发展全过程人民民主的宝贵经验

　　党的十八大以来，中国特色社会主义进入新时代。以习近平同志为核心的党中央坚持以人民为中心的发展思想，深化对民主政治发展规律的认识，提出全过程人民民主的重大理念，发展全过程人民民主，推动人的全面发展，全体人民共同富裕取得更为明显的实质性进展。人民民主的过程是全方位的，人民的根本利益是贯穿人民民主全过程中的一条主线，完善党的领导过程是全过程人民民主的核心环节。

　　党的十九届六中全会通过《中共中央关于党的百年奋斗重大成就和历史经验的决议》，深刻总结党的百年奋斗重大成就和历史经验，深入阐述党在政治建设方面发展全过程人民民主的成就与经验。该决议指出，"必须坚持党的领导、人民当家作主、依法治国有机统一，积极发展全过程人民民主，健全全面、广泛、有机衔接的人民当家作主制度体系，构建多样、畅通、有序的民主渠道，丰富民主形式，从各层次各领域扩大人民有序政治参与，使各方面制度和国家治理更好体现人民意志、保障人民权益、激发人民创造"①。全过程人民民主是中国特色社

---

① 《中共中央关于党的百年奋斗重大成就和历史经验的决议》，《人民日报》2021 年 11 月 17 日。

会主义民主政治的生动阐释，是中国共产党人团结带领广大人民的伟大创造，真正实现了人民当家作主，丰富了人类文明中民主价值的内容。

党团结带领人民发展全过程人民民主，形成了宝贵的历史经验。在新时代发展全过程人民民主，必须继续坚持和完善中国共产党领导，坚持和发展协商民主，坚持和完善民族区域自治制度和基层群众自治制度，坚持民主理论的创新和实践，提升中国民主的国际话语权。新征程赶考路上，我们必须继续坚持发展全过程人民民主，保障人民当家作主，维护广大人民根本利益。

一、坚持党的领导，确保民主发展方向

发展全过程人民民主必须继续坚持和完善中国共产党的领导。中国共产党是中国工人阶级的先锋队，同时是中国人民和中华民族的先锋队，是中国特色社会主义事业的领导核心，代表中国先进生产力的发展要求，代表中国先进文化的前进方向，代表中国最广大人民的根本利益。中国的民主是全过程人民民主，是将人民当家作主和坚持人民至上贯穿全过程的民主。发展中国的全过程人民民主必须坚持中国共产党的领导。

党的十九大报告指出，中国共产党的领导是中国特色社会主义的最本质特征，坚持党的领导、人民当家作主、依法治国有机统一，党的领导是人民当家作主和依法治国的根本保证，人民当家作主是社会主义民主政治的本质特征，依法治国是党领导人民治理国家的基本方式，三者统一于我国社会主义民主政治伟大实践。纵观中国的人民民主发展史，无论是新中国成立前的中央苏区、陕甘宁边区等的民主实践，还是新政协召开、《共同纲领》的颁布，抑或《中华人民共和国宪法》的颁布和历次修改，都是在中国共产党领导下，凝聚共识、努力推进的结果。

"江山就是人民，人民就是江山"，这是中国共产党人的人民情怀。中国的全过程人民民主始终深深扎根人民，紧紧依靠人民，在民主实践中构建起全社会的最大公约数。发展全过程人民民主，要坚持站稳人民立场，坚持人民至上。

在中国共产党的百年奋斗历程中，党始终将人民放在最核心的位置，始终为建立、完善、发展一个能让人民过上美好生活的国家和相应的制度体系而努力奋斗。经历了从罢工工人代表大会、农民协会，到苏维埃代表大会、以"三三制"为原则的参议会，再到人民代表会议和最终确立的人民代表大会制度，党为建立人民当家作主的新型政治制度进行了许多鲜活的尝试和探索。在中国特色社会主义民主政治的发展历程中，中国共产党举旗定向，确定大政方针，并领导和支持人大、政府、政协、监委、法院、检察院等国家机关根据各自职权依法依章程开展工作、发挥作用。在党的领导下，人民权利得到充分保障，人民利益得到充分表达和实现，国家治理成效显著，社会高度和谐稳定，有效遏制权力腐败，实现了全过程人民民主的高效治理效果。党的领导是中国特色社会主义的本质特征，是中国的全过程人民民主得以高质量运行的优势和保证。

全过程人民民主坚持党的领导、人民当家作主、依法治国有机统一，形成国家治理的强大合力。党的领导是人民当家作主和依法治国的根本保证，人民当家作主是社会主义民主政治的本质特征，依法治国是党领导人民治理国家的基本方式，三者统一于我国社会主义民主政治的伟大实践。党的领导是发展全过程人民民主在思想、路线、制度、组织上的根本指引。人民当家作主是中国特色社会主义民主政治的根本底色，是中国共产党一切为了人民的体现。

党集中统一领导，支持人大、政府、政协和监委、法院、检察院依法依章程履行职能、开展工作、发挥作用。各个国家机关在中国共产党的领导下，坚持民主集中制原则，形成一个有机统一的整体，合理分工、密切协作、充分发扬民主又有效地进行集中，统一高效组织各项事业。在中国共产党领导下，全过程人民民主实现了民主与集中、民主与效率、民主与法治的统一，确保党领导人民依法有效治理国家。

近年来，中共中央政治局常委会每年专门听取和研究全国人大常委会、国务院、全国政协、最高人民法院、最高人民检察院党组工作汇报，确保党对国家各项事业的领导。这些机关也依照分工协作，在党的统一领导下投入到全过程人民民主的建设发展中。党中央还在一些与全过程人民民主有重要关系的领域提出方针和政策方向，领导全过程人民民主的完善发展。比如，中共中央转发《中共全国人大常委会党组关于加强县乡人大工作和建设的若干意见》，夯实人民代表大会制度的基础。制定关于加强新时代人民政协党的建设工作的若干意见，更好坚持党对人民政协工作的全面领导。出台关于加强城乡社区协商的意见，畅通民主渠道，开展形式多样的基层协商。[①] 确保在各个国家机关中，党组对各项工作的领导作用，加强党的建设，强化理论武装，完成党中央的决策部署。在各个层级的工作中，党发挥领导作用，推进全过程人民民主的发展。各地党委统筹人大、政府、政协等工作，建立符合当地实际和政策要求的全过程人民民主实践。在基层，各地不断强化基层党组织建设，使基层党组织发挥战斗堡垒作用，凝聚人民群众参加民主生活，构建全过程人民民主的生动实践。

---

① 参见《为中华民族伟大复兴筑牢民主基石——以习近平同志为核心的党中央发展全过程人民民主述评》，《人民日报》2021 年 10 月 13 日。

中国共产党深入践行群众路线，真正了解民情、反映民意、集中民智、珍惜民力，代表了最广大人民的根本利益。[①] 中国共产党是中国特色社会主义事业的领导核心，中国共产党的领导是中国特色社会主义事业胜利的根本保证。坚持党的全面领导是坚持和发展中国特色社会主义的必由之路。只要坚定不移坚持党的全面领导、维护党中央权威和集中统一领导，我们就一定能够确保全党全国拥有团结奋斗的强大政治凝聚力、发展自信心，集聚起守正创新、共克时艰的强大力量，形成风雨来袭时全体人民最可靠的主心骨。[②]

二、完善根本政治制度，坚定政治发展道路

发展全过程人民民主，必须继续坚持和完善人民代表大会制度这一根本政治制度。人民代表大会制度是中国人民民主专政的政权组织形式，是我国的根本政治制度，是全过程人民民主的制度载体。人民代表大会制度在制度设计和安排上始终贯彻国家一切权力属于人民的宪法理念，坚持人民代表大会制度就是支持和保证人民通过人民代表大会行使国家权力，保证各级人大由民主选举产生、对人民负责、受人民监督。习近平总书记在庆祝全国人民代表大会成立 60 周年大会上发表重要讲话，鲜明提出评价一个国家政治制度是不是民主的、有效的"八个能否"标准。在中央人大工作会议上，习近平总书记创造性地提出一个国家民主不民主"四个要看、四个更要看"的标准。这些重要论述一

---

① 参见杨学博、何民捷：《全过程人民民主的根本政治保证》，《学习时报》2021 年 10 月 13 日。

② 参见《习近平在参加内蒙古代表团审议时强调　不断巩固中华民族共同体思想基础　共同建设伟大祖国　共同创造美好生活》，《人民日报》2022 年 3 月 6 日。

脉相承、相互贯通、有机统一，阐明了党关于民主的立场、观点、方法，体现了深邃的政治思维、理论思维、实践思维，标志着党对民主政治发展规律的认识达到了新的高度，为推动人类政治文明进步贡献了中国智慧。①

习近平总书记强调，各级人大及其常委会要"成为自觉坚持中国共产党领导的政治机关、保证人民当家作主的国家权力机关、全面担负宪法法律赋予的各项职责的工作机关、始终同人民群众保持密切联系的代表机关"②。人民代表大会制度的建立、发展和不断完善，正是中国共产党领导推进和发展全过程人民民主的重要内容。通过人民代表大会制度，全过程人民民主迸发出鲜活的生命力，人民真实、广泛、有效地享有民主选举、民主协商、民主决策、民主管理、民主监督的权利。不断发展和完善人民代表大会制度，使其成为全过程人民民主的重要制度载体，是党领导推进和发展全过程人民民主建设的重要经验。

人民代表大会制度在中国共产党的政治实践中有着深厚的历史根基。1931 年 11 月，中华苏维埃共和国临时中央政府在中央苏区成立。在中华苏维埃共和国成立初期，中国共产党就开展了具有深远影响的民主尝试，为全过程人民民主奠定了雏形。新中国成立初期，我国就确定了人民代表大会制度的国家政体。由于新中国成立初期的普选条件不足，暂时由中国人民政治协商会议代行全国人民代表大会职权。1954 年 9 月，第一届全国人民代表大会召开，颁布了《中华人民共和国宪法》。其后，人民代表大会制度在政治运动中曲折发展，改革开放后得到恢复、健全和发展，民主与法治建设逐步推进，形成了全国人民代表大会和地方各级人民代表大会的人民代表大会组织体系，制定完善全国

---

① 参见全国人大常委会机关党组：《发展全过程人民民主　更好发挥人大制度优势》，《人民日报》2021 年 11 月 10 日。
② 习近平：《在中央人大工作会议上的讲话》，《求是》2022 年第 5 期。

和各地方层级的人民代表大会组织法，以及代表法、立法法、监督法、预算法等一系列和人民代表大会息息相关的法律制度，构建完善了全国人民代表大会和地方各级人民代表大会的制度体系。

全国人民代表大会及其常务委员会，是国家的立法机关，通过制定完善经济、政治、文化、社会、生态文明等各领域的法律，为保障人民当家作主提供坚实的制度保障。2021 年 3 月，十三届全国人大四次会议对全国人大组织法和全国人大议事规则作出修改，将全国人大及其常委会坚持全过程民主写进法律，为更好践行全过程人民民主理念提供了坚实的制度保障。①

地方各级人民代表大会及其常委会是各个地方的国家权力机关，对本地区的经济、政治、文化、社会、生态文明等各个领域的立法和监督工作具有重要意义，是保障本地区人民群众利益，保障本地区人民群众民主权利，维护人民当家作主地位的重要机关。地方各级人大及其常委会的工作，与全国人大及其常委会的工作一道，构建起从上到下、多层级、全领域的人民代表大会制度体系。这一制度体系成为全过程人民民主的重要制度载体，也通过这一制度载体将全过程人民民主的理念落于实际，在实践中保障广大人民群众的民主权利，使广大人民能够参与到全过程的人民民主中去。新时代发展全过程人民民主，要继续坚持不断完善和发展人民代表大会制度，让人民代表大会制度进一步保障全过程人民民主的有效运行和效果的广泛显现。

"人民代表人民选，人民代表为人民"，民主选举是人民参加全过程人民民主的重要体现。2021 年，我国完成了全国县乡两级人大换届选举，全国 10 亿多选民一人一票直接选举产生 200 多万名县乡两级人

---

① 参见信春鹰：《人民代表大会制度是实现我国全过程人民民主的重要制度载体》，《人民日报》2021 年 11 月 15 日。

大代表，组成地方国家权力机关，代表人民行使国家权力；在选区划分、选民登记、提名推荐、介绍候选人、组织投票等各选举环节，广泛动员人民群众参加，积极听取来自人民的声音，依法保障选民的知情权、参与权、表达权、监督权。这是我国社会主义民主的生动体现。①

人大代表代表人民的利益和意志，依照宪法和法律规定的各项职权，参加行使国家权力。协助宪法和法律的实施，与人民群众保持密切联系，听取和反映人民群众的意见和要求，努力为人民服务，对人民负责，并接受人民监督。经民主选举产生的人大代表，积极主动地参与到民主管理、民主决策、民主监督的全过程，作为国家机关与人民群众的联系，人大代表需要从做好对党和国家政策的宣传，更要做到吸收民意，将人民的意见建议吸收，协调解决人民的切身需求。

从 2019 年 8 月起，北京市人大常委会组织市、区、乡镇三级人大代表走进街道社区，围绕《北京市生活垃圾管理条例》修改中的关键问题听取市民群众意见建议。在一个多月的时间里，全市 16 个区人大常委会同向发力，市、区、乡镇三级人大代表联动，1.2 万余名代表深入全市 247 个代表之家、2348 个代表联络站，面对面听取 24 万余名市民、社区工作者、物业管理者、环卫工作者及 4170 个单位的意见建议，一步一个脚印绘就出垃圾分类立法的"民意路线图"。

上海是全过程人民民主概念的提出地，也是全国的金融中心之一，市场经济因素活跃，楼宇经济十分发达。上海市的人大代表深入到商业楼宇一线，建立起深入一线的人大代表联系机制，充分发挥起人大代表的积极性主动性，发挥出全过程人民民主的显著优越性。浦东、静安、

---

① 参见全国人大常委会机关党组：《发展全过程人民民主更好发挥人大制度优势》，《人民日报》2021 年 11 月 10 日。

杨浦等区把代表联络站建设工作放到推进楼宇党建工作的大背景下统筹谋划、布局运作，"共建共享"已成为激发楼宇平台建设和发挥作用的最大红利。在杨浦区，运河湾经济园区联络站、国际时尚中心联络站采用"植入建站"的模式，将代表联络站植入党建大代表联络站，5 位市人大代表、32 位区人大代表将曹家渡辖区 28 幢商务楼宇、园区串联了起来，架起一座空中的"连廊"。上海各楼宇平台不断创新拓展联系活动的形式和内容，用更适合白领特点的方式，满足楼宇选民群众多样化需求。浦东、黄浦等区强化线上平台的共通共用，充分依托网上"家站点"、微信公众号、线上小程序等信息化平台开展联系活动，联系接待变"定时"为"实时"。长宁区积极探索线上互联，开发代表联系选民"二维码"并制成海报在商务楼宇中展示，白领选民可以通过扫码，实现约见代表的便利化。① 人大代表主动地投身到全过程人民民主的实践一线，无论是在基层一线参与工作获取国计民生的第一手信息，并将其升华为人大议案、建议，还是作为人大代表在基层深入广大人民群众收集意见建议，吸纳民意民情，抑或是在工作中坚持人民至上，融入民主价值，都体现出人大代表在全过程人民民主中发挥主体作用，积极主动参与全过程人民民主。

以人民代表大会为制度载体的全过程人民民主归根结底是为了人民。全过程人民民主的实现为了人民，全过程人民民主的实施依靠人民。全国人大常委会通过一系列法律规范、制度安排和体制机制设计，把全过程人民民主贯彻到立项、起草、审议、论证、评估、监督和宣传等立法工作的全链条、全方位，使立法过程成为实现和体现最广泛、最真实、最管用民主的典范。同时，立法机关努力提高立法工

---

① 参见郭光辉、孙鑫、张维炜：《上海人大：近 6000 座代表"连心桥"践行全过程人民民主》，《中国人大》2021 年第 14 期。

作质量和效率，深入推进科学立法、民主立法、依法立法，扩大公众有序参与，通过多种形式听取群众意见，真正做到为人民用权、为人民履职。①

全过程人民民主的"全过程"体现在人民群众不单是选举产生人大代表，更要全过程参与到人民代表的工作，特别是在人大立法工作中，许多立法的动议来源和立法意见建议都是来自最基层一线的人大代表和人民群众。党的十八大以来，立法机构向社会征求意见的法律草案就有 187 件次，约 110 万人次通过书面或网上平台提出意见建议 300 多万条。像《中华人民共和国刑法修正案》《中华人民共和国个人所得税法》《中华人民共和国未成年人保护法》《中华人民共和国退役军人保障法》《中华人民共和国著作权法》等事关人民群众切身利益的重要法律草案，都收到了数以万计的意见建议。这在立法层面扩大了公众有序参与立法的途径，体现了"民主立法"的重要原则。② 截至 2021 年 7 月，全国人大常委会法制工作委员会基层立法联系点实现了从无到有，数量上从最初 4 个增加到 22 个，涉及 21 个省（区、市），覆盖全国三分之二省份，辐射带动 31 个省级人大常委会的立法联系点发展到 427 个，设区的市（自治州）的立法联系点发展到 4350 个。从上海虹桥街道等 4 个基层立法联系点的试点，到逐步铺开和推广，基层立法联系点的设立极大丰富和拓展了了解民意的"神经网络"，使征求意见建议的采集触角延伸到基层社会治理的末梢。截至 2021 年 10 月，全国人大常委会法工委基层立法联系点先后就 126 部法律草案、年度立法计划等征求基层群众意见建议 7800 余条，2200 余条意见建议被不同程度采纳吸

---

① 参见朱宁宁：《全景展现全过程人民民主推动新时代高质量立法》，《法治日报》2021 年 10 月 8 日。

② 参见孙应帅：《全过程人民民主的理论逻辑与实践路径》，《人民论坛》2021 年第 30 期。

收，其中 1300 余条真知灼见被直接反映在法律条文之中，① 真实地打通了立法"最后一公里"，让人民群众参与到立法工作的全过程。

全过程人民民主的"全过程"体现在立法之后对法律执行情况的关注。人大既要制定出保护人民权益的法律，更要让法律在人民群众的生活中体现效力。在围绕人民群众普遍关注的教育、医疗、环保、扶贫等民生领域，全国人大确定了执法检查、听取审议相关工作报告、专题询问、专题调研等 50 余个监督项目，特别是连续四年将大气、水、土壤、固体废物等生态环保领域专项法律实施情况作为监督工作重点，为助力打好污染防治攻坚战作出重要贡献。为了使人大监督更接地气，十三届全国人大常委会不断创新完善监督方式方法，扩大人民群众对监督工作的参与度。例如，在执法检查过程中，召开五级人大代表座谈会和基层群众座谈会，将实地检查与随机抽查、问卷调查、网络调研等多种形式有机结合，引入"外脑"对法律实施情况开展第三方评估等，坚持把人民群众满意不满意作为检验人大工作成效的根本标尺。②

三、坚持发展协商民主，广泛凝聚社会共识

发展全过程人民民主，必须继续推进社会主义协商民主建设，坚持加强和完善中国共产党领导的多党合作和政治协商制度，加强和完善新时代人民政协建设。中国共产党领导的多党合作和政治协商制度是中华人民共和国的一项基本的政治制度，是具有中国特色的政党制度。中国共产党同各民主党派"长期共存、互相监督、肝胆相照、荣辱与共"，

---

① 参见朱宁宁：《践行全过程人民民主的有效平台》，《法治日报》2021 年 11 月 2 日。
② 参见信春鹰：《人民代表大会制度是实现我国全过程人民民主的重要制度载体》，《人民日报》2021 年 11 月 15 日。

共同治理国家。中国共产党领导下的多党合作制是多党民主参政的全过程民主的政党制度，各民主党派通过不同的渠道和平台，开展政治协商的民主参政。① 中国人民政治协商会议，是中国共产党领导的多党合作和政治协商的重要机构，是中国人民爱国统一战线组织，是我国政治生活中社会主义民主的重要形式，人民政协围绕团结和民主两大主题开展政治协商、民主监督和参政议政的职能。人民政协以宪法、政协章程和相关政策为依据，以中国共产党领导的多党合作和政治协商制度为保障，集协商、监督、参与、合作于一体，是社会主义协商民主的重要渠道，是全过程人民民主的重要形式，是推进全过程人民民主的重要力量。

习近平总书记指出，协商民主深深嵌入了中国社会主义民主政治全过程。作为社会主义协商民主的重要渠道和专门协商机构，人民政协是国家治理体系的重要组成部分和具有中国特色的制度安排，是中国共产党领导中国人民发展社会主义民主、开辟"中国之治"的重要制度设计和治理平台，在全过程人民民主制度程序和实践中具有独特优势、发挥重要作用。协商民主巩固和发展了最广泛的爱国统一战线，形成了全面、广泛、有机衔接的人民当家作主制度体系，构建了多样、畅通、有序的民主渠道。选举和协商这两种民主形式相互补充、相得益彰而不可相互替代、相互否定。协商民主是我国社会主义民主的重要组成部分，是我国社会主义民主政治的特有形式和独特优势，也是中国共产党执政和决策的重要方式，② 在全过程人民民主的制度体系中发挥了独特作用。

人民政协作为协商机构，展示了人民民主的全过程，成为协商民主

① 参见秦德君：《全过程人民民主是人类民主的新形态》，《光明日报》2021年8月5日。
② 参见程竹汝：《论全过程人民民主的制度之基》，《中共中央党校（国家行政学院）学报》2021年第6期。

专业化的崭新平台，通过专门协商，贯通了民主协商、民主决策、民主管理、民主监督的各个环节，综合体现党的领导、统一战线、政治协商、国家治理的中国特色。

在中国社会主义制度下，有事好商量，众人的事情由众人商量，找到全社会意愿和要求的最大公约数，是人民民主的真谛。在人民内部各方面广泛商量的过程，就是发扬民主、集思广益的过程，就是统一思想、凝聚共识的过程，就是科学决策、民主决策的过程，就是实现人民当家作主的过程。广泛开展协商民主，国家治理和社会治理才能具有深厚基础，也才能凝聚起强大力量。①

人民政协将政治协商贯穿于决策全过程，对明确规定需要协商的事务经协商提交决策实施，服务党和政府的科学决策、民主决策，围绕党和国家重大方针政策、重要决策部署的贯彻落实情况和涉及人民群众切身利益的实际问题解决落实情况，通过提出意见、批评、建议等方式开展民主监督。人民政协在全过程人民民主各环节、各链条的完整有序运转中发挥着独特而重要的作用，彰显了中国式民主的独特优势。②

在新时代推进全过程人民民主的进程中，人民政协形成了多种协商形式的格局。会议方面，全国政协以全体会议为龙头，以专题议政性常委会会议和专题协商会为重点，以双周协商座谈会、对口协商会、提案办理协商会等为常态的协商议政格局，并适应新形势创设网络议政、远程协商、专家协商会等平台。协商文化深厚，传承兼容并蓄、求同存异等中华优秀传统文化理念，弘扬人民政协"团结——批评——团结"的优良传统，形成既畅所欲言、各抒己见，又理性有度、合法依章的良好协商氛围。

---

① 参见《十八大以来重要文献选编》中，中央文献出版社 2016 年版，第 73—74 页。
② 参见中共政协全国委员会机关党组：《践行全过程人民民主推进专门协商机构建设》，《人民日报》2021 年 11 月 25 日。

　　人民政协具有代表性强、包容性大、联系面广的特色。人民政协设有全国委员会和省、市、县（区）委员会四个层级的 3200 多个组织，各级政协委员有 60 多万名；全国政协设 34 个界别，涵盖八个民主党派和无党派人士、各主要人民团体、56 个民族和五大宗教，全国政协委员有 2100 多名。政协委员作为各党派团体和各族各界代表人士，由各方面郑重协商产生，代表各界群众参与国是、履行职责。这样的界别特点和委员构成，能够有效保障各党派、各团体、各民族、各阶层、各界人士共商国是，推动实现广泛有效的人民民主。人民政协坚持团结和民主两大主题，坚持一致性和多样性统一，对各民主党派以本党派名义在政协发表意见、提出建议作出机制性安排，健全同党外知识分子、非公有制经济人士、新的社会阶层人士的沟通联络机制，最大限度凝聚起共同团结奋斗的强大力量。①

　　人民政协民主监督是发展全过程人民民主的重要环节，是推进国家治理现代化的重要内容。2021 年，全国政协首次制定了民主监督工作计划，紧盯"十四五"规划实施中的重点问题进行监督，取得了新成效和宝贵经验。比如，以"推进退役军人保障政策贯彻落实"为主题，着力增强监督实效，围绕军人所赡养老人医疗保障工作提出的建议，在《军人及军队相关人员医疗待遇保障暂行规定》中得到采纳。重点提案督办、走访提案承办单位，是全国政协开展提案工作的重要形式和宝贵经验，其意义就在于发扬民主，通过平等深入协商，增进理解共识、共促问题解决。提案集中反映各界群众的意愿和声音，是社情民意的"晴雨表"、联系群众的"直通车"，是党和政府听取民声民意、促进决策优化、推动改进工作的重要形式。2021 年 7 月，全国地方政协提案

---

① 参见中共政协全国委员会机关党组：《践行全过程人民民主推进专门协商机构建设》，《人民日报》2021 年 11 月 25 日。

工作经验交流座谈会召开，来自各地政协系统的与会代表努力为谱写新时代人民政协提案工作的新篇章集思广益，从提案工作的制度建设、提案办理的效果、提案工作的创新等角度交流建言，共同推动了提案工作的进步。①

政协努力推动协商民主高质量发展，贯彻全过程人民民主。各级政协委加强调查研究，坚持问题导向，深化专题调研，探索委员自主调研，深入实际摸清真实情况，集合众智提出解决办法，提高调研的质量和成效。政协努力提高同党外代表人士协商的能力，加强思想政治引领，提高同部门协商的能力，并将专业意见转化为政策选项。努力提高同界别群众协商的能力，善于当好反映诉求、汇聚民智、凝聚共识的桥梁纽带，为全过程人民民主搭建广阔的实践平台，实现了有事好商量、大家的事大家一起商量的全过程民主实践。

《中共中央关于党的百年奋斗重大成就和历史经验的决议》在论述"政治建设"时指出，要"加强人民政协专门协商机构制度建设，推进社会主义协商民主广泛多层制度化发展，形成中国特色协商民主体系"②。人民政协作为社会主义协商民主的重要渠道和专门协商机构发挥了重要作用，成为中国特色社会主义全过程人民民主的重要组成内容。通过协商，各行业、各层次的问题得到充分的交流、讨论，全领域、全链条的人民关切得到充分的吸收、探讨，统筹各民主党派、无党派人士、党外知识分子以及各民族、各宗教、非公有制经济领域、新的社会阶层、港澳台人士、海外侨胞等参与中国的民主全过程，团结各方力量，凝聚各方共识，服务共同利益。中国共产党领导的多党合作和政治协商制度及其主要组织载体人民政协的建设发展，为发展全过程人民

---

① 参见刘彤：《牢记国之大者勇担责之重者》，《人民政协报》2022 年 2 月 28 日。
② 《中共中央关于党的百年奋斗重大成就和历史经验的决议》，《人民日报》2021 年 11 月 17 日。

民主积累了宝贵经验，丰富了中国特色民主理念、民主制度和民主实践的内涵。中国特色社会主义政治协商制度通过广泛、多层、制度化的发展，统筹推进政党协商、人大协商、政府协商、政协协商、人民团体协商、基层协商以及社会组织协商，推进协商民主的全过程、全领域建设和发展。

四、完善民主制度体系，切实提升治理效能

发展全过程人民民主，必须继续坚持加强和完善民族区域自治制度。民族区域自治制度，是指在国家统一领导下，各少数民族聚居的地方实行区域自治，设立自治机关，行使自治权的制度。民族区域自治制度在宪法以及民族区域自治法中得到明确，是中国的一项基本政治制度。

中国实行民族区域自治，以领土完整、国家统一为前提和基础，体现了统一与自治的结合、民族因素与区域因素的结合，是全过程人民民主在民族事务上的制度安排。

2020 年 7 月 17 日，三江侗族自治县人大常委会被确定为全国人大常委会法工委基层立法联系点，是全国 10 家国家级立法联系点中唯一的民族自治县，三江县采用"多耶普法"、"村寨月也"、寨佬"鼓楼议事"、款坪"讲款"等独特方式，积极畅通基层群众对国家立法的意见、诉求的反映渠道，切实打通代表联系群众的"最后一公里"，展现了全过程人民民主的优势。三江以基层立法联系点办公室、联络点、信息采集点为"主干"，联络员和信息员为"骨干"，整合全县资源，组织发挥职能部门作用。通过走村进寨直接宣传、寨佬"鼓楼议事"、款坪"讲款"等形式，开展征求意见工作。在立法联络点和信息采集点

集中座谈，通过举例子、打比方等通俗易懂的形式，深入浅出地讲解法律草案与民族文化传承人、侗族专家、致富带头人、妇女代表以及贵州黎平县和湖南通道县等接边村屯的群众交流、拉家常，广泛收集意见建议和社情民意，传递群众心声。① 民族区域自治制度有利于保障少数民族人民当家作主的权利得以实现，使少数民族群众作为中华民族大家庭的成员，与全体人民一起共同参与到全过程人民民主的过程中。通过民族区域自治制度，少数民族人民在本民族的聚居地所在的行政区内参加民主事务，通过本地区的人民代表大会和人民政协组织参与到全过程人民民主中去，同时与其他地区的人民一样，通过全国人民代表大会和全国人民政治协商会议等民主机制参与到国家大事的民主过程中去。

坚持和完善民族区域自治制度，必须坚持党的领导，团结带领各族人民坚定走中国特色社会主义道路；把各族人民对美好生活的向往作为奋斗目标，确保少数民族和民族地区同全国一道实现全面小康和现代化；以社会主义核心价值观为引领，构建各民族共有精神家园；高举中华民族大团结的旗帜，促进各民族交往交流交融；依法治理民族事务，确保各族公民在法律面前人人平等。② 同时，做好新时代党的民族工作，把铸牢中华民族共同体意识作为党的民族工作的主线。铸牢中华民族共同体意识是新时代党的民族工作的"纲"。铸牢中华民族共同体意识，就是要引导各族人民牢固树立休戚与共、荣辱与共、生死与共、命运与共的共同体理念。铸牢中华民族共同体意识是维护各民族根本利益的必然要求，只有铸牢中华民族共同体意识，构建起维护国家统一和民族团结的坚固思想长城，各民族共同维护好国家安全和社会稳定，才能

---

① 参见吴潇雪、黄海燕、李倩文：《广西三江：发挥好"国字号"立法直通车的民族特色》，《中国人大》2021 年第 17 期。

② 参见习近平：《在全国民族团结进步表彰大会上的讲话》，《人民日报》2019 年 9 月 28 日。

有效抵御各种极端、分裂思想的渗透颠覆，才能不断实现各族人民对美好生活的向往，才能实现好、维护好、发展好各民族根本利益。[①]

中国实行以村民自治制度、居民自治制度和职工代表大会制度为主要内容的基层群众自治制度，这是全过程人民民主在基层的制度安排。人民群众在基层党组织的领导和支持下，依法直接行使民主权利，实现自我管理、自我服务、自我教育、自我监督。农村村民和城市居民在基层党组织的领导下，分别成立村民委员会和居民委员会，依法直接行使民主权利，依法管理基层公共事务和公益事业。企事业单位建立以职工代表大会为基本形式的民主管理制度，职工在企事业单位重大决策和涉及职工切身利益等重大事项上发挥积极作用。基层群众自治制度极大地尊重基层群众的首创精神，维护人民群众自治、参与民主自治的民主权利，吸纳人民群众的政治参与，是全过程人民民主的基层制度支撑。党和政府从基层群众自治制度的角度不断改革和完善职工代表大会制度，全面实行各种公开制度，探索领导接待日、劳资恳谈会、领导信箱等形式，反映职工诉求，协调劳动关系和保障职工合法权益。

党的十九届四中全会指出，坚持和完善基层群众自治制度，要健全基层党组织领导的基层群众自治机制，在城乡社区治理、基层公共事务和公益事业中广泛实行群众自我管理、自我服务、自我教育、自我监督，拓宽人民群众反映意见和建议的渠道，着力推进基层直接民主制度化、规范化、程序化。全心全意依靠工人阶级，健全以职工代表大会为基本形式的企事业单位民主管理制度，探索企业职工参与管理的有效方式，保障职工群众的知情权、参与权、表达权、监督权，维护职工合法权益。[②] 这些举措让基层群众参与到与自身利益切身相关的公共事务

---

① 参见习近平：《论坚持人民当家作主》，中央文献出版社 2021 年版，第 327 页。
② 参见《十九大以来重要文献选编》中，中央文献出版社 2021 年版，第 277 页。

中，保证了党的领导及党和国家各项大政方针政策在基层的贯彻落实，又实现了基层群众的自我管理、自我服务、自我教育、自我监督，让基层群众参与到全过程的民主实践，保障了广大人民群众的根本利益和民主权利。

我国的基层群众自治与人民群众的切身利益密切相关。基层群众自治制度坚持党的领导，保证了群众自治的政治基础，能够有严格的政治标准和原则，能够保证基层群众自治始终符合党和国家的大政方针，又能充分保证基层群众自治组织的自主性，发挥基层人民群众的积极性。同时，基层群众自治制度作为全过程人民民主制度体系的一部分，与其他制度安排一起在基层成为人民民主的制度保障，既保证基层群众自主地参与民主事务，更能让基层群众参与到以人民代表大会为核心的其他制度体系搭建的全过程人民民主中。

在基层群众自治中，群众自治的事务涉及群众方方面面的切身利益，人民群众能够获得看得见、摸得着的利益，能够表达自己的利益诉求，能够保护自己的权利不受侵犯。在行使民主权利的方式上，人民群众在自己生活的社区内，通过选举、决策、管理和监督，直接参与基层公共事务和公益事业的管理，使得民主参与具有直接性和有效性。在基层群众自治制度的发展过程中，人民群众得以在基层全过程参与到民主事务中去，成为全过程人民民主在基层实践的生动写照。

五、坚持理论实践创新，不断提高民主质量

发展全过程人民民主，必须继续坚持丰富和发展全过程人民民主的理论体系和理论内涵，用理论创新支撑全过程人民民主的生命力。全过程人民民主是一个具有深刻理论内涵的思想创造，是对中国特色社会主

义民主制度的生动阐释。新时代发展全过程人民民主，要继续解放思想、开拓创新，丰富和完善全过程人民民主的思想内涵和理论创造。

纵观人类社会的发展历史，民主的理念价值和民主的政治制度设计是人类在近现代的伟大创造，是人类社会从传统走向现代的重要标志。在人类历史上，各种民主理念和民主制度层出不穷，但民主不是千篇一律的，而是万紫千红的。民主是全人类的共同价值，是中国共产党和中国人民矢志不渝追求的重要理念。中国共产党自建立起就始终将人民放在最高位置，把为中国人民谋幸福、为中华民族谋复兴确立为自己的初心和使命。

中国共产党历来重视理论创新，党的十九届六中全会通过的《中共中央关于党的百年奋斗重大成就和历史经验的决议》深刻阐释了坚持理论创新是中国共产党百年奋斗的重要历史经验之一。《决议》指出："党之所以能够领导人民在一次次求索、一次次挫折、一次次开拓中完成中国其他各种政治力量不可能完成的艰巨任务，根本在于坚持解放思想、实事求是、与时俱进、求真务实，坚持把马克思主义基本原理同中国具体实际相结合、同中华优秀传统文化相结合，坚持实践是检验真理的唯一标准，坚持一切从实际出发，及时回答时代之问、人民之问，不断推进马克思主义中国化时代化。习近平总书记指出，当代中国的伟大社会变革，不是简单延续我国历史文化的母版，不是简单套用马克思主义经典作家设想的模板，不是其他国家社会主义实践的再版，也不是国外现代化发展的翻版。只要我们勇于结合新的实践不断推进理论创新、善于用新的理论指导新的实践，就一定能够让马克思主义在中国大地上展现出更强大、更有说服力的真理力量。"① "全过程人民民主"

---

① 《中共中央关于党的百年奋斗重大成就和历史经验的决议》，《人民日报》2021 年 11 月 17 日。

理论的提出就是以习近平同志为核心的党中央在深刻总结中国共产党团结带领广大人民开展民主实践的历史经验基础上，在新时代作出的重要理论创新。全过程人民民主首先是人民民主，是社会主义民主。没有人民民主，就没有社会主义，就没有社会主义的现代化，就没有中华民族的伟大复兴。中国全过程人民民主理论的提出，深刻系统地总结了中国特色社会主义人民民主的本质、特征、形式、组织、制度、实践、目标和过程等内容，成为一个具有深刻理论内涵的理论话题，体现了深邃的政治思维、理论思维、实践思维，标志着党对民主政治发展规律的认识达到了新的高度，为推动人类政治文明进步贡献了中国智慧。

在新时代发展全过程人民民主，必须继续坚持做好理论创新。理论的创新要在实践经验的基础上做好理论的梳理、总结、提炼等工作。以实事求是、守正创新的态度，为全过程人民民主提供更多更好的理论创新成果，服务党和国家的理论创新，为中国特色社会主义民主政治发展道路提供强大理论支撑。

全过程人民民主在发展的历程中，形成了体系化的理论，也建立了运行良好的制度体系，更形成了具有推广价值的实践经验。发展全过程人民民主必须继续坚持在实践创新中汲取全过程人民民主发展的不竭动力。

在体制机制的创新上，一些地方在人民代表大会常规的议事规则、运行机制的基础上，还结合本地的实际工作需要，创新工作方法，主动有为地参与到当地的工作中，彰显全过程人民民主的有效性。比如，江西宜春采取了民生重大事项人大代表票决制，由人大代表投票表决确定当年度涉及民生领域重大事项的 10 件实事，并由人大常委会和人大代表一道全过程参与到这些重大事项的决策和执行中，同时还会对上一年度票决出的民生领域重大事项进行满意度测评，真正让老百姓关心关切的事情得到实实在在的解决，让老百姓的生活得到实实在在的幸福感，而这样的创新举措也让全过程人民民主的实践更加接地气、汇民心、聚民力，彰显出全过程人民民主的蓬勃生机。① 再比如，广州市天河区人大改变以往预算监督的被动形式，提前介入审查 6 个部门的预算，让人大代表充分了解政府和财政部门安排的重点建设项目情况、民生大事进程以及资金使用情况，让政府财政预算在阳光下变得透明、规范。天河区全口径预算部门共有 66 个，经过 8 年不间断的参与式预算审查，2013 年至 2021 年，天河区人大常委会共提前介入审查了 58 个部门或项目预算的编制情况，目前已有 47 个部门和 6 个项目开展了从预算编制、预算执行到决算的审查，形成了相应的闭环监督。2020 年，天河区人大常委会的年度预算也被 3 个代表团提前预审，代表们审查时提出的建议针对性强，审议工作成效明显。② 山东省滨州市沾化区人大常委会创新开展"3+2+N"监督工作，即以一年为一个周期，以代表监督小组为主体、以代表议事会为平台，将代表票决产生的民生实事和政府确定的重点工作、重点项目、重点工程及代表提出的重点意见建议归类分解给代表监督小组，开展 3 次代表议事会、进行 2 次满意度测评实施 N 次跟踪监督。根据在沾化的市人大代表、区人大代表的工作性质和专业特长，分了 5 个特色代表监督小组，使代表在发挥作用时术业有专攻，确保监督的针对性、实效性。2021 年共梳理出特色产业发展、现代服务业、城市管理、产业园区建设等 19 项重点工作和项目，连同代表票决产生的 10 件民生实事，共确定 29 项监督事项，每个代表监督小组负责跟踪 5 到 6 项监督事项，实行全年分组跟踪监督，实现民主监督全覆盖、全方位、全过程。③

---

① 参见叶梓、于浩、王泽霖：《"全过程人民民主"的宜春实践》，《中国人大》2021 年第 15 期。

② 参见林志云、冯添：《广州天河：人大代表"全过程"参与预算监督》，《中国人大》2021 年第 17 期。

③ 参见王中芳、徐新磊、张宝山：《沾化人大：民声穿透监督全过程》，《中国人大》2021 年第 17 期。

　　一些地方的全过程人民民主实践过程中，结合本地区的特殊情况，开展了卓有成效的特色工作，结合本地的特殊情况发挥了全过程人民民主的重要作用。比如，山西省重点结合本省陈醋产业的悠久历史和发展现状，由山西省人大立法"量身定制"地制定了《山西老陈醋保护条例》，具有鲜明的本地特色，又在人大工作中突出对本地实际立法需要的回应。再比如，义乌市人大常委会探索构建起"1+3+X"基层立法联系点工作网络："1"是设立义乌基层立法联系点办公室，增加行政编制3名；"3"是征询单位、联络站、立法咨询专家库三大立法建议收集平台，其中征询单位侧重使行政单位发挥职能部门优势，联络站负责收集乡村、社区、企业、律所等的意见建议，侧重发挥深入基层群众的优势；"X"是立法联络员、信息采集员、人大代表、基层群众等人员队伍。"1+3+X"工作机制有力促进了各方面协作联动、凝聚合力，构建起党委领导、人大牵头、部门配合、社会参与的立法工作新格局。① 这些创新性举措从本地的工作实际出发，创新开展全过程人民民主实践，丰富了各地全过程人民民主实践的内涵。当前，在新时代继续推进和发展全过程人民民主，更要注重从基层一线和实际工作中去寻找在顶层设计中可以进一步发展完善的方面，让全过程人民民主更好惠及广大人民群众。

　　全过程人民民主成就的取得，是中国共产党坚持理论创新的结果，并成为"指导人民认识世界和改造世界的强大思想武器"②。这一理论创新来自中国共产党领导的全过程人民民主实践。在新时代继续发展全过程人民民主，必须继续坚持从实践中探索全过程人民民主的发展方

---

① 参见方琪、孙梦爽：《义乌人大：基层立法联系点建设一年间》，《中国人大》2021年第17期。

② 习近平：《高举中国特色社会主义伟大旗帜　为全面建设社会主义现代化国家而团结奋斗——在中国共产党第二十次全国代表大会上的报告》，人民出版社2022年版，第19页。

向，将全过程人民民主的理论与广大人民开展全过程人民民主的实践经验结合起来，继续坚持从群众中来，到群众中去，在坚持全过程人民民主实践惠及全体人民。

六、讲好中国民主故事，增强中国民主自信

发展全过程人民民主，必须继续坚持教育引导，做好宣传阐释，让全过程人民民主在广大人民群众中产生深远影响和共识。全过程人民民主具有高度体系化和内部逻辑一致性的理论，拥有设计完备、运行良好的制度体系。全过程人民民主绝不是空中楼阁，而是与老百姓息息相关的真实存在。要将全过程人民民主的实践与全过程人民民主的故事紧密地结合起来，把各地对全过程人民民主的优秀经验总结好、讲述好，既要把全过程人民民主的理论讲到位、讲全面，也要将全过程人民民主的故事讲生动、讲细致，真正让广大人民群众理解全过程人民民主的概念、内容、价值、意义，自觉成为全过程人民民主的参与者、践行者、宣传者。

继续紧紧围绕习近平总书记关于社会主义民主政治建设、发展全过程人民民主的重要论述，结合人大制度与人大工作实际，深入阐释我国全过程人民民主的原则理念、制度安排、显著优势、生动实践和巨大成就，做到理论上清醒、政治上坚定、制度上自信、行动上自觉。

发展全过程人民民主，必须继续坚持对外交流，向世界讲好全过程人民民主的生动中国故事，宣传中国全过程人民民主的先进经验，借鉴吸收世界各国的有益做法。中国的全过程人民民主是最真实、最广泛、最管用的社会主义人民民主，具有显著的优势，为中国特色社会主义民主政治的发展提供了重要的支撑。我们在办好中国全过程人民民主的实

事的同时，也要向世界讲好中国全过程人民民主的故事，让世界各国人民都能知道、了解、理解中国的全过程人民民主，并从中理解"中国之治"的密码，理解中国全过程人民民主作为世界民主价值的组成部分，为人类命运共同体构建在民主方面提供重要支撑。

2021年12月，国务院新闻办公室发布《中国的民主》白皮书。白皮书以中英双语的形式系统地介绍中国共产党领导人民实现全过程人民民主的历史过程，介绍中国全过程人民民主科学有效的制度安排和具有具体现实的民主实践，指出中国的全过程民主是广泛真实管用的民主，是对人类政治文明形态的丰富。白皮书的发布引发了国内外的学者和民众的热议，一些国际知名学者也充分肯定了中国式民主在制度安排和民主实践上的价值。这启示我们要继续加强国际交流，以全过程人民民主为主题和纽带，向世界继续宣传好中国全过程人民民主的故事，获得更多的认可，让中国的全过程人民民主在世界民主形态中成为重要的组成部分。

积极加强议会外交。全国人大常委会与世界各国的议会展开多层次、多领域的合作交流，向世界各国议会领导人宣传中国的民主制度，特别是全过程人民民主的理念价值、制度安排和民主实践，增进世界各国对中国特色社会主义发展道路的理解和支持，改变和提升了一些国家领导人和民众对中国的认知。2021年上半年，9位来自基层的全国人大代表走上多边议会舞台，先后出席各国议会联盟第142届大会、第七届议联全球年轻议员会议以及多个网络研讨会。他们在各国议员的注目中，代表中国人民庄严发声，用朴实亲切的口吻，讲述贴近生活、真实动人的中国故事和中国人大故事，向世界展示了中国人大代表心系人民的真挚情怀和服务人民的生动实践，让各国议员更深入地理解了"中国之治"的制度密码，更深入理解了中国的全过程人民民主的真实性、有效性、广泛性。全国人大代表、安徽省滁州市定远县吴圩镇西孔村党总支第一书记王萌萌参加了各国议会联盟第 142 届大会年轻议员论坛会议，与各国议员分享了自己作为基层人大代表与村民共同奋斗、实现脱贫致富的故事。全国人大代表、陕西省律协副会长方燕出席了各国议会联盟第 142 届大会民主和人权常设委员会会议，与各国议员共同讨论网络儿童性剥削问题的应对之策。全国人大代表、福建师范大学经济学院教授黄茂兴参与了第七届议联全球年轻议员会议，与 80 多个国家的近 250 名议员、联合国秘书长青年特使以及来自联合国教科文组织、世界卫生组织、国际劳工组织的代表共同围绕青年参政、高等教育、青年健康、经济赋权等议题展开讨论。全国人大代表、圣湘生物科技股份有限公司董事长戴立忠出席了各国议会联盟第 142 届大会和平与国际安全常设委员会会议，向各国议员分享了中国早发现、早报告、早隔离、早治疗的"四早"抗疫经验。

　　随着我国日益走近世界舞台中央，中国道路、制度、理念、文化获得了越来越多国家的关注。人大代表特别是基层人大代表走上国际舞台，讲述自身倾听民声、了解民情、反映民意的履职实践，阐述中国坚持多边主义、应对全球性挑战、构建人类命运共同体的理念主张，开辟了新时代人大代表履职的新渠道，具有独特优势和广阔工作空间更展现了中国民主制度的生动实践，帮助各国议员更好地了解一个真实、立体、全面的中国，[1] 将全过程人民民主的故事讲得更加生动、精彩，让更多的世界友人听到了中国全过程人民民主的故事，理解了中国全过程人民民主的理念和制度，更深入地理解了中国特色社会主义的本质和特征，对中国有了更深入更全面的理解和认识。

　　发展全过程人民民主，必须构建植根中国历史、立足中国实践、具

---

① 　参见郑逸：《以人民视角讲好中国故事——基层代表畅谈出席国际会议感受》，《中国人大》2021 年第 15 期。

有中国特色的民主话语体系，增强历史自觉，坚定道路自信、制度自信、理论自信和文化自信。全过程人民民主作为这一话语体系的核心概念，涵盖了民主真谛、民主发生、民主标准、民主效能等方面的内容，为国际社会深入理解民主、凝聚民主共识提供了中国视角、中国样本。民主的真谛就是人民当家作主。任何偏离这一真谛的民主，都不是真正的民主。当然，人民当家作主的形式是多种多样的，主要有民主选举、民主协商、民主管理、民主决策、民主监督等。民主的产生是各国历史传统与现实探索相结合的产物。民主是历史的、具体的、发展的，各国民主植根于本国的历史文化传统，成长于本国人民的实践探索和智慧创造，民主道路不同，民主形态各异。① 一个国家是不是民主，应该由这个国家的人民来评判，而不应该由外国指手画脚。一个国家选择怎样的民主发展道路，也应该由这个国家的人民根据自身的历史文化传统与社会发展实际来选择，而不应该被外国强行"移植"。况且，强迫他国接受所谓"民主"，将自身标准视作人类五彩政治文明的唯一标准，本身就是不民主的。民主的实践是用来解决实际问题的。民主不仅仅是一个用来表明立场的旗帜，更是一种现实的制度安排。只有充分发挥治理效能的民主才是真正的民主。民主治理能否实现人民福祉，则要在实践中由人民来检验评估，而非通过预选设定的一些所谓"标准"来判定。推动国际关系民主化是构建人类命运共同体的必然要求。国际关系民主化意味着作为国际关系行为主体的国家在享受权利和承担义务上的平等，不因自身经济社会发展水平的差异而受到不公平对待。国际关系民主化反对强权政治和单边主义，要求世界各国通过对话和谈判，平等协商来共同解决问题，和平解决分歧，从而改善全球治理体系，保障世界和平稳定，实现全人类共同价值，增进人类共同福祉。

---

① 中华人民共和国国务院新闻办公室：《中国的民主》，《人民日报》2021 年 12 月 5 日。

民主是全人类的共同价值，是中国共产党和中国人民始终不渝坚持的重要理念。中国走出了一条完全不同于西方的全过程人民民主道路，破除了西方民主"唯一论""普世论"，拓展了民主政治发展道路，形成了坚持和完善中国共产党的领导、坚持和完善人民代表大会制度、坚持和发展协商民主、坚持和完善民族区域自治制度和基层群众自治制度、坚持人民民主的理论创新和实践创新、坚持有效宣传和对外交流等发展全过程人民民主的经验。实践证明，中国的全过程人民民主是最真实、最广泛、最有效的民主。在中国共产党的领导下，始终坚持以人民为中心的思想，牢牢站稳人民立场，坚持人民至上，更好地发挥人民首创精神，必将推动新时代全过程人民民主广泛而深入发展。推动人的全面发展，实现人民的最大利益。

新时代发展全过程人民民主大事记[*]

2012 年

11 月 8 日—14 日　中国共产党第十八次全国代表大会举行。大会正式代表 2268 人，特邀代表 57 人，代表全国 8200 多万党员。大会通过的报告《坚定不移沿着中国特色社会主义道路前进，为全面建成小康社会而奋斗》，确定全面建成小康社会和全面深化改革开放的目标，阐明中国特色社会主义道路、中国特色社会主义理论体系、中国特色社会主义制度的科学内涵及其相互联系。大会通过《中国共产党章程（修正案）》，把科学发展观同马克思列宁主义、毛泽东思想、邓小平理论、"三个代表"重要思想一道确立为党的指导思想并载入党章。

11 月 15 日　中共十八届一中全会选举习近平、李克强、张德江、俞正声、刘云山、王岐山、张高丽为中央政治局常委，习近平为中央委员会总书记，决定习近平为中央军委主席，批准王岐山为中央纪委书记。同日，习近平在十八届中央政治局常委同中外记者见面时指出，人民对美好生活的向往，就是我们的奋斗目标。

---

    *　根据《中国共产党一百年大事记》《全面建成小康社会大事记》《改革开放四十年大事记》等整理而成。

11 月 29 日　习近平在国家博物馆参观《复兴之路》展览时指出，实现中华民族伟大复兴，就是中华民族近代以来最伟大的梦想。2013年 3 月 17 日，习近平在十二届全国人大一次会议闭幕会上讲话指出，实现中华民族伟大复兴的中国梦，就是要实现国家富强、民族振兴、人民幸福。实现中国梦，必须走中国道路、弘扬中国精神、凝聚中国力量。

12 月 4 日　习近平在首都各界纪念现行宪法公布施行 30 周年大会上发表重要讲话，强调宪法的生命在于实施，宪法的权威也在于实施。我们要坚持不懈抓好宪法实施工作，把全面贯彻实施宪法提高到一个新水平。中央政治局会议通过《十八届中央政治局关于改进工作作风、密切联系群众的八项规定》。

2013 年

1 月 22 日　习近平在中国共产党第十八届中央纪律检查委员会第二次全体会议上发表重要讲话，指出要加强对权力运行的制约和监督，把权力关进制度的笼子里，形成不敢腐的惩戒机制、不能腐的防范机制、不易腐的保障机制。

2 月 26 日—28 日　中共十八届二中全会召开。全会通过《国务院机构改革和职能转变方案》。

2 月 27 日　十一届全国人大常委会第三十一次会议通过全国人大常委会代表资格审查委员会关于十二届全国人大代表的代表资格的审查报告。十二届全国人大代表选举是 2010 年修改选举法后，首次实行城乡按相同人口比例进行的选举。

3 月 3 日—12 日　全国政协十二届一次会议举行。会议选举俞正声为全国政协主席。

3 月 5 日—17 日　十二届全国人大一次会议举行。会议选举习近平为国家主席、国家中央军委主席，张德江为全国人大常委会委员长，决定李克强为国务院总理。会议批准《国务院机构改革和职能转变方案》。

5 月 9 日　中共中央印发《关于在全党深入开展党的群众路线教育实践活动的意见》。2013 年 6 月至 2014 年 9 月，全党分两批开展以为民务实清廉为主要内容的党的群众路线教育实践活动，集中整治形式主义、官僚主义、享乐主义和奢靡之风"四风"问题。

11 月 9 日—12 日　中共十八届三中全会召开。全会通过《关于全面深化改革若干重大问题的决定》。全会指出全面深化改革的总目标是完善和发展中国特色社会主义制度，推进国家治理体系和治理能力现代化；全会提出"更加注重健全民主制度、丰富民主形式"。

12 月 11 日　中共中央办公厅印发《关于培育和践行社会主义核心价值观的意见》。指出，富强、民主、文明、和谐，自由、平等、公正、法治，爱国、敬业、诚信、友善，是社会主义核心价值观的基本内容。

2014 年

1 月 14 日　习近平在中国共产党第十八届中央纪律检查委员会第三次全体会议上发表重要讲话，强调强化反腐败体制机制创新和制度保障，深入推进党风廉政建设和反腐败斗争。

9 月 5 日　庆祝全国人民代表大会成立 60 周年大会召开。习近平讲话指出，坚定中国特色社会主义制度自信，首先要坚定对中国特色社会主义政治制度的自信，增强走中国特色社会主义政治发展道路的信心和决心。

9 月 21 日　习近平在庆祝中国人民政治协商会议成立 65 周年大会上发表讲话，指出社会主义协商民主，是中国社会主义民主政治的特有形式和独特优势，是中国共产党的群众路线在政治领域的重要体现。在中国社会主义制度下，有事好商量，众人的事情由众人商量，找到全社会意愿和要求的最大公约数，是人民民主的真谛。

10月20日—23日　中共十八届四中全会召开。全会通过《关于全面推进依法治国若干重大问题的决定》，指出全面推进依法治国，总目标是建设中国特色社会主义法治体系，建设社会主义法治国家。

10月27日　习近平在中央全面深化改革领导小组第六次会议上强调，学习贯彻党的十八届四中全会精神是当前和今后一个时期全党全国的重大政治任务，各地区各部门务必抓紧抓好，切实提高运用法治思维和法治方式推进改革的能力和水平。会议审议了《关于加强社会主义协商民主建设的意见》。习近平在讲话中指出，社会主义协商民主在我国有根、有源、有生命力，是中国共产党人和中国人民的伟大创造，是中国社会主义民主政治的特有形式和独特优势，是党的群众路线在政治领域的重要体现。对这个基本定性，我们要深刻理解，进一步凝聚共识，更好推进这项制度建设。我们坚持有事多商量，遇事多商量，做事多商量，商量得越多越深入越好，就是要通过商量出办法、出共识、出感情、出团结。

11月1日　十二届全国人大常委会第十一次会议通过《关于设立国家宪法日的决定》，将12月4日设立为国家宪法日。

12月3日　习近平在首个国家宪法日之际作出重要指示，强调切实增强宪法意识，推动全面贯彻实施宪法。

12月29日　中央政治局会议研究部署2015年党风廉政建设和反腐败工作，审议通过《关于加强社会主义协商民主建设的意见》《关于加强和改进党的群团工作的意见》。

2015 年

1月5日　中共中央印发《关于加强社会主义协商民主建设的意见》，对新形势下开展政党协商、人大协商、政府协商、政协协商、人民团体协商、基层协商、社会组织协商等作出全面部署，推进社会主义协商民主广泛多层制度化发展。

1月16日 中央政治局常委会召开会议，专门听取全国人大常委会、国务院、全国政协、最高人民法院、最高人民检察院党组工作汇报。这成为实现党中央集中统一领导的一项制度性安排。

2月2日 习近平在省部级主要领导干部学习贯彻十八届四中全会精神全面推进依法治国专题研讨班开班式上发表重要讲话，指出把权力关进制度的笼子里，就是要依法设定权力、规范权力、制约权力、监督权力。全面依法治国，必须紧紧围绕保障和促进社会公平正义来进行。公平正义是我们党追求的一个非常崇高的价值，全心全意为人民服务的宗旨决定了我们必须追求公平正义，保护人民权益、伸张正义。

5月18日—20日 中央统战工作会议召开。习近平讲话强调，要巩固和发展最广泛的爱国统一战线，为实现"两个一百年"奋斗目标、实现中华民族伟大复兴的中国梦提供广泛力量支持。18日，中共中央印发《中国共产党统一战线工作条例（试行）》。2020年12月21日，该条例经修订后重新颁布。

6月11日 中共中央印发《中国共产党党组工作条例（试行）》。2019年4月6日，该条例经修订后重新颁布。

7月6日—7日 中央党的群团工作会议召开。习近平讲话强调，要下决心纠正机关化、行政化、贵族化、娱乐化，切实保持和增强党的群团工作的政治性、先进性、群众性。此前，1月8日，中共中央印发《关于加强和改进党的群团工作的意见》。

7月30日 中央政治局会议决定设立中央统一战线工作领导小组。

7月 全国人大常委会法工委报经批准，将上海市虹桥街道办事处、甘肃省临洮县人大常委会、江西省景德镇市人大常委会、湖北省襄阳市人大常委会设为首批基层立法联系点试点单位。

12 月 30 日 中央政治局会议研究部署 2016 年党风廉政建设和反腐败工作。

2016 年

1 月 12 日 习近平在中国共产党第十八届中央纪律检查委员会第六次全体会议上发表重要讲话，强调保持坚强政治定力，坚持全面从严治党、依规治党，聚焦监督执纪问责，深化标本兼治，创新体制机制，健全法规制度，强化党内监督，把纪律挺在前面，持之以恒落实中央八项规定精神，着力解决群众身边的不正之风和腐败问题，坚决遏制腐败蔓延势头，不断取得党风廉政建设和反腐败斗争新成效。

4 月 22 日 习近平在全国宗教工作会议上讲话指出，积极引导宗教与社会主义社会相适应，一个重要的任务就是支持我国宗教坚持中国化方向。做好党的宗教工作，关键是要在"导"上想得深、看得透、把得准，做到"导"之有方、"导"之有力、"导"之有效，牢牢掌握宗教工作主动权。

6 月 28 日 中央政治局会议审议通过《中国共产党问责条例》。

7 月 1 日 庆祝中国共产党成立 95 周年大会召开。习近平讲话指出，要永远保持建党时中国共产党人的奋斗精神，永远保持对人民的赤子之心。一切向前走，都不能忘记走过的路；走得再远、走到再光辉的未来，也不能忘记走过的过去，不能忘记为什么出发。面向未来，面对挑战，全党同志一定要不忘初心、继续前进。讲话强调，中国特色社会主义最本质的特征是中国共产党领导，中国特色社会主义制度的最大优势是中国共产党领导。

10 月 24 日—27 日 中共十八届六中全会召开。全会通过《关于新形势下党内政治生活的若干准则》和《中国共产党党内监督条例》。全会明确习近平总书记党中央的核心、全党的核心地位，号召全党同志紧密团结在以习近平同志为核心的党中央周围，牢固树立政治意识、大局意识、核心意识、看齐意识，坚定不移维护党中央权威和党中央集中统一领导。

2017 年

1 月 22 日 习近平在同党外人士共迎新春时的讲话中指出，越是任务艰巨，越要全国上下团结一心、砥砺前行。中共各级党委要为民主党派、工商联和无党派人士履行职能提供支持，认真听取和积极采纳党外人士意见和建议，协助民主党派加强自身建设。"虚心公听，言无逆逊，唯是之从。"这是执政党应有的胸襟。"凡议国事，惟论是非，不徇好恶。"

10 月 18 日—24 日 中国共产党第十九次全国代表大会举行。大会正式代表 2280 人，特邀代表 74 人，代表全国 8900 多万党员。大会通过的报告《决胜全面建成小康社会 夺取新时代中国特色社会主义伟大胜利》，作出中国特色社会主义进入新时代、我国社会主要矛盾已经转化为人民日益增长的美好生活需要和不平衡不充分的发展之间的矛盾等重大政治论断，确立习近平新时代中国特色社会主义思想的历史地位，提出新时代坚持和发展中国特色社会主义的基本方略，确定决胜全面建成小康社会、开启全面建设社会主义现代化国家新征程的目标。大会通过《中国共产党章程（修正案）》，把习近平新时代中国特色社会主义思想同马克思列宁主义、毛泽东思想、邓小平理论、"三个代表"重要思想、科学发展观一道确立为党的指导思想并载入党章。党的十九大首次提出加强各级人大及其常委会作为依法行使职权的机关建设，加强人大作为联系人民群众的代表机关建设要求。

10 月 25 日 中共十九届一中全会选举习近平、李克强、栗战书、汪洋、王沪宁、赵乐际、韩正为中央政治局常委，选举习近平为中央委员会总书记，决定习近平为中央军委主席，批准赵乐际为中央纪委书记。

10月27日 中央政治局会议审议通过《中共中央政治局关于加强和维护党中央集中统一领导的若干规定》，指出中央政治局要带头树立"四个意识"，严格遵守党章和党内政治生活准则，全面落实党的十九大关于加强和维护党中央集中统一领导的各项要求，自觉在以习近平同志为核心的党中央集中统一领导下履行职责、开展工作，坚决维护习近平总书记作为党中央的核心、全党的核心地位。根据《规定》精神，中央政治局全体同志每年向党中央和习近平总书记书面述职一次。这已经成为加强和维护党中央集中统一领导的重要制度安排。

11月30日 中央政治局会议审议《中国共产党党务公开条例（试行）》。会议指出，推进党务公开，是贯彻落实党的十九大精神的重要举措，是发扬党内民主、发展社会主义民主政治的必然要求，对于推进全面从严治党，加强党内监督，充分调动全党积极性、主动性、创造性具有重要意义。《条例》制定出台，为做好党务公开工作提供了基本遵循，有利于推进党务公开工作制度化、规范化、程序化。

12月29日 习近平在全国政协新年茶话会上发表讲话，强调新的一年，我们要坚持和完善中国共产党领导的多党合作和政治协商制度，巩固和发展最广泛的爱国统一战线。人民政协要充分发挥作为社会主义协商民主的重要渠道和专门协商机构作用，促进各党派团体、各族各界人士的大团结大联合，共同为实现中共十九大确定的目标任务而奋斗。

12月30日 中共中央印发《关于建立国务院向全国人大常委会报告国有资产管理情况制度的意见》。2018年10月，十三届全国人大常委会第六次会议审议《国务院关于2017年度国有资产管理情况的综合报告》和《国务院关于2017年度金融企业国有资产的专项报告》。这是国务院首次按照"全口径、全覆盖"要求向全国人大常委会报告国有资产管理情况。

2018 年

1 月 18 日—19 日 中共十九届二中全会召开。全会通过《关于修改宪法部分内容的建议》。

2 月 24 日 习近平在十九届中央政治局第四次集体学习时讲话强调，决胜全面建成小康社会、开启全面建设社会主义现代化国家新征程、实现中华民族伟大复兴的中国梦，推进国家治理体系和治理能力现代化、提高党长期执政能力，必须更加注重发挥宪法的重要作用。要坚持党的领导、人民当家作主、依法治国有机统一，加强宪法实施和监督，把国家各项事业和各项工作全面纳入依法治国、依宪治国的轨道，把实施宪法提高到新的水平。

2 月 26 日—28 日 中共十九届三中全会召开。全会通过《关于深化党和国家机构改革的决定》和《深化党和国家机构改革方案》。3 月 17 日，十三届全国人大一次会议批准国务院机构改革方案。2019 年 7 月 5 日，深化党和国家机构改革总结会议召开，习近平讲话指出，深化党和国家机构改革是对党和国家组织结构和管理体制的一次系统性、整体性重构，为完善和发展中国特色社会主义制度、推进国家治理体系和治理能力现代化提供了有力组织保障。

3 月 3 日—15 日 全国政协十三届一次会议举行。会议选举汪洋为全国政协主席。

3 月 5 日—20 日 十三届全国人大一次会议举行。会议选举习近平为国家主席、国家中央军委主席，栗战书为全国人大常委会委员长，决定李克强为国务院总理。会议通过《中华人民共和国宪法修正案》，确立科学发展观、习近平新时代中国特色社会主义思想在国家政治和社会生活中的指导地位；通过《中华人民共和国监察法》。会议将原有的法律委员会更名为宪法和法律委员会，将内务司法委员会更名为监察和司法委员会，增设社会建设委员会，全国人大专门委员会的数量由 9 个增加到 10 个。加强县乡两级人大工作和建设，夯实国家政权建设和党长期执政基础。23 日，中华人民共和国国家监察委员会在北京揭牌。

6 月 29 日 习近平在十九届中央政治局第六次集体学习时讲话强调，党的十九大提出党的政治建设这个重大命题，是有很深的考虑的。任何政党都有政治属性，都有自己的政治使命、政治目标、政治追求。马克思主义政党具有崇高政治理想、高尚政治追求、纯洁政治品质、严明政治纪律。如果马克思主义政党政治上的先进性丧失了，党的先进性和纯洁性就无从谈起。这就是我们把党的政治建设作为党的根本性建设的道理所在。

8 月 24 日 习近平主持召开中央全面依法治国委员会第一次会议并发表重要讲话，强调全面依法治国具有基础性、保障性作用，在统筹推进伟大斗争、伟大工程、伟大事业、伟大梦想，全面建设社会主义现代化国家的新征程上，要加强党对全面依法治国的集中统一领导，坚持以全面依法治国新理念新思想新战略为指导，坚定不移走中国特色社会主义法治道路，更好发挥法治固根本、稳预期、利长远的保障作用。会议审议通过了《中央全面依法治国委员会工作规则》《中央全面依法治国委员会 2018 年工作要点》。

11 月 26 日 中央政治局会议审议《中国共产党纪律检查机关监督执纪工作规则》。

12 月 10 日 习近平向纪念《世界人权宣言》发表 70 周年座谈会发来贺信，强调《世界人权宣言》是人类文明发展史上具有重大意义的文献，对世界人权事业发展产生了深刻影响。中国人民愿同各国人民一道，秉持和平、发展、公平、正义、民主、自由的人类共同价值，维护人的尊严和权利，推动形成更加公正、合理、包容的全球人权治理，共同构建人类命运共同体，开创世界美好未来。中国坚持把人权的普遍性原则和当代实际相结合，走符合国情的人权发展道路，奉行以人民为中心的人权理念，把生存权、发展权作为首要的基本人权，协调增进全体人民的经济、政治、社会、文化、环境权利，努力维护社会公平正义，促进人的全面发展。

12 月 13 日　习近平在十九届中央政治局第十一次集体学习时讲话强调，在新的起点上持续深化党的纪律检查体制和国家监察体制改革，促进执纪执法贯通，有效衔接司法，推进反腐败工作法治化、规范化，为新时代完善和发展中国特色社会主义制度、推进全面从严治党提供重要制度保障。

12 月 18 日　庆祝改革开放 40 周年大会召开。习近平讲话指出，改革开放是党和人民大踏步赶上时代的重要法宝，是坚持和发展中国特色社会主义的必由之路，是决定当代中国命运的关键一招，也是决定实现"两个一百年"奋斗目标、实现中华民族伟大复兴的关键一招。大会向 100 名获改革先锋称号的同志和 10 名获中国改革友谊奖章的国际友人颁授奖章。

2019 年

2 月 25 日　习近平主持召开中央全面依法治国委员会第二次会议，强调完善法治建设规划，提高立法工作质量和效率，为推进改革发展稳定工作营造良好法治环境。

5 月 21 日　中共中央印发《关于在全党开展"不忘初心、牢记使命"主题教育的意见》。2019 年 5 月底至 2020 年 1 月，全党分两批开展"不忘初心、牢记使命"主题教育，总要求是守初心、担使命，找差距、抓落实；根本任务是深入学习贯彻习近平新时代中国特色社会主义思想，锤炼忠诚干净担当的政治品格，团结带领全国各族人民为实现伟大梦想共同奋斗；具体目标是理论学习有收获、思想政治受洗礼、干事创业敢担当、为民服务解难题、清正廉洁作表率。

9月20日 中央政协工作会议暨庆祝中国人民政治协商会议成立70周年大会召开。习近平出席大会并发表讲话,强调人民政协是中国共产党把马克思列宁主义统一战线理论、政党理论、民主政治理论同中国实际相结合的伟大成果,是中国共产党领导各民主党派、无党派人士、人民团体和各族各界人士在政治制度上进行的伟大创造。新时代加强和改进人民政协工作,要把坚持和发展中国特色社会主义作为巩固共同思想政治基础的主轴,把服务实现"两个一百年"奋斗目标作为工作主线,把加强思想政治引领、广泛凝聚共识作为中心环节,坚持团结和民主两大主题,提高政治协商、民主监督、参政议政水平,更好凝聚共识,把人民政协制度坚持好、把人民政协事业发展好,担负起把党中央决策部署和对人民政协工作要求落实下去、把海内外中华儿女智慧和力量凝聚起来的政治责任,为决胜全面建成小康社会、进而全面建设社会主义现代化强国作出贡献。10月7日,中共中央印发《关于新时代加强和改进人民政协工作的意见》。

9月24日 习近平在十九届中央政治局第十七次集体学习时讲话强调,衡量一个社会制度是否科学、是否先进,主要看是否符合国情、是否有效管用、是否得到人民拥护。中国特色社会主义国家制度和法律制度是一套行得通、真管用、有效率的制度体系。

9月27日 习近平在全国民族团结进步表彰大会上发表讲话,指出要以铸牢中华民族共同体意识为主线,全面贯彻党的民族理论和民族政策,坚持共同团结奋斗、共同繁荣发展,把民族团结进步事业作为基础性事业抓紧抓好,促进各民族像石榴籽一样紧紧拥抱在一起,推动中华民族走向包容性更强、凝聚力更大的命运共同体。

10月1日 首都各界庆祝中华人民共和国成立70周年大会、阅兵仪式和群众游行举行。习近平发表讲话并检阅受阅部队。

10 月 28 日—31 日 中共十九届四中全会召开。全会通过《关于坚持和完善中国特色社会主义制度、推进国家治理体系和治理能力现代化若干重大问题的决定》。全会指出，坚持和完善中国特色社会主义制度、推进国家治理体系和治理能力现代化的总体目标是，到我们党成立一百年时，在各方面制度更加成熟更加定型上取得明显成效；到 2035 年，各方面制度更加完善，基本实现国家治理体系和治理能力现代化；到新中国成立一百年时，全面实现国家治理体系和治理能力现代化，使中国特色社会主义制度更加巩固、优越性充分展现。全会强调，突出坚持和完善支撑中国特色社会主义制度的根本制度、基本制度、重要制度，着力固根基、扬优势、补短板、强弱项，构建系统完备、科学规范、运行有效的制度体系。

11 月 2 日 习近平到长宁区虹桥街道古北市民中心考察社区治理和服务情况。习近平强调，我们走的是一条中国特色社会主义政治发展道路，人民民主是一种全过程的民主，所有的重大立法决策都是依照程序、经过民主酝酿，通过科学决策、民主决策产生的。希望你们再接再厉，为发展中国特色社会主义民主继续作贡献。

2020 年

1 月 7 日 习近平在主持召开中央政治局常委会会议时，对做好 2019 年 12 月 27 日以来湖北武汉监测发现的不明原因肺炎疫情防控工作提出要求。新冠肺炎疫情是新中国成立以来我国遭遇的传播速度最快、感染范围最广、防控难度最大的一次重大突发公共卫生事件，也是百年来全球发生的最严重的传染病大流行。疫情发生后，党中央将疫情防控作为头等大事来抓。习近平亲自指挥、亲自部署，坚持把人民生命安全和身体健康放在第一位，带领全党全军全国各族人民迅速打响疫情防控的人民战争、总体战、阻击战，取得了全国抗疫斗争重大战略成果。

9月8日，习近平在全国抗击新冠肺炎疫情表彰大会上讲话指出，在这场同严重疫情的殊死较量中，中国人民和中华民族以敢于斗争、敢于胜利的大无畏气概，铸就了生命至上、举国同心、舍生忘死、尊重科学、命运与共的伟大抗疫精神。要在全社会大力弘扬伟大抗疫精神，使之转化为全面建设社会主义现代化国家、实现中华民族伟大复兴的强大力量。

1月13日 习近平在中国共产党第十九届中央纪律检查委员会第四次全体会议上强调，要强化政治监督保障制度执行，增强"两个维护"的政治自觉。要坚持以人民为中心的工作导向，以优良作风决胜全面建成小康社会、决战脱贫攻坚。要继续坚持"老虎""苍蝇"一起打，重点查处不收敛不收手的违纪违法问题。要深刻把握党风廉政建设规律，一体推进不敢腐、不能腐、不想腐。要完善党和国家监督体系，统筹推进纪检监察体制改革。要用严明的纪律维护制度，增强纪律约束力和制度执行力。

5月28日 十三届全国人大三次会议表决通过《中华人民共和国民法典》，自2021年1月1日起施行。民法典是新中国第一部以法典命名的法律，共7编、1260条，各编依次为总则、物权、合同、人格权、婚姻家庭、继承、侵权责任。民法典通篇贯穿以人民为中心的发展思想，着眼于满足人民对美好生活的需要，对公民的人身权、财产权、人格权等作出明确规定，体现了对人民权利的充分保障，被誉为"新时代人民权利的宣言书"。

7月 全国人大常委会法工委建立了第二批基层立法联系点。

9月3日 习近平在纪念中国人民抗日战争暨世界反法西斯战争胜利75周年座谈会上发表讲话，指出中国人民热爱和平、珍惜和平，把维护世界和平、反对霸权主义和强权政治作为自己的神圣职责，坚决反对动辄使用武力或以武力威胁处理国际争端，坚决反对打着所谓"民主""自由""人权"等幌子肆意干涉别国内政。

11 月 16 日　习近平在中央全面依法治国工作会议上发表讲话，强调总结经验，分析形势，明确任务，对当前和今后一个时期全面依法治国工作作出部署，动员全党全国全社会齐心协力，为深入推进全面依法治国、加快建设中国特色社会主义法治体系、建设社会主义法治国家而奋斗。

2021 年

3 月 11 日　十三届全国人大四次会议通过《关于修改〈中华人民共和国全国人民代表大会组织法〉的决定》《关于修改〈中华人民共和国全国人民代表大会议事规则〉的决定》《关于完善香港特别行政区选举制度的决定》。

7 月 1 日　庆祝中国共产党成立 100 周年大会举行。习近平宣告，经过全党全国各族人民持续奋斗，我们实现了第一个百年奋斗目标，在中华大地上全面建成了小康社会，历史性地解决了绝对贫困问题，正在意气风发向着全面建成社会主义现代化强国的第二个百年奋斗目标迈进。这是中华民族的伟大光荣，这是中国人民的伟大光荣，这是中国共产党的伟大光荣。习近平讲话指出，初心易得，始终难守。以史为鉴，可以知兴替。我们要用历史映照现实、远观未来，从中国共产党的百年奋斗中看清楚过去我们为什么能够成功、弄明白未来我们怎样才能继续成功，从而在新的征程上更加坚定、更加自觉地牢记初心使命、开创美好未来。回首过去，展望未来，有中国共产党的坚强领导，有全国各族人民的紧密团结，全面建成社会主义现代化强国的目标一定能够实现，中华民族伟大复兴的中国梦一定能够实现。习近平在讲话中正式提出"全过程人民民主"这一概念。

7 月 6 日　习近平在中国共产党与世界政党领导人峰会上发表主旨讲话，指出通向幸福的道路不尽相同，各国人民有权选择自己的发展道路和制度模式，这本身就是人民幸福的应有之义。民主同样是各国人民的权利，而不是少数国家的专利。实现民主有多种方式，不可能千篇一律。一个国家民主不民主，要由这个国家的人民来评判，而不能由少数人说了算！

7 月 全国人大常委会法工委建立了第三批基层立法联系点。

10 月 13 日—14 日 中央人大工作会议召开。习近平出席会议并发表重要讲话，系统阐释全过程人民民主重大理念和实践，对不断发展全过程人民民主作出重大部署、提出明确要求。强调人民代表大会制度是符合我国国情和实际、体现社会主义国家性质、保证人民当家作主、保障实现中华民族伟大复兴的好制度，是我们党领导人民在人类政治制度史上的伟大创造，是在我国政治发展史乃至世界政治发展史上具有重大意义的全新政治制度。我们要坚持中国特色社会主义政治发展道路，坚持和完善人民代表大会制度，加强和改进新时代人大工作，不断发展全过程人民民主，巩固和发展生动活泼、安定团结的政治局面。

11 月 8 日—11 日 中共十九届六中全会召开。全会听取和讨论了习近平受中央政治局委托作的工作报告，审议通过了《中共中央关于党的百年奋斗重大成就和历史经验的决议》，"积极发展全过程人民民主"被写入决议。

12 月 3 日—4 日 全国宗教工作会议召开。习近平发表重要讲话指出，要全面贯彻新时代党的宗教工作理论，全面贯彻党的宗教工作基本方针，全面贯彻党的宗教信仰自由政策，坚持我国宗教中国化方向，积极引导宗教与社会主义社会相适应，提高宗教界自我管理水平，提高宗教事务治理法治化水平，努力开创宗教工作新局面，更好组织和引导信教群众同广大人民群众一道为全面建成社会主义现代化强国、实现中华民族伟大复兴的中国梦而团结奋斗。

12 月 4 日 国务院新闻办公室发表《中国的民主》白皮书。白皮书分为前言、正文、结束语三个部分。正文分为"中国共产党领导人民实现全过程人民民主""具有科学有效的制度安排""具有具体现实的民主实践""广泛真实管用的民主""丰富人类政治文明形态"等五个部分。白皮书指出，中国的民主，推动了国家发展，促进了社会进步，实现了人民幸福，是高质量的民主。

12月6日 习近平在十九届中央政治局第三十五次集体学习时讲话强调，要坚定不移走中国特色社会主义法治道路，以解决法治领域突出问题为着力点，更好推进中国特色社会主义法治体系建设，提高全面依法治国能力和水平，为全面建设社会主义现代化国家、实现第二个百年奋斗目标提供有力法治保障。中央政治局会议研究部署2022年党风廉政建设和反腐败工作；审议《中国共产党纪律检查委员会工作条例》。

12月8日 习近平向2021·南南人权论坛致贺信，指出中国共产党始终是尊重和保障人权的政党。中国坚持以人民为中心，把人民利益放在首位，以发展促进人权，推进全过程人民民主，促进人的自由全面发展，成功走出一条符合时代潮流的人权发展道路，推动中国人权事业取得了显著成就，14亿多中国人民在人权保障上的获得感、幸福感、安全感不断增强。人权实践是多样的。世界各国人民应该也能够自主选择适合本国国情的人权发展道路。中国愿同广大发展中国家一道，弘扬全人类共同价值，践行真正的多边主义，为促进国际人权事业健康发展贡献智慧和力量。

2021年 全国政协首次制定了民主监督工作计划，紧盯"十四五"规划实施中的重点问题进行监督，取得了新成效和宝贵经验。

2022年

2月25日 习近平在十九届中央政治局第三十七次集体学习时讲

话强调，我们不断发展全过程人民民主，推进人权法治保障，坚决维护社会公平正义，人民享有更加广泛、更加充分、更加全面的民主权利。

5月25日 习近平会见联合国人权事务高级专员巴切莱特时指出，我们不断发展全过程人民民主，推进人权法治保障，维护社会公平正义，中国人民享有更加广泛、更加充分、更加全面的民主权利。中方愿意在平等和相互尊重基础上，同各方积极开展人权对话和合作，扩大共识、减少分歧、相互借鉴、共同进步，共同推进国际人权事业，造福各国人民。

5月27日 中央政治局会议召开会议，审议《中国共产党政治协商工作条例》。会议指出，政治协商是中国共产党领导的多党合作和政治协商制度的重要组成部分，是社会主义协商民主的重要形式，是凝聚智慧、增进共识、促进科学民主决策的重要途径。制定《中国共产党政治协商工作条例》，对于加强党对政治协商工作的领导，提高政治协商工作的科学化制度化规范化水平，坚持和完善我国新型政党制度，巩固和发展爱国统一战线，具有重要意义。

7月1日 习近平在庆祝香港回归祖国二十五周年大会暨香港特别行政区第六届政府就职典礼上的讲话中指出，香港特别行政区的民主制度符合"一国两制"方针，符合香港宪制地位，有利于维护香港居民主权利，有利于保持香港繁荣稳定，展现出光明的前景。

10月16日 习近平在中国共产党第二十次全国代表大会上作题为《高举中国特色社会主义伟大旗帜　为全面建设社会主义现代化国家而团结奋斗》的报告。

参 考 文 献

文件典籍类

中央档案馆编：《中国共产党第一次代表大会档案资料（增订本）》，人民出版社 1984 年版。

中国社会科学院近代史研究所《近代史资料》编译室主编：《陕甘宁边区参议会文献汇辑》，知识产权出版社 2013 年版。

陕西省档案馆、陕西省社会科学院编：《陕甘宁边区政府文件选编》，陕西人民教育出版社 2015 年版。

中央档案馆、中共中央文献研究室编：《中共中央文件选集（1949 年 10 月—1966 年 5 月）》，人民出版社 2013 年版。

中国人民政治协商会议全国委员会文史资料研究委员会：《五星红旗从这里升起——中国人民政治协商会议诞生记事暨资料选编》，文史资料出版社 1984 年版。

《建党以来重要文献选编（1921—1949）》，人民出版社 2011 年版。

《建国以来重要文献选编》，中央文献出版社 2011 年版。

《三中全会以来重要文献选编》上，人民出版社 1982 年版。

《三中全会以来重要文献选编》下，人民出版社 1982 年版。

《十二大以来重要文献选编》上，人民出版社 1986 年版。

《十二大以来重要文献选编》中，人民出版社 1986 年版。

《十二大以来重要文献选编》下，人民出版社 1988 年版。

《十三大以来重要文献选编》上，人民出版社 1991 年版。

《十三大以来重要文献选编》中，人民出版社 1991 年版。

《十三大以来重要文献选编》下，人民出版社 1993 年版。

《十四大以来重要文献选编》上，人民出版社 1996 年版。

《十四大以来重要文献选编》中，人民出版社 1997 年版。

《十四大以来重要文献选编》下，人民出版社 1999 年版。

《十五大以来重要文献选编》上，人民出版社 2000 年版。

《十五大以来重要文献选编》中，人民出版社 2001 年版。

《十五大以来重要文献选编》下，人民出版社 2003 年版。

《十六大以来重要文献选编》上，中央文献出版社 2005 年版。

《十六大以来重要文献选编》中，中央文献出版社 2006 年版。

《十六大以来重要文献选编》下，中央文献出版社 2008 年版。

《十七大以来重要文献选编》上，中央文献出版社 2009 年版。

《十七大以来重要文献选编》中，中央文献出版社 2011 年版。

《十七大以来重要文献选编》下，中央文献出版社 2013 年版。

《十八大以来重要文献选编》上，中央文献出版社 2014 年版。

《十八大以来重要文献选编》中，中央文献出版社 2016 年版。

《十八大以来重要文献选编》下，中央文献出版社 2018 年版。

《十九大以来重要文献选编》上，中央文献出版社 2019 年版。

《十九大以来重要文献选编》中，中央文献出版社 2021 年版。

《礼记》

《尚书》

《荀子》

《诗经》

《贞观政要》

《周礼》

著作文献类

《马克思恩格斯选集》第 1 卷，人民出版社 2012 年版。

《马克思恩格斯选集》第 2 卷，人民出版社 2012 年版。

《马克思恩格斯选集》第 3 卷，人民出版社 2012 年版。

《马克思恩格斯选集》第 4 卷，人民出版社 2012 年版。

《列宁选集》第 1 卷，人民出版社 2012 年版。

《列宁选集》第 2 卷，人民出版社 2012 年版。

《列宁选集》第 3 卷，人民出版社 2012 年版。

《列宁选集》第 4 卷，人民出版社 2012 年版。

《列宁全集》第 11 卷，人民出版社 1987 年版。

《列宁全集》第 13 卷，人民出版社 1987 年版。

《列宁全集》第 31 卷，人民出版社 2017 年版。

《列宁全集》第 42 卷，人民出版社 1987 年版。

《毛泽东选集》第一卷，人民出版社 1991 年版。

《毛泽东选集》第二卷，人民出版社 1991 年版。

《毛泽东选集》第三卷，人民出版社 1991 年版。

《毛泽东选集》第四卷，人民出版社 1991 年版。

《毛泽东文集》第三卷，人民出版社 1996 年版。

《毛泽东文集》第六卷，人民出版社 1999 年版。

《毛泽东文集》第七卷，人民出版社 1999 年版。

《毛泽东文集》第八卷，人民出版社 1999 年版。

《建国以来周恩来文稿》，中央文献出版社 2008 年版。

《邓小平文选》第一卷，人民出版社 1994 年版。

《邓小平文选》第二卷，人民出版社 1994 年版。

《邓小平文选》第三卷，人民出版社 1993 年版。

《江泽民文选》第一卷，人民出版社 2006 年版。

《江泽民文选》第二卷，人民出版社 2006 年版。

《江泽民文选》第三卷，人民出版社 2006 年版。

中共中央文献研究室编：《江泽民论有中国特色社会主义》（专题摘编），中央文献出版社 2002 年版。

《胡锦涛文选》第一卷，人民出版社 2016 年版。

《胡锦涛文选》第二卷，人民出版社 2016 年版。

《胡锦涛文选》第三卷，人民出版社 2016 年版。

《习近平谈治国理政》第一卷，外文出版社 2018 年版。

《习近平谈治国理政》第二卷，外文出版社 2017 年版。

《习近平谈治国理政》第三卷，外文出版社 2020 年版。

《习近平谈治国理政》第四卷，外文出版社 2022 年版。

习近平：《论坚持全面深化改革》，中央文献出版社 2018 年版。

习近平：《论党的宣传思想工作》，中央文献出版社 2020 年版。

习近平：《论坚持人民当家作主》，中央文献出版社 2021 年版。

习近平：《论中国共产党历史》，中央文献出版社 2021 年版。

《习近平关于社会主义政治建设论述摘编》，中央文献出版社 2017 年版。

中共中央文献研究室编：《毛泽东年谱（1893—1949）》上、中、下卷，中央文献出版社 2013 年版。

中共中央文献研究室编：《毛泽东年谱（1949—1976）》（一——六卷），中央文献出版社 2013 年版。

中共中央宣传部：《习近平新时代中国特色社会主义思想学习问答》，学习出版社、人民出版社 2021 年版。

中华人民共和国国务院新闻办公室：《中国的民主》，人民出版社 2021 年版。

中华人民共和国国务院新闻办公室：《中国新型政党制度》，人民出版社 2021 年版。

习近平：《高举中国特色社会主义伟大旗帜　为全面建设社会主义现代化国家而团结奋斗——在中国共产党第二十次全国代表大会上的报告》，人民出版社 2022 年版。

报刊文献类

《习近平同志帮助福建少数民族群众脱贫致富纪事》，《福建日报》2015 年 11 月 23 日。

习近平：《在党的群众路线教育实践活动总结大会上的讲话》，《人民日报》2014 年 10 月 9 日。

《习近平在湖南考察时强调　深化改革开放推进创新驱动实现全年经济社会发展目标》，《人民日报》2013 年 11 月 6 日。

习近平：《在全国民族团结进步表彰大会上的讲话》，《人民日报》2019 年 9 月 28 日。

《习近平在上海考察时强调　深入学习贯彻党的十九届四中全会精神提高社会主义现代化国际大都市治理能力和水平》，《人民日报》2019 年 11 月 3 日。

《习近平在中共中央政治局第三十一次集体学习时强调　用好红色资源赓续红色血脉　努力创造无愧于历史和人民的新业绩》，《人民日报》2021 年 6 月 27 日。

《上海是党的诞生地，要牢记历史使命——习近平在上海系列报道之一》，《解放日报》2017 年 9 月 25 日。

习近平：《在中央人大工作会议上的讲话》，《求是》2022 年第 5 期。

《要积极推进政府机构改革》，《人民日报》1998 年 3 月 6 日。

《在第一届全国人民代表大会第一次会议上代表们关于宪法草案和报告的发言（之一）》，《人民日报》1954 年 9 月 17 日。

《中共中央国务院召开新疆工作座谈会》，《人民日报》2010 年 5 月 21 日。

《中国的政党制度》，《人民日报》2007 年 11 月 16 日。

《中央民族工作会议暨国务院第六次全国民族团结进步表彰大会在北京举行》，《人民日报》2014 年 9 月 30 日。

江泽民：《在英国剑桥大学的演讲》，《人民日报》1999 年 10 月 23 日。

江泽民：《在中央党校省部级干部进修班毕业典礼上的讲话》，《人民日报》2002 年 6 月 1 日。

胡锦涛：《在中央民族工作会议暨国务院第四次全国民族团结进步表彰大会上的讲话》，《人民日报》2005 年 5 月 28 日。

全国人大常委会机关党组：《发展全过程人民民主更好发挥人大制度优势》，《人民日报》2021 年 11 月 10 日。

中共政协全国委员会机关党组：《践行全过程人民民主推进专门协商机构建设》，《人民日报》2021 年 11 月 25 日。

《"兴边富民行动"正式启动》，《人民日报》2000 年 2 月 25 日。

《基层立法联系点："小"站点的"大"担当》，《中国日报》2021 年 11 月 3 日。

《全面推行民生实事项目人大代表票决制》，《光明日报》2020 年 5 月 11 日。

《镌刻不负人民的时代印记——全国人大常委会 2021 年监督工作回眸》，《中国人大》2022 年第 3 期。

《全过程人民民主的生动实践——2021 年全国人大代表建议办理工作回眸》，《中国人大》2022 年第 3 期。

后　记

　　打江山守江山，守的就是人民的心。守住人民的心的根本，首先要守住人民当家作主的主人翁地位。全过程人民民主，体现人民的意志，保障人民的利益，激发人民的主动性和创造性。习近平总书记在党的二十大报告中指出，党的中心任务是团结带领全国各族人民全面建成社会主义现代化强国、实现第二个百年奋斗目标，以中国式现代化全面推进中华民族伟大复兴。中国式现代化的本质要求包括发展全过程人民民主，是全面建设社会主义现代化国家的应有之义。在二十大报告中，习近平总书记对全过程人民民主的重大理念进行了深刻阐述，强调全过程人民民主是社会主义民主政治的本质属性，是最广泛、最真实、最管用的民主。最广泛，就是把民主运用到党和国家事业的方方面面。最真实，就是真实的，不是走过场的，不是一次性的。最管用，就是能够真正产生民主效能的，是能够解决人民参与国家事务、人民维护自身利益、人民监督政府的民主形式和民主制度。全过程人民民主重大理念，为我国社会主义民主政治建设提供了重要遵循，为世界政治文明发展贡献了中国智慧。

　　全过程人民民主植根于中华优秀传统文化沃土，形成并彰显于中国共产党团结带领中国人民百年砥砺前行的科学理论和伟大实践，是中国人民在中国共产党团结带领下在政治制度上的伟大创造，符合近代以来中国人民长期奋斗的历史逻辑、政治逻辑、理论逻辑、实践逻辑，充分反映了中国人民意愿，适应中国和时代发展进步要求，在推进国家治理体系和治理能力现代化中展现出独特优势。党的二十大擘画了未来一个时期全过程人民民主发展的主要目标和总体目标，指出未来五年是全面建设社会主义现代化国家开局起步的关键时期，明确将"全过程人民民主制度化、规范化、程序化水平进一步提高，中国特色社会主义法治体系更加完善"① 作为主要目标任务之一。报告将"基本实现国家治理体系和治理能力现代化，全过程人民民主制度更加健全，基本建成法治国家、法治政府、法治社会"②，作为 2035 年我国发展的总体目标之一。

大会强调："必须坚定不移走中国特色社会主义政治发展道路，坚持党的领导、人民当家作主、依法治国有机统一，坚持人民主体地位，充分体现人民意志、保障人民权益、激发人民创造活力。""要健全人民当家作主制度体系，扩大人民有序政治参与，保证人民依法实行民主选举、民主协商、民主决策、民主管理、民主监督，发挥人民群众积极性、主动性、创造性，巩固和发展生动活泼、安定团结的政治局面"③。大会围绕加强人民当家作主制度保障、全面发展协商民主、积极发展基层民主、巩固和发展最广泛的爱国统一战线作出战略部署，为进一步发展全过程人民民主指明了方向。

人民民主是中国共产党百年奋斗的核心理念，是保证人民当家作主

---

① 习近平：《高举中国特色社会主义伟大旗帜 为全面建设社会主义现代化国家而团结奋斗——在中国共产党第二十次全国代表大会上的报告》，人民出版社 2022 年版，第 25 页。

② 习近平：《高举中国特色社会主义伟大旗帜 为全面建设社会主义现代化国家而团结奋斗——在中国共产党第二十次全国代表大会上的报告》，人民出版社 2022 年版，第 24 页。

③ 习近平：《高举中国特色社会主义伟大旗帜 为全面建设社会主义现代化国家而团结奋斗——在中国共产党第二十次全国代表大会上的报告》，人民出版社 2022 年版，第 37 页。

落实到国家政治生活和社会生活之中的必由之途，是走出历史周期率的根本法宝。百年奋斗经验反复证明，中国共产党根基在人民、血脉在人民、力量在人民。中国共产党始终代表最广大人民根本利益，与人民休戚与共、生死相依，没有任何自己特殊的利益，从来不代表任何利益集团、任何权势团体、任何特权阶层的利益。习近平总书记指出，"我们走的是一条中国特色社会主义政治发展道路，人民民主是一种全过程民主，所有的重大立法决策都是依照程序、经过民主酝酿，通过科学决策、民主决策产生的"①。全过程人民民主作为中国共产党团结带领人民追求民主、实现民主、发展民主的伟大创造，是党不断推进中国民主理论创新、制度创新、实践创新的成就和经验结晶。

　　以人民为中心是全过程人民民主的底色和依归。全过程人民民主坚持以人民为中心的价值导向，坚持国家的一切权力属于人民，广泛体现人民意志、真实保障人民权益、有效激发人民创造活力。我国宪法确认国家的一切权力属于人民，肯定了人民作为国家主人翁的宪法地位，从而使国家中最大多数的人都成为人民民主的主体，最大限度地实现了民主的本质。我国社会主义民主是维护人民根本利益的最广泛、最真实、最管用的民主，是用来解决人民需要解决的问题的，是人民幸福生活、人民根本利益的保障。发展全过程民主，真实维护保障人民群众通过各个领域的民主制度和各个层次的民主形式，共同行使管理国家事务、管理经济和文化事业、管理社会事务的权力。实践证明，我国社会主义民主集中体现了人民总体意志，有效维护了人民根本利益，充分保障了人民各项权利，全面实现了人民当家作主，是主体最广泛、内容最真实、功能最管用、运行全覆盖的全过程人民民主。

　　我国宪法规定的社会主义国家根本制度，决定了人民民主的社会主

————————

①　习近平：《论坚持人民当家作主》，中央文献出版社 2021 年版，第 303 页。

义性质，界定了全过程人民民主的政治本质和发展方向。坚持中国共产党领导，是发展全过程人民民主的根本政治保证。坚持公有制为主体、多种所有制经济共同发展的基本经济制度，从经济基础上保证了社会主义民主是最广大人民的民主。人民民主专政的国体和人民代表大会制度的政体，实行中国共产党领导的多党合作和政治协商制度、民族区域自治制度和基层群众自治制度等政治制度，形成了全面、广泛、有机衔接的人民当家作主制度体系，构建了多样、畅通、有序的民主渠道，有效保证了党的主张、国家意志、人民意愿相统一，有效保证了人民当家作主，保证了全过程人民民主的具体实施和落地，充分体现人民意志、保障人民权益、激发人民创造，把我国民主制度显著优势更好转化为人民当家作主的实践效能，确保人民把国家和民族的前途命运牢牢掌握在自己手中。全过程人民民主体现了过程民主和成果民主、程序民主和实质民主、直接民主和间接民主、人民民主和国家意志的相统一，是中国人民充分认可、真正享有、大力支持的社会主义民主，具有显著制度优势、强大生命力和光明发展前景。

有比较才会见高低、见优劣。真正的民主，绝不是即时性、间歇性。全过程人民民主有效地防止了美西方民主制度中政客选举时随意承诺、心口许愿，选举后抛诸脑后、毫无担当，民众只有投票权而缺少日常表达利益诉求的渠道等民主乱象。习近平总书记曾就此指出："民主不是装饰品，不是用来做摆设的，而是要用来解决人民需要解决的问题的。一个国家民主不民主，关键在于是不是真正做到了人民当家作主，要看人民有没有投票权，更要看人民有没有广泛参与权；要看人民在选举过程中得到了什么口头承诺，更要看选举后这些承诺实现了多少；要看制度和法律规定了什么样的政治程序和政治规则，更要看这些制度和法律是不是真正得到了执行；要看权力运行规则和程序是否民主，更要看权力是否真正受到人民监督和制约。如果人民只有在投票时被唤醒、投票后就进入休眠期，只有竞选时聆听天花乱坠的口号、竞选后就毫无发言权，只有拉票时受宠、选举后就被冷落，这样的民主不是真正的民主。"① 全过程人民民主以其丰富多样的形式和稳定可靠的落实制度，既实现了人民群众的广泛政治参与、有效民意表达，又发挥了民主在了解民情、反映民意、疏解民忧、解决问题等各个方面的独特而重要的作用。

民主是全人类的共同价值，美西方民主绝不是真正民主的"模版"。在实现真正民主的道路上，不同国家的社会政治条件、历史文化传统不同，实现民主的具体道路必然也会各不相同。各国应根据自身特点选择符合自身现代化发展的民主形态，破除西式民主"迷思"。20 世纪八九十年代，所谓"历史终结论"、西式民主制度是"人类政治的最后形式"等论调曾风靡一时。一些发展中国家照抄照搬，结果却是政治动荡、社会动乱、民生凋敝。把美西方民主包装成为人类"普世价值"，在世界强行推广，并未带来所谓人类"历史终结"，也未带来世界和平与发展，更未带来公平正义、民主自由，西方社会自身也深陷政治极端化、社会民粹化、认同分裂化等困境。习近平总书记指出："民主是各国人民的权利，而不是少数国家的专利，应该由这个国家的人民来评判，而不应该由外部少数人指手画脚来评判。国际社会哪个国家是不是民主的，应该由国际社会共同来评判，而不应该由自以为是的少数国家来评判。实现民主有多种方式，不可能千篇一律。用单一的标尺衡量世界丰富多彩的政治制度，用单调的眼光审视人类五彩缤纷的政治文明，本身就是不民主的。"② 2021 年 12 月，美国打着"民主"旗号举办所谓"民主峰会"，将世界上将近一半的国家排除在外，公然以意识形态划线，在世界上制造分裂，这本身就是对民主精神的践踏，其结果

---

① 习近平：《论坚持人民当家作主》，中央文献出版社 2021 年版，第 335—336 页。
② 习近平：《论坚持人民当家作主》，中央文献出版社 2021 年版，第 336 页。

也被世界舆论公认为是不得人心的。2022 年 1 月，全球权威公关咨询公司爱德曼发布的《全球信任度晴雨表报告》指出，2021 年中国民众对政府信任度高达 91%，蝉联全球第一。美国哈佛大学也连续多年得出类似民调结果。这些来自第三方的民调结果，从一个侧面进一步说明，包括美西方在内的有识之士，都普遍认可中国民主。全世界的事实也反复证明，以"民主"为幌子干涉别国内政只能使人民遭殃，将民主当作"专利"是民主之灾。

全面、完整、系统地把具有全链条、全方位、全覆盖特点，具有最广泛、最真实、最管用内涵的全过程人民民主介绍给世界，是哲学社会科学工作者通过治学造福世界人民、维护世界和平的职责和义务。人民出版社的余平同志作为《改革开放简史》的责任编辑，和我们一起全程经历了年余的通宵达旦奋斗，其展现出的精湛编辑艺术、严谨工作态度、无名敬业刻苦，给我留下了难以磨灭的深刻印象。在她的积极倡议下，我们于 2021 年 9 月底，会同数位志同道合者组建"全过程人民民主发展研究课题组"，努力以我们的视野和认识向世界介绍全过程人民民主重大理念。

具体工作中，在中国社会科学院的宋月红、赵江林研究员的周密组织和调度下，中国社会科学院的周进、章舜粤、王怀乐、王琪，北京大学的李应瑞、苏中富，中国探月嫦娥奔月航天科技有限公司的侯寓栋，北京市委党史研究室冯雪利，北京邮电大学侯春兰，新华社王楚天，以及我的博士后同事范娟荣、郭金峰、杨美娇等同志，按照课题组的分工，以高度的政治觉悟和严谨的治学态度，高质量地完成了各自分工任务。

在研究过程中，课题组得到了中国社会科学院原院长谢伏瞻，原副院长李培林、蔡昉等的亲切关心和大力支持。

在此，谨向课题组的全体同志，向关心支持我们的各位领导和同仁，向为课题研究和成果出版作出重要贡献的编辑们，致以深忱谢意。同时，我们也感到全过程人民民主重要理念的宣传和推广，确实是一门重要显学，只有课题组当下的努力，是远远不够的。我们热切希望得到各位读者的宝贵意见和建议，也希望有更多学者参与到讲好全过程人民民主故事、传播好全过程人民民主理念的行列之中，让我们一起向未来。

笔之所及、纸难表意，万千言语、赘言至此。

是为记。

王灵桂

2022 年 11 月 23 日

责任编辑：余　平

封面设计：汪　莹

图书在版编目（CIP）数据

行得通很管用的人民民主：全过程人民民主发展研究/王灵桂 等 著．—北京：
　人民出版社,2023.1
ISBN 978－7－01－024797－7

Ⅰ.①行…　Ⅱ.①王…　Ⅲ.①社会主义民主-研究-中国　Ⅳ.①D616

中国版本图书馆 CIP 数据核字（2022）第 091148 号

行得通很管用的人民民主
XINGDETONG HENGUANYONG DE RENMIN MINZHU
——全过程人民民主发展研究

王灵桂　等　著

人民出版社 出版发行

（100706　北京市东城区隆福寺街 99 号）

北京汇林印务有限公司印刷　新华书店经销

2023 年 1 月第 1 版　2023 年 1 月北京第 1 次印刷
开本：710 毫米×1000 毫米 1/16　印张：16.25
字数：200 千字

ISBN 978－7－01－024797－7　定价：58.00 元

邮购地址 100706　北京市东城区隆福寺街 99 号
人民东方图书销售中心　电话 （010）65250042　65289539